Preface
머리말

최근 모든 업계에서 인공지능의 적용과 활용이 이루어지고 있습니다. 인공지능을 이해하고 활용할 수 있는 인공지능 리터러시의 역량은 이 시대를 살아가는 우리에게 필요한 능력입니다. 엔트리의 인공지능 기능을 이용하여 40개의 다양한 예제를 실습하면서 인공지능의 원리를 이해하고 실생활에 적용하는 새로운 제품을 기획할 수 있는 토대가 될 수 있을 것입니다.

김수연

인공지능은 더 이상 낯설고 이해하기 힘든 어려운 개념이 아닙니다. 이 책은 인공지능의 핵심 개념과 원리를 쉽게 이해하고, 인공지능을 활용하여 누구나 즐겁게 코딩할 수 있도록 돕고자 많은 예제를 제공하고 있습니다. 이 책을 통해 미래의 핵심 기술인 인공지능과 친해지고 여러분이 상상하는 세상을 자유롭게 코딩해 보세요. 저는 여러분의 밝은 미래를 응원합니다.

전진아

인공지능을 구현하기 위해서는 사전에 풍부한 지식과 이해가 필요하고, 만만하지 않은 준비와 인공지능 모델 학습 그리고 코딩 과정을 거쳐야 합니다. 이 책은 블록코딩으로 쉬우면서도 활용도가 높은 풍부한 예제들로 구성했습니다. 이 책은 어렵게만 느낄 수 있는 인공지능을 쉽게 이해하고 활용법을 익힐 수 있는 좋은 지침서가 될 것입니다.

김종렬

엔트리를 사용하여 다양한 작품들을 만들어보면서 재미있게 인공지능과 데이터 분석을 배울 수 있도록 책을 구성하였습니다. 이제는 다양한 분야에서 인공지능을 활용하고 있습니다. 다양한 인공지능 작품들을 만들면서 인공지능이 어떻게 활용되고 있는지 알아보고 재미있게 배워봅니다.

장문철

Reader Support Center
독자 지원 센터

책 소스 자료 및 정오표

이 책을 보는데 필요한 소스 파일과 보충 자료 및 정오표는 앤써북 공식 네이버 카페를 통해 다운로드 받을 수 있습니다.

앤써북 공식 카페 좌측 [카페 가입하기] 버튼(❶)을 눌러 가입 후 로그인합니다. 좌측 [종합자료실] 게시판(❷)을 누른 후 "종합 자료실(도서별 전용 게시판 링크) 게시글(5858번 게시글)을 클릭한 후 도서목록 중 161번의 링크 주소를 클릭하거나 아래 책 전용게시판 바로가기로 접속한 후 안내에 따라 필요한 자료나 정오표를 다운로드 받거나 변경 내용이 있을 경우 안내 받을 수 있습니다.

➡ 앤써북 공식 네이버 카페 https://cafe.naver.com/answerbook
➡ 책 전용게시판 바로가기 https://cafe.naver.com/answerbook/4474

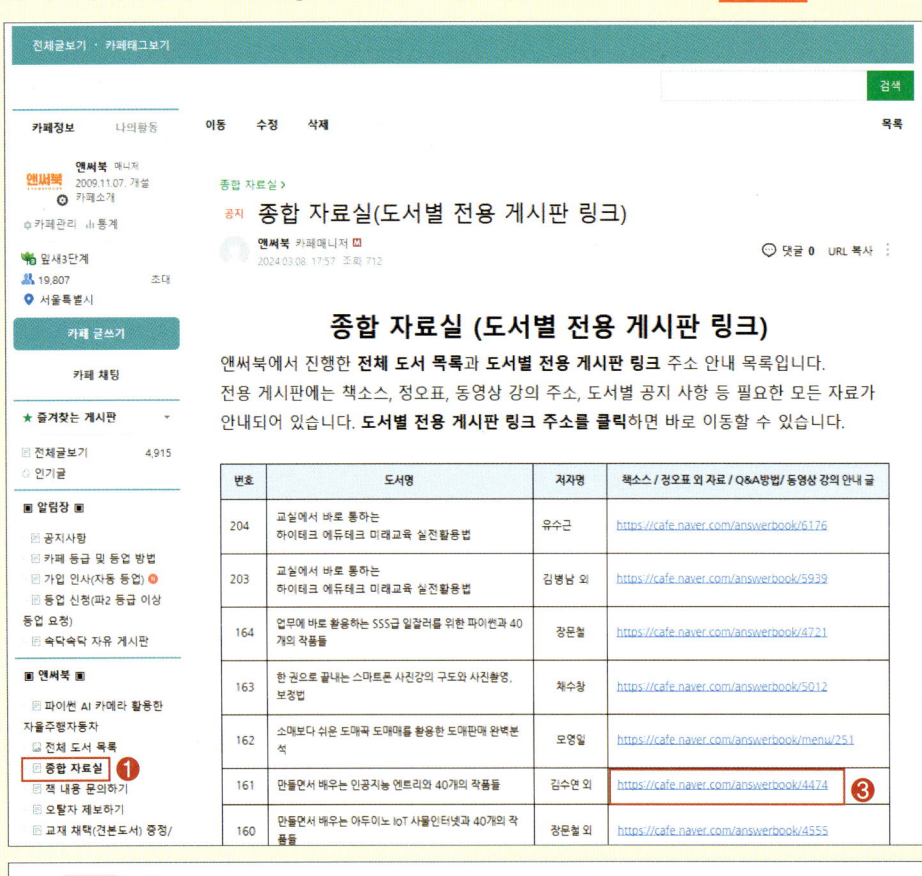

앤써북 공식 체험단

앤써북에서 출간되는 도서와 키트 등 신간 책을 비롯하여 연관 상품을 체험해 볼 수 있습니다. 체험단은 수시로 모집하기 때문에 앤써북 카페 공식 체험단 게시판에 접속한 후 "즐겨찾기" 버튼(❶)을 눌러 [채널 구독하기] 버튼(❷)을 눌러 즐겨찾기 설정해 놓으면 새로운 체험단 모집 글을 메일로 자동 받아보실 수 있습니다.

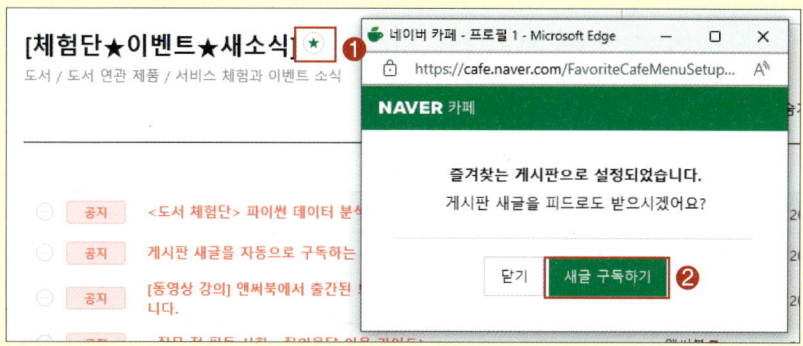

▶ 앤써북 카페 공식 체험단 게시판 https://cafe.naver.com/answerbook/menu/150

▲ 체험단 바로가기 QR코드

저자 강의 안내

앤써북에서 출간된 책 관련 주제의 온·오프라인 강의는 특강, 유료 강의 형태로 진행될 예정입니다. 강의 관련해서는 아래 게시판을 통해서 확인해주세요. "앤써북 저자 강의 안내 게시판"을 통해서 앤써북 저자들이 진행하는 다양한 온·오프라인 강의를 확인할 수 있습니다.

▶ 앤써북 강의 안내 게시판 https://cafe.naver.com/answerbook/menu/144

▲ 저자 강의 안내 게시판 바로가기 QR코드

Contents
목차

CHAPTER 01 인공지능 시작하기

인공지능 이해하기 — 015
- 인공지능이란? • 015
- 인공지능은 어떻게 만드나요? • 015
- 우리의 삶 속에 존재하는 다양한 인공지능 • 016
- 엔트리로 배우는 인공지능 & 데이터 과학 • 017

엔트리 시작하기 — 018
- 엔트리란? • 018
- 엔트리 접속하고 회원 가입하기 • 019
- 엔트리 [작품 만들기] 화면 구성 살펴보기 • 023

작품 01 엔트리 코딩 축제 — 028
- 작품 미리보기 • 028
- 작품 만들기 • 029
- 전체 코드 • 035
- 결과 확인하기 • 035

CHAPTER 02
인공지능 입문하기

- 엔트리 인공지능 활용 블록 알아보기 037
- 엔트리 인공지능 활용 블록 – 비디오 감지 알아보기 038
- 작품 02 사물의 이름을 보여줘 043
  - 작품 미리보기 • 043
  - 작품 만들기 • 044
  - 전체 코드 • 046
  - 결과 확인하기 • 046
- 엔트리 인공지능 활용 블록 – 오디오 감지 알아보기 047
- 작품 03 음성으로 운전하는 자동차 049
  - 작품 미리보기 • 049
  - 작품 만들기 • 050
  - 전체 코드 • 052
  - 결과 확인하기 • 052
- 엔트리 인공지능 활용 블록 – 읽어주기 알아보기 053
- 작품 04 태양계 행성 정보 읽어주기 054
  - 작품 미리보기 • 054
  - 작품 만들기 • 055
  - 전체 코드 • 058
  - 결과 확인하기 • 058
- 엔트리 인공지능 활용 블록 – 번역 알아보기 059
- 작품 05 파파코 번역기 060
  - 작품 미리보기 • 060
  - 작품 만들기 • 061
  - 전체 코드 • 063
  - 결과 확인하기 • 063

Contents
목차

인공지능 모델 학습하기 _ 분류 : 이미지 ———— 064

작품 06 스마트폰 잠금 해제하기 ———— 070
작품 미리보기 · 070   작품 만들기 · 071
전체 코드 · 074   결과 확인하기 · 074

인공지능 모델 학습하기 _ 분류 : 텍스트 ———— 075

작품 07 긍정, 부정 텍스트 분류하기 ———— 078
작품 미리보기 · 078   작품 만들기 · 078
전체 코드 · 079   결과 확인하기 · 079

인공지능 모델 학습하기 _ 분류 : 소리 ———— 080

작품 08 범인을 찾아라 ———— 084
작품 미리보기 · 084   작품 만들기 · 085
전체 코드 · 087   결과 확인하기 · 087

인공지능 모델 학습하기 _ 예측모델 : 숫자 ———— 088

작품 09 내년에는 우리가 사는곳의 인구는 얼마나 될까 예측하기 ———— 094
작품 미리보기 · 094   작품 만들기 · 095
전체 코드 · 095   결과 확인하기 · 095

인공지능 모델 학습하기 _ 군집모델 : 숫자 ———— 096

작품 10 학교 위치 분류하기 ———— 100
작품 미리보기 · 100   작품 만들기 · 101
전체 코드 · 101   결과 확인하기 · 101

CHAPTER 03
{ 인공지능 & 데이터 분석 응용하기 }

작품 11 내 표정을 알아 맞춰 봐 [비디오 감지] ～～～～～～～ 103
- 작품 미리보기 • 103
- 작품 만들기 • 104
- 전체 코드 • 107
- 결과 확인하기 • 107

작품 12 음성으로 제어하는 스마트 홈 [오디오 감지, 읽어주기] ～～～ 108
- 작품 미리보기 • 108
- 작품 만들기 • 109
- 전체 코드 • 113
- 결과 확인하기 • 114

작품 13 스토리텔링 동화 작가 꿈꾸기 [읽어 주기] ～～～～～～ 115
- 작품 미리보기 • 115
- 작품 만들기 • 116
- 전체 코드 • 120
- 결과 확인하기 • 121

작품 14 우리반 출입문 암호는 행복표정 [비디오 감지] ～～～～ 122
- 작품 미리보기 • 122
- 작품 만들기 • 123
- 전체 코드 • 128
- 결과 확인하기 • 129

작품 15 컴퓨터 사용 시간 제어하기 [비디오 감지, 읽어주기] ～～～ 130
- 작품 미리보기 • 130
- 작품 만들기 • 131
- 전체 코드 • 133
- 결과 확인하기 • 133

작품 16 미세먼지 알리미 [읽어주기, 오디오감지, 확장블록] ～～～～ 134
- 작품 미리보기 • 134
- 작품 만들기 • 135
- 전체 코드 • 138
- 결과 확인하기 • 138

작품 17 얼굴로 조종하는 코~드론 [비디오 감지] ～～～～～～ 139
- 작품 미리보기 • 139
- 작품 만들기 • 140
- 전체 코드 • 144
- 결과 확인하기 • 145

Contents
목 차

작품 18 기온에 따른 미세먼지 알리미 `데이타 분석` ～～～～ 146
- 작품 미리보기 • 146
- 작품 만들기 • 147
- 전체 코드 • 151
- 결과 확인하기 • 151

작품 19 AI파파고 다국어 번역기 `오디오 감지, 읽어주기, 번역` ～～～～ 152
- 작품 미리보기 • 152
- 작품 만들기 • 153
- 전체 코드 • 156
- 결과 확인하기 • 157

작품 20 내가 보고 맞춰 볼게 `비디오 감지` ～～～～ 158
- 작품 미리보기 • 158
- 작품 만들기 • 159
- 전체 코드 • 164
- 결과 확인하기 • 165

작품 21 구구단 Teacher 봇 `오디오 감지, 읽어주기` ～～～～ 166
- 작품 미리보기 • 166
- 작품 만들기 • 167
- 전체 코드 • 170
- 결과 확인하기 • 170

작품 22 영어 암기로봇 만들기 `오디오 감지, 읽어주기, 번역` ～～～～ 171
- 작품 미리보기 • 171
- 작품 만들기 • 172
- 전체 코드 • 176
- 결과 확인하기 • 176

작품 23 구름아, 나를 따라해 봐 `비디오 감지` ～～～～ 177
- 작품 미리보기 • 177
- 작품 만들기 • 178
- 전체 코드 • 183
- 결과 확인하기 • 184

작품 24 큰수의 법칙 알아보기 `데이타 분석` ～～～～ 185
- 작품 미리보기 • 185
- 작품 만들기 • 186

작품 25 에너지 자립 하우스 `비디오 감지` ～～～～ 198
- 작품 미리보기 • 198
- 작품 만들기 • 199
- 전체 코드 • 203
- 결과 확인하기 • 204

작품 26 셀프 편의점 자동 계산기 `읽어주기` ～～～～ 205
- 작품 미리보기 • 205
- 작품 만들기 • 206
- 전체 코드 • 211
- 결과 확인하기 • 211

작품 27 ShowMe The 장기 예선전 개최지 찾기 `군집:숫자, 읽어주기` — 212
작품 미리보기 • 212 　　작품 만들기 • 213
전체 코드 • 219 　　결과 확인하기 • 219

작품 28 생활 안전 국민요령 `읽어주기` — 220
작품 미리보기 • 220 　　작품 만들기 • 221
전체 코드 • 224 　　결과 확인하기 • 224

작품 29 스마트 쓰레기통 `모델학습: 이미지` — 225
작품 미리보기 • 225 　　작품 만들기 • 226
전체 코드 • 231 　　결과 확인하기 • 232

작품 30 AI 음성인식 숫자 맞추기 게임 `오디오 감지 기능, 읽어주기` — 233
작품 미리보기 • 233 　　작품 만들기 • 234
전체 코드 • 238 　　결과 확인하기 • 238

작품 31 레시피를 알려주는 로봇 `모델학습: 텍스트, 오디오감지, 읽어주기` — 240
작품 미리보기 • 240 　　작품 만들기 • 241
전체 코드 • 248 　　결과 확인하기 • 249

작품 32 좋은 하루 챗봇 `모델학습: 텍스트` — 250
작품 미리보기 • 250 　　작품 시나리오 • 251
작품 만들기 • 251 　　전체 코드 • 259
결과 확인하기 • 260

작품 33 하늘에서 음식이 내려와 `비디오 감지` — 261
작품 미리보기 • 261 　　게임 시나리오 • 262
작품 만들기 • 263 　　전체 코드 • 269
결과 확인하기 • 271

Contents
목차

CHAPTER 04
{ 사고력 향상 퀴즈 }

작품 34 다국어 학습기(동물편) `번역, 읽어주기` ～～～～ 273
- 작품 미리보기 • 273
- 전체 코드 • 278
- 미션! 사고력 향상 퀴즈 • 279
- 작품 만들기 • 274
- 결과 확인하기 • 278

작품 35 파리 잡기 게임 `비디오 감지` ～～～～ 280
- 작품 미리보기 • 280
- 전체 코드 • 285
- 미션! 사고력 향상 퀴즈 • 286
- 작품 만들기 • 281

작품 36 지폐인식 거스름 돈 계산봇 `모델학습: 이미지, 읽어주기` ～～～～ 288
- 작품 미리보기 • 288
- 미션! 사고력 향상 퀴즈 • 293
- 작품 만들기 • 289

작품 37 음성으로 제어하는 자동차 `모델학습: 텍스트` ～～～～ 295
- 작품 미리보기 • 295
- 미션! 사고력 향상 퀴즈 • 298
- 작품 만들기 • 296

작품 38 코로나 현황 분석하기 `데이타분석` ～～～～ 300
- 작품 미리보기 • 300
- 미션! 사고력 향상 퀴즈 • 302
- 작품 만들기 • 301

작품 39 나의 소비 습관 테스트 `모델학습: 텍스트, 오디오 감지, 읽어주기` ～ 304
- 작품 미리보기 • 304
- 작품 만들기 • 305
- 미션! 사고력 향상 퀴즈 • 310

작품 40 아픈 곳을 말해 봐~ 병원 챗봇 `모델학습: 텍스트, 오디오 감지` ～ 313
- 작품 미리보기 • 313
- 전체 코드 • 320
- 미션! 사고력 향상 퀴즈 • 321
- 작품 만들기 • 314
- 결과 확인하기 • 320

CHAPTER

01

{ 인공지능 시작하기 }

인공지능 이해하기

CHAPTER 01

인공지능이란?

우리 삶 속에서 다양하게 활용되고 있는 인공지능은 기계가 인간의 지능적인 행위를 흉내 낼 수 있도록 만든 소프트웨어 시스템을 말합니다.

인공지능(Artificial Intelligence) 시스템은 스스로 판단하고 수집한 정보를 토대로 자체 성능을 반복적으로 개선할 수 있도록 구현된 프로그램 기술입니다. 빅데이터와 고성능 컴퓨팅 시스템을 기반으로 인공지능은 급속도로 발전하고 있습니다.

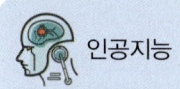 = 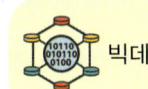 +  +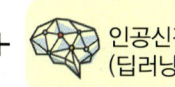

인공지능은 어떻게 만드나요?

인간은 다양한 경험과 시행착오를 통해 지식을 배우게 됩니다. 이렇게 인간이 지식을 습득하는 방법처럼 컴퓨터가 스스로 대량의 데이터로부터 지식이나 패턴을 찾아 학습하고 예측을 수행하는 것을 '머신러닝'이라고 합니다. 인간의 뇌를 모방한 인공신경망을 머신러닝 기술에 적용한 것을 '딥러닝'이라고 합니다.

인공지능	머신러닝	딥러닝
인간이 가진 능력을 컴퓨터를 통해 구현하는 기술	컴퓨터 스스로가 학습하여 성능을 향상시키는 방법	인간의 신경망과 비슷한 방식으로 정보를 처리

데이터베이스, 레코드 파일, 엑셀 파일 등 정형데이터, 분류 예측문제		이미지, 영상, 음성, 텍스트, 소리 등 파장형 데이터,인지 관련 문제

인공지능을 학습시키는 방식은 크게 세 가지로 분류합니다.
- **지도학습** : 정답의 예시를 알려주고, 예시에서 찾은 특징으로 새로운 데이터를 분류하거나 예측하는 방식입니다. 엔트리의 모델 학습 중 분류, 예측 모델이 지도학습에 해당됩니다.
- **비지도학습** : 정답을 정하지 않아도 데이터를 주면 비슷한 특징을 찾고, 다시 그 특징을 기준으로 새로운 데이터가 어떤 데이터인지를 알아내는 방식입니다. 예를 들어, '사과'가 무엇인지 알려주지 않아도 사과의 특징을 학습할 수 있습니다. 엔트리의 모델 학습 중 군집모델이 비지도학습에 해당됩니다.
- **강화학습** : 정답을 정하지 않고, 특정한 환경과 최소한의 조건에서 학습한 결과가 좋으면 보상을, 나쁘면 벌을 주며 점점 좋은 결과를 이끌도록 강화하는 방식입니다. 그 유명한 바둑 인공지능 '알파고'가 강화 학습으로 탄생했습니다.

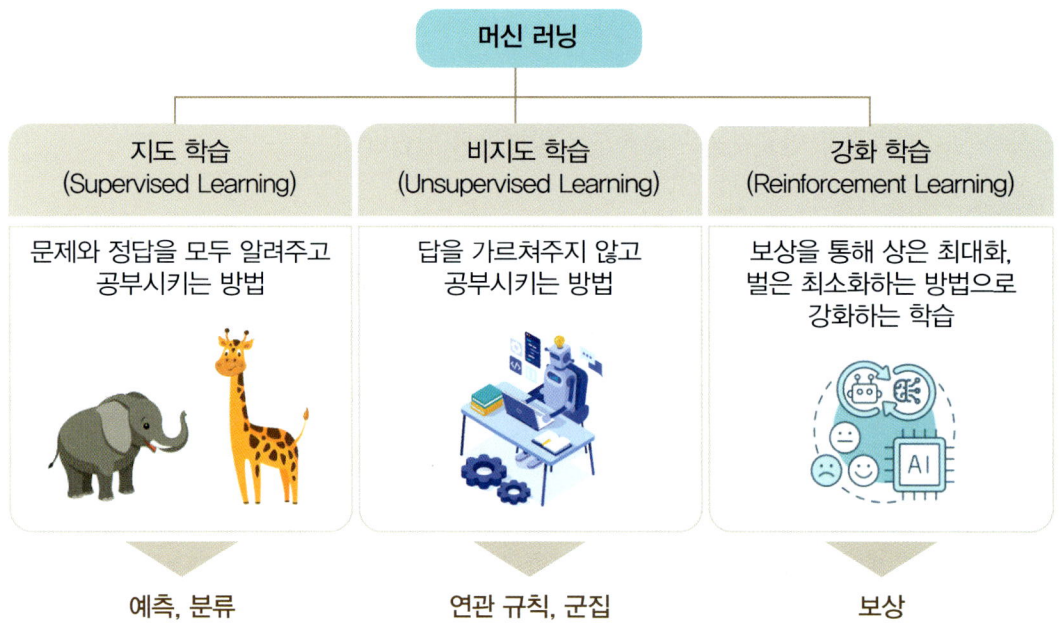

 우리의 삶 속에 존재하는 다양한 인공지능

건물 출입을 위해 열화상카메라로 체온을 측정하며 얼굴인식과 마스크 착용 여부를 감지해내는 인공지능을 접하고 있으며, 매일 사용하는 스마트폰에서는 얼굴ID인식, 패턴을 학습해서 배터리를 절약하거나, '유튜브' 알고리즘에 의해 여러분이 좋아할 만한 영상을 계속 추천받고 있습니다. 네이버 '클로바', '구글 어시스턴트', '애플 시리', '카카오 미니' 등의 인공지능(스피커)과 소통하기도 합니다.

 엔트리로 배우는 인공지능 & 데이터 과학

이렇게 우리 일상에 가까이 있으면서 우리를 편리하게 해주는 인공지능을 엔트리에서 체험하고 활용해 볼 수 있습니다. 인공지능과 데이터 분석 40개의 예제를 통해 인공지능 모델을 직접 학습시키며 머신러닝의 원리를 자연스럽게 배워볼 수 있습니다.

※ 모든 인공지능 블록은 인터넷 연결이 필요합니다.

출처: 엔트리 블로그

엔트리 시작하기

 엔트리란?

엔트리(Entry)는 네이버 커넥트 재단에서 운영하는 비영리 교육 플랫폼이며 소프트웨어를 통해 미래를 꿈꾸고 함께 성장하도록 돕는 창작 플랫폼입니다. 모든 저작물은 교육 목적에 한해 출처를 밝히고 자유롭게 이용할 수 있습니다. 엔트리는 소프트웨어 교육을 누구나 쉽게 무료로 받을 수 있도록 개발된 교육용 프로그래밍 언어입니다.

◆ 출처 : 엔트리 홈페이지

엔트리는 누구나 쉽게 코딩할 수 있는 블록 코딩과 인공지능의 원리를 쉽게 이해하고 활용할 수 있는 인공지능 블록이 제공 됩니다. 엔트리 인공지능 블록은 번역, 비디오 감지, 오디오 감지, 읽어주기 기능으로 인공지능과 쉽게 친해질 수 있고, 다양한 인공지능 창작물을 쉽게 만들고 경험할 수 있도록 도와줍니다.

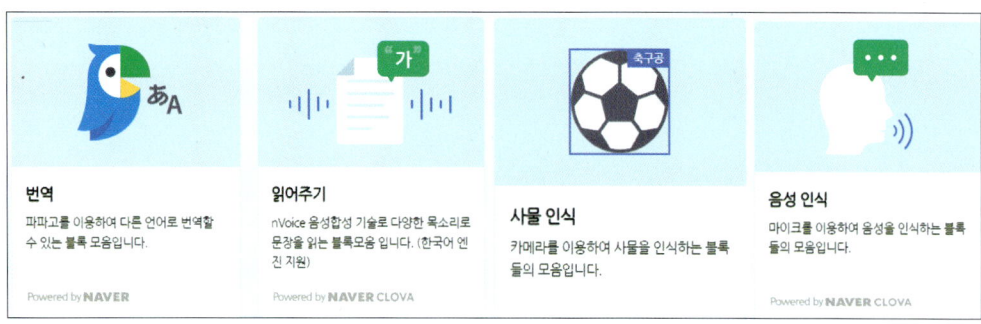

인공지능 모델 학습은 이미지, 텍스트, 음성, 숫자 등 여러 유형의 데이터를 이용하여 직접 인공지능 모델 학습시키는 경험을 할 수 있고 인공지능의 원리를 쉽게 이해 할 수 있도록 도와줍니다.

숫자모델에 새로운 알고리즘의 분류가 추가되었습니다. (2022.11 업데이트)

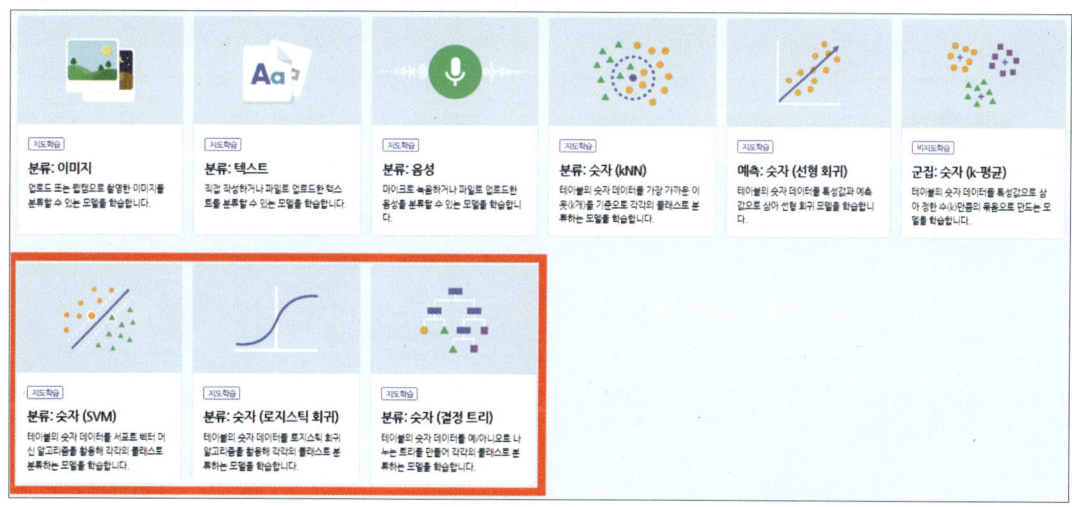

이 책은 인공지능 블록을 활용한 다양한 예제, 사고력 향상 문제를 제공합니다. 즐겁게 배우고 재미있게 다양한 창작 활동을 할 수 있도록 도와줍니다.

엔트리 접속하고 회원 가입하기

엔트리는 온라인 버전과 내 컴퓨터에 다운 받아 사용할 수 있는 오프라인 버전이 있습니다. [인공지능 활용 블록]은 인터넷이 연결되어 있어야 정상적으로 동작하고, [인공지능 모델 학습하기]는 온라인 버전에서만 사용 가능하므로 우리는 온라인 버전으로 학습하겠습니다. [인공지능 모델 학습하기]는 크롬 브라우저 사용을 권장합니다. 다른 브라우저에는 동작하지 않거나, 모델 학습 속도가 (상상 이상으로) 느릴 수 있기 때문에 접속 시 브라우저는 크롬 사용을 권장합니다.

01 크롬 주소창에서 엔트리 홈페이지 주소를 입력하고 접속합니다.
- https://playentry.org/

02 엔트리 회원 가입하기 위해 [로그인] 버튼을 누릅니다.

엔트리는 회원 가입하지 않아도 누구나 무료로 이용할 수 있지만, 엔트리를 더욱 편하게 즐기기 위해서는 회원 가입을 하는 것이 좋습니다. 회원 가입을 하면 내가 만든 작품을 저장할 수 있고 언제 어디서든 로그인하여 사용 할 수 있습니다.

03 로그인 화면 아래 [회원 가입하기] 버튼을 누릅니다.

필수 항목인 이용약관, 개인정보 수집 이용 동의를 체크한 후 회원 가입을 진행합니다.

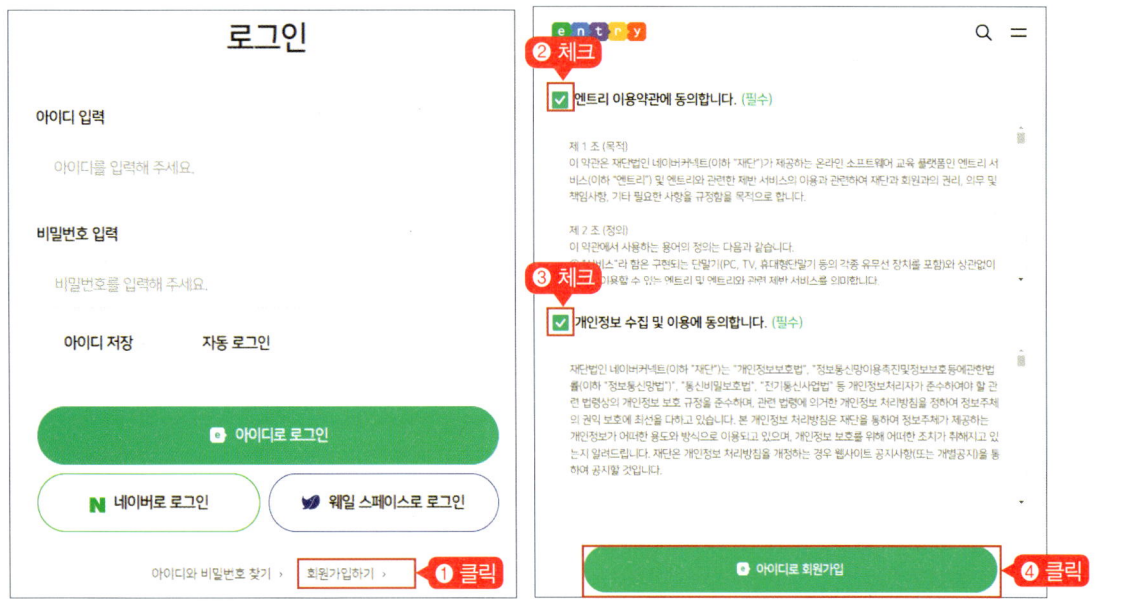

04 아이디와 비밀번호를 입력한 후 다음을 클릭합니다.
회원 유형, 성별, 닉네임, 작품 공유 학년 필수 항목을 체크합니다. 이메일은 필수 항목은 아니지만, 비밀번호를 잊어버린 경우 이메일로 비밀번호를 찾을 수 있기 때문에 이메일도 입력하고 [확인] 버튼을 클릭합니다.

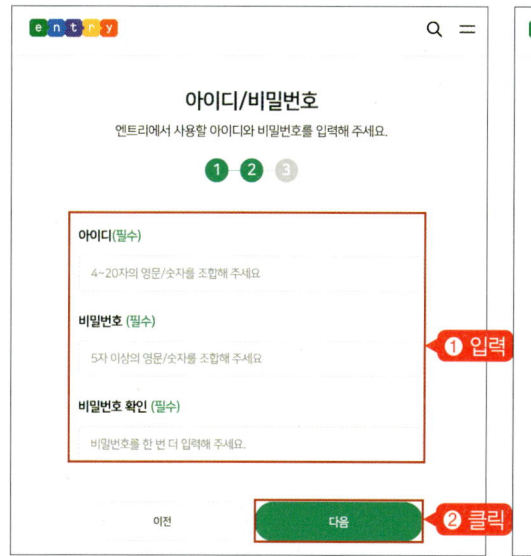 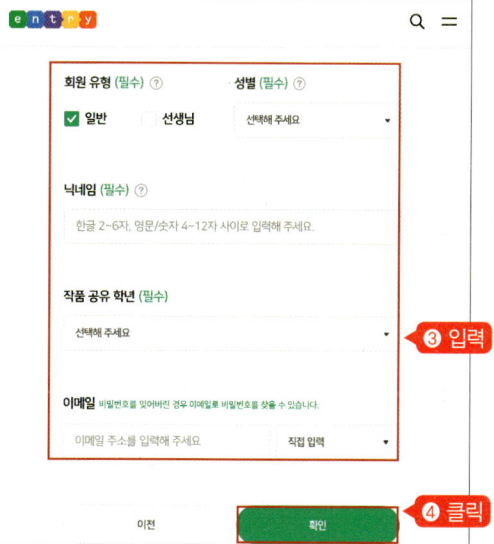

05 엔트리 회원 가입이 정상적으로 완료되었습니다. 입력한 이메일 주소를 방문하여 엔트리 가입 이메일 주소를 인증합니다.

 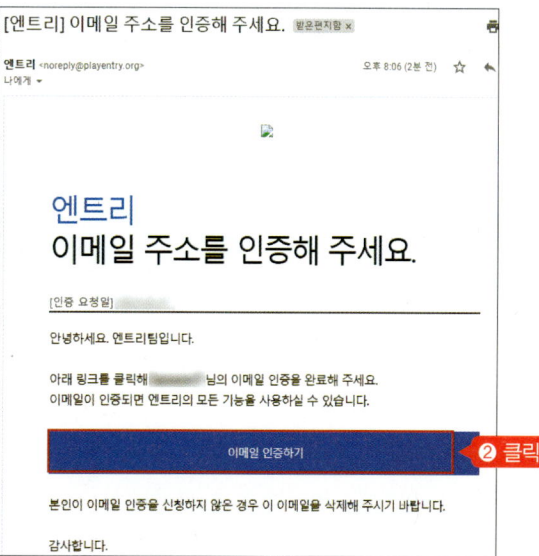

06 엔트리 홈페이지에 접속하여 로그인 합니다.

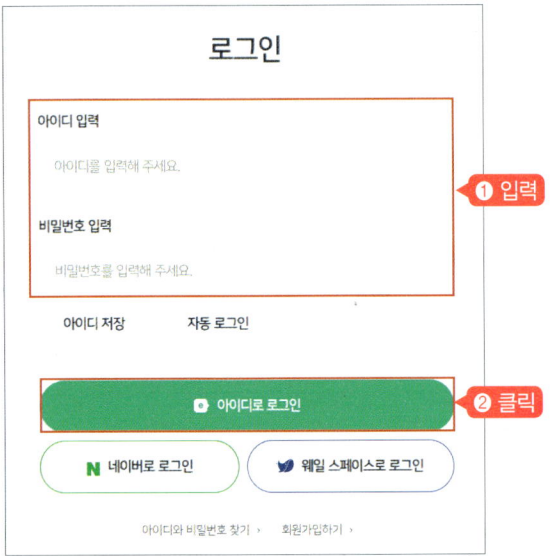

07 엔트리 홈페이지의 오른쪽 위 엔트리 얼굴을 클릭하면 내가 만든 닉네임, 마이페이지 등이 보이면 로그인이 성공입니다.

엔트리 [작품 만들기] 화면 구성 살펴보기

엔트리 메인 화면에서 [만들기]-[작품 만들기]를 클릭하면 엔트리 작업 화면으로 이동합니다.

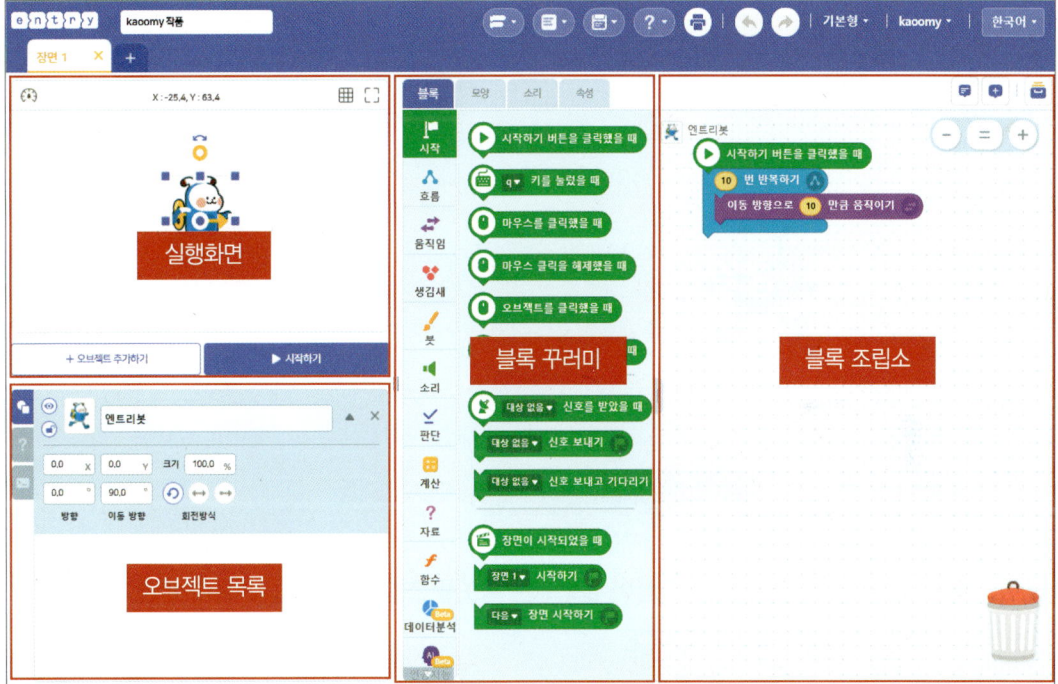

◇ 상단 메뉴

❶ entry : 엔트리 메인페이지로 이동합니다.

❷ yymmdd_kawoomy 작품 : 작품의 이름을 저장합니다. 기본적으로 [yymmdd_ID 작품] 날짜와 "ID 작품"으로 작품 이름이 자동 작성되어 있습니다. 클릭하여 다른 이름으로 변경할 수 있습니다.

❸ : 블록코딩과 파이썬 언어를 선택할 수 있습니다.

❹ : 작품을 새로 만들거나 저장한 작품, 오프라인 작품을 불러옵니다.
❺ : 현재 작품을 저장하기, 복사본으로 저장하기, 내 컴퓨터에 저장할 수 있습니다.
❻ : 블록 도움말은 블록에 대한 설명이 나타납니다. 엔트리 위키는 개발자, 사용자 가이드 사이트로 연결됩니다.
❼ : 작품에 쓰인 모든 오브젝트와 코드를 정리한 페이지를 보여줍니다.
❽ : 진행 중인 작업을 바로 이전으로 되돌리거나, 바로 이후로 복구시킬 수 있습니다.
❾ : 작품을 기본형 / 교과형으로 선택할 수 있습니다.
❿ : 한국어/영어 언어를 변경할 수 있습니다.

◆ 실행 화면

❶ 속도 조절 : 작품이 실행되는 속도를 조절할 수 있습니다. 다섯 단계로 조절 가능하며, 오른쪽으로 갈수록 빨라집니다.

❷ [모눈종이] : 실행 화면 위에 좌표가 표시되도록 합니다. 실행 화면은 x축(가로축) 방향으로 -240 ~ 240, y축(세로축) 방향으로 -135 ~ 135로 이루어져 있습니다.

❸ [전체 화면] : 작품을 전체화면으로 크게 볼 수 있습니다.

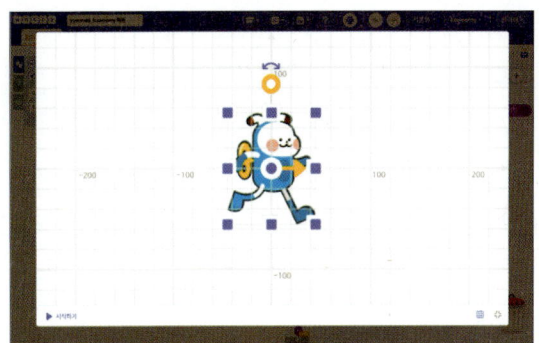

❹ [오브젝트 추가하기] : 새로운 오브젝트를 추가할 수 있습니다. 배경, 캐릭터, 글상자를 추가할 수 있고, 이미지 파일을 올리거나 그릴 수 있습니다.

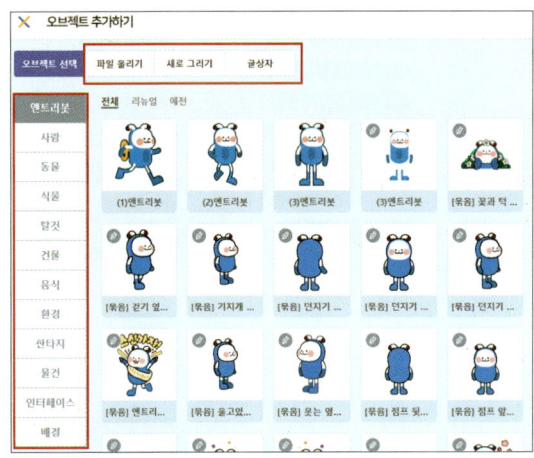

❺ [시작하기] : 블록 조립소의 조립한 명령에 따라 작품의 실행을 시작하거나 정지합니다.

◇ 오브젝트 목록

실행 화면에 추가 된 오브젝트를 확인 할 수 있습니다.

❶ : 오브젝트의 정보들을 직접 입력하고 수정할 수 있습니다.

❷ [삭제] : 오브젝트를 삭제할 수 있습니다.

❸ [오브젝트 정보] : 오브젝트의 x, y좌표 값, 크기, 방향, 이동방향 및 회전방식의 오브젝트 정보들을 보여주고 수정 할 수 있습니다.

Chapter 01_인공지능 시작하기 025

◇ 블록 꾸러미

블록 꾸러미는 블록, 모양, 소리, 속성의 네 가지 탭으로 이루어져 있습니다.

❶ 블록 탭 : 오브젝트를 움직일 수 있는 다양한 명령어 블록들이 있는 탭입니다. 시작, 흐름, 움직임, 인공지능 등 14개 카테고리에 다양한 블록들이 있습니다. 이 블록들을 블록 조립소로 끌어와 조립하여 코드를 완성합니다.

❷ 모양 탭 : 오브젝트의 모양을 추가하거나 이름을 수정하고 복제하는 등의 작업을 진행하는 탭입니다.

❸ 소리 탭 : 오브젝트가 사용할 소리를 관리하는 탭입니다. 새롭게 소리를 추가할 수도 있고, 이미 추가된 소리들을 재생 버튼을 이용해서 바로 들어볼 수도 있습니다.

❹ 속성 탭 : 코드에 관여하는 변수나 신호, 리스트, 함수를 추가하는 탭입니다.

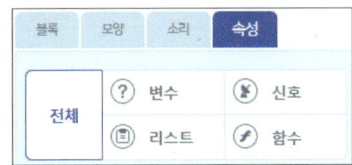

◇ 블록 조립소

❶ 오브젝트명: 왼쪽 위에 오브젝트명이 보입니다. 오브젝트 별로 각각 [블록 조립소]에서 블록을 조립합니다. [블록 꾸러미]에서 블록을 끌어와 [블록 조립소]에서 조립할 수 있습니다. 이렇게 조립된 블록 묶음을 [코드] 라고 합니다.

❷ 🗑 [휴지통] : 필요 없는 블록을 삭제할 수 있는 아이콘입니다. 삭제하고 싶은 블록을 떼어서 휴지통으로 끌고 오면, 휴지통 뚜껑이 열리면서 블록이 삭제됩니다.

❸ 블록 크기 조절 : [−]는 블록 크기가 작아지고 [=]는 100%(기본 크기)로 보이고 [+]는 블록 크기가 커집니다.

엔트리 코딩 축제

핵심기능 > 읽어주기   난이도 ★☆☆☆☆

학 습 목 표 엔트리로 코딩하기 위해 오브젝트를 추가하고 실행 화면을 구성하는 방법을 알아봅니다.
오브젝트별로 각각 코딩하고 [소리], [변수], [신호]의 개념을 알고 코딩해 봅니다.

 작품 미리보기

엔트리봇이 "엔트리 블록코딩을 시작해 주셔서 감사합니다"라는 인사말을 합니다.

코딩 축제를 알리는 신호와 함께 축하하는 엔트봇이 등장하고 폭죽이 터집니다.

 **실행 영상 미리보기**

• QR 코드 :

• 링크주소 : https://youtu.be/N6QvwkNSsO8

작품 만들기

◆ **오브젝트 추가하기**

01 실행 화면에 있는 엔트리봇을 [X] 버튼을 눌러 삭제한 후 [오브젝트 추가하기]를 클릭합니다.

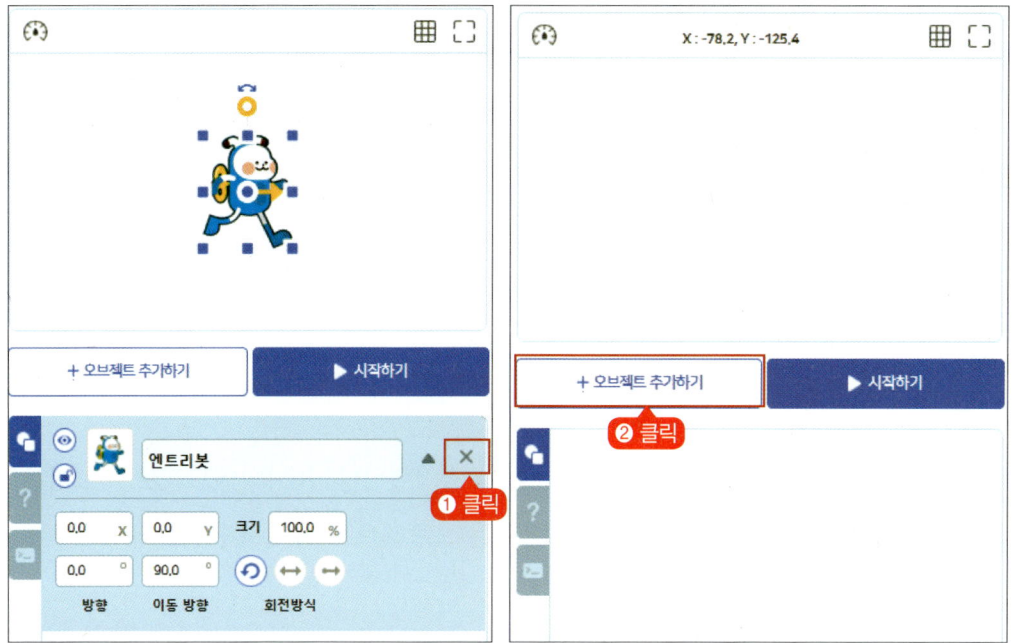

> **오브젝트란?**
> 화면에 표시된 개체를 의미합니다. 실행 화면에서 명령어를 통해 움직일 수 있는 것들로 캐릭터, 사물, 배경, 글상자 등을 오브젝트라 합니다.

오브젝트를 선택하거나 검색하여 오브젝트를 추가 할 수 있습니다. [별 헤는 밤], [축하하는 모습], [빛나는 효과], [묶음 엔트리봇 이모티콘] 오브젝트를 추가합니다.

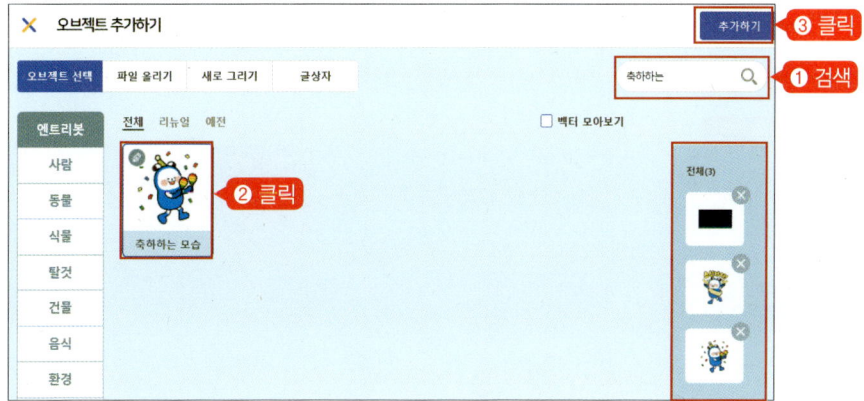

02 오브젝트를 원하는 위치에 놓고 장면을 구성합니다.

오브젝트 목록의 순서에 따라 보여지는 우선순위가 결정됩니다. [묶음_엔트리봇 이모티콘]이 [축하하는 모습] 오브젝트보다 앞에 있는 이유는 오브젝트 목록에서 [묶음_엔트리봇 이모티콘]이 더 위에 있기 때문이다.

◇ **변수 추가하기**

03 [속성] > [변수] > [변수 추가하기] > [밝기] 변수를 추가합니다.

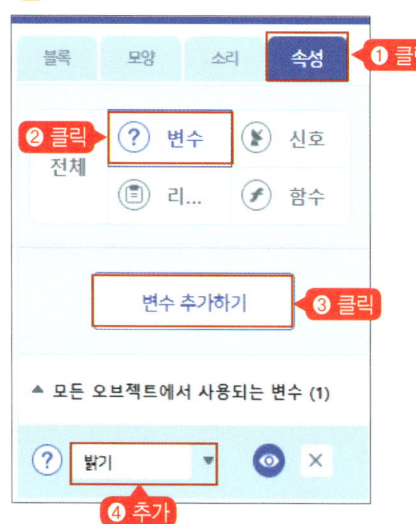

변수란?

필요한 정보를 저장하는 기억 공간입니다. 변수에는 하나의 정보만 넣을 수 있으며, 변수에 들어 있는 값을 바꾸거나 불러와서 사용 할 수 있습니다. 변수를 추가할 때 이름을 붙이고 그 안에 필요한 정보를 저장합니다.

변수를 만들면 ?자료 에 변수를 사용할 때 이용 가능한 블록이 생성됩니다.

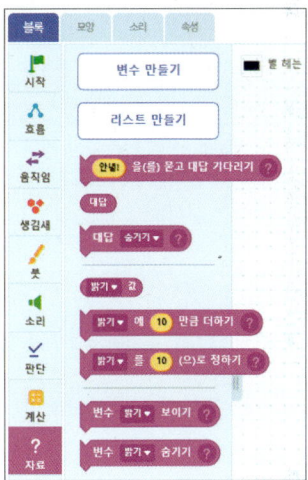

◆ 신호 추가하기

04 [속성] 〉 [신호] 〉 [신호 추가하기] 〉 [축제 시작] 신호를 추가합니다.

> **신호란?**
> 신호 보내기는 자신의 명령어로 다른 오브젝트에 변화를 줄 때 사용합니다. 특정 오브젝트에서 다른 오브젝트로 신호를 보내고, 신호를 받은 오브젝트에서 명령을 실행할 수 있도록 도와주는 기능입니다.

◆ 인공지능 기능 추가하기

05 인공지능 〉 [인공지능 블록 불러오기] 〉 [읽어주기]를 불러옵니다.

◆ 코딩하기

06 [묶음_엔트리봇 이모티콘] 오브젝트를 코딩합니다.

❝ 코딩하는 법
실행 화면에서 코딩하고 싶은 오브젝트를 선택한 후 해당 블록 조립소에서 코딩합니다. 명령어 블록을 선택한 후 드래그하여 블록 조립소에서 코딩합니다

❝ 모양 탭
오브젝트를 클릭하고 [모양] 탭에서 모양을 추가하거나 새로 그릴 수 있습니다.
다양한 모양을 관찰한 후 실행 화면의 상황에 맞게 모양을 바꿔줍니다.

실행 화면이 시작될 때 [등장 이모티콘]으로 모양 바꾸기를 합니다. 상황에 맞는 목소리, 속도, 음높이를 설정 후 상황에 맞는 이모티콘으로 모양을 바꾸며 "엔트리 블록 코딩을 시작해 주셔서 감사합니다."라고 말 합니다. 코딩 축제를 시작하는 [축제 시작] 신호를 보내줍니다.

※ 블록 색깔과 형태를 보고 블록을 쉽게 찾을 수 있습니다.

07 [축하하는 모습] 오브젝트를 코딩합니다. 오브젝트 별로 소리를 추가해 줘야 소리 블록을 이용해 코딩 할 수 있습니다. [축하하는 모습] 오브젝트에서 사용할 소리를 추가합니다. [소리] > [소리 추가하기] > [박수갈채] 소리를 추가합니다.

실행 화면이 시작되면 모양을 숨깁니다. [축제 시작] 신호를 받았을 때 모양이 보이고 [박수갈채] 소리에 맞춰 신나게 좌우로 흔듭니다.

08 [빛나는 효과] 오브젝트를 코딩합니다.
오브젝트 별로 소리를 추가 해 줘야 소리 블록을 이용해 코딩 할 수 있습니다. [빛나는 효과] 오브젝트에서 사용할 소리를 추가합니다. [소리] > [소리 추가하기] > [폭탄 폭발] 소리를 추가합니다.

실행 화면이 시작되면 모양을 숨깁니다.

[축제 시작] 신호를 받았을 때 모양이 보이고 [폭탄 폭발] 소리에 맞춰 밝기와 크기의 변화를 줍니다.

더 알고가요!!

❶ 블록 탭을 클릭하여 보이는 색깔별로 명령어 블록을 쉽게 찾을 수 있습니다.
❷ 코드를 시작하는 이벤트 블록은 앞부분이 둥근 모양입니다.
❸ 노란색 동그란 블록에는 숫자, 문자, 변수 값 등이 들어갈 수 있습니다.
❹ 육각형 파란 블록에는 조건 결과를 판단하는 블록이 들어갑니다.

전체 코드 ▶ 완성 파일 : 엔트리 코딩 축제.ent

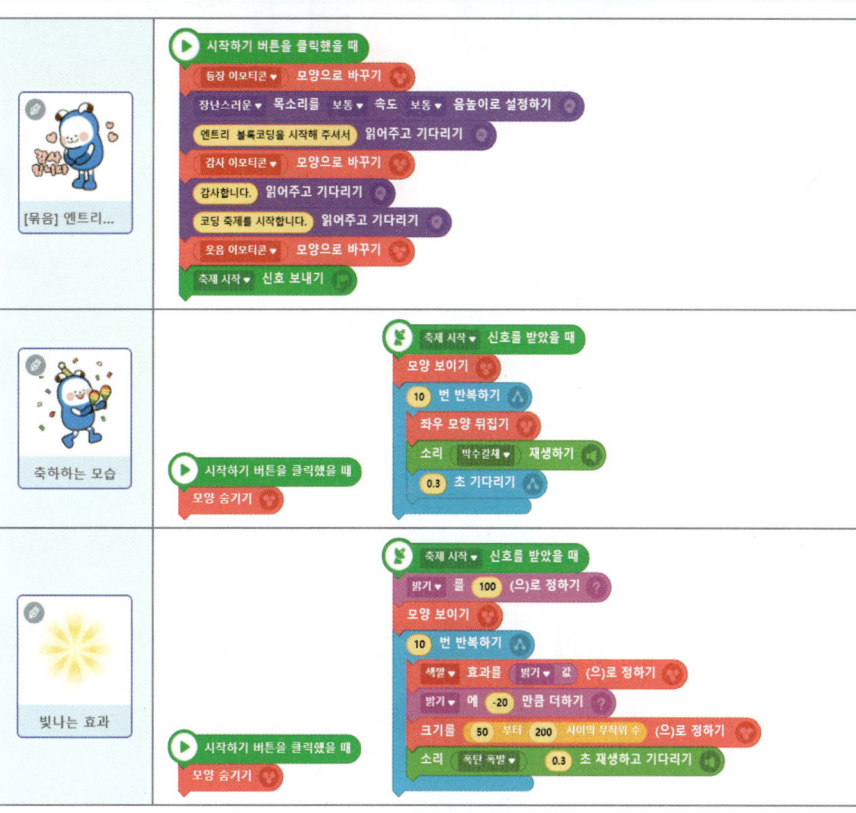

 결과 확인하기

❶ 엔트리 코딩 축제의 시작을 알리며 등장합니다.

❷ 코딩 축제에 참여해 주셔서 감사하다는 인사를 합니다.

❸ 코딩 축제를 알리며 폭죽과 불꽃이 터집니다.

❹ 엔트리 코딩 축제 중입니다.

CHAPTER 02

{ 인공지능 입문하기 }

엔트리 인공지능 활용 블록 알아보기

엔트리에서 4가지 인공지능 활용 블록을 제공하고 있습니다. AI 활용 블록은 인터넷이 연결되어 있어야 정상적으로 동작합니다.

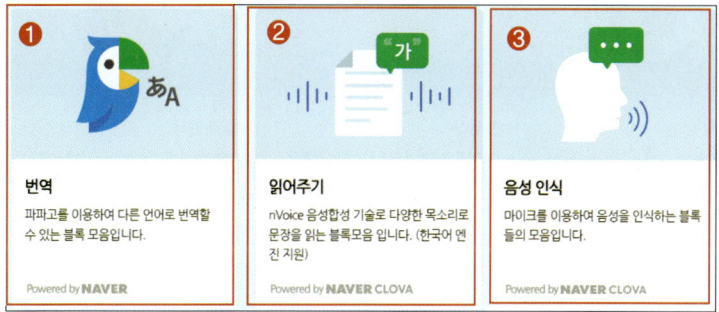

① **번역 블록 :** 네이버 파파고를 이용하여 입력된 텍스트 언어를 감지하고 다양한 국가의 언어로 번역합니다. 번역 기능을 이용하여 다양한 블록과 조합해 활용할 수 있습니다.

② **읽어주기(TTS) 블록 :** 음성합성 기술을 통해 입력한 텍스트를 사람, 캐릭터 등 다양한 목소리로 문장을 읽어주는 기능입니다. 읽어주기 기능을 다양한 블록과 조합해 활용할 수 있습니다.

③ **오디오 감지 블록 :** 인공지능 음성인식 엔진 '클로바 스피치'를 활용해서 마이크로 입력하는 음성을 인식할 수 있습니다. 인식한 음성을 다양한 블록과 조합해 활용할 수 있습니다.

④ **비디오 감지 블록 :** 사람(신체), 얼굴, 사물 등을 컴퓨터에 장착된 카메라를 이용해 비디오 화면을 시작하면 인식할 수 있습니다. 인식한 사람, 얼굴, 손, 사물의 x 좌표와 y 좌표를 이용하여 다양한 블록과 조합해 활용할 수 있습니다.

엔트리 인공지능 활용 블록 비디오 감지 알아보기

엔트리 인공지능 [비디오 감지] 기능은 PC(노트북) 또는 기기의 카메라(웹캠)로 입력되는 이미지/영상을 통해 사물, 사람의 신체, 손, 얼굴을 인식하는 블록입니다.

엔트리의 인공지능 블록 코딩을 위한 권장 웹브라우저는 구글의 크롬과 네이버의 웨일 브라우저입니다. 다른 웹브라우저에서는 엔트리 인공지능 블록의 정상 동작이 어려울 수 있습니다

비디오 감지 블록은 카메라 연결이 필요한 블록입니다. 데스크탑의 경우 별도 웹캠을 연결합니다.

카메라를 연결했는데도 블록이 동작하지 않거나, 영상이 제대로 입력되지 않는 경우 인터넷 브라우저의 설정을 변경해 카메라 사용을 허용합니다.

(크롬의 경우, 주소 표시줄 오른쪽의 카메라 아이콘을 클릭하거나 '설정 > 개인정보 및 보안 > 사이트 설정 > 카메라' 에서 엔트리 사이트의 카메라 사용을 허용합니다.)

비디오 감지 블록은 처음 작동할 때 마다 별도의 로딩이 필요합니다. 약 30초에서 1분 가량

로딩하면 블록을 사용할 수 있습니다. 로딩 시간은 컴퓨터 사양, 네트워크 상태에 따라 달라질 수 있습니다. 새로 고침하거나 다시 접속하는 경우 로딩은 다시 진행됩니다.

비디오 감지 블록을 반복 블록 안에 넣으면 작품이 많이 느려질 수 있으니 주의해 주세요!

◇ 인공지능 비디오 감지 블록의 인식 모델 종류

엔트리에서 인공지능으로 비디오 감지 블록을 인식할 수 있는 모델은 네 가지로 "사람", "사물", "손", "얼굴"입니다.

모델 "사물"은 엔트리에서 미리 지정한 80개의 사물을 인식하는 모델입니다.

모델 "사람"은 사람의 신체 각 부위를 인식하는 모델입니다.

모델 "손"은 엔트리에서 사람의 손가락과 손가락 마디, 그리고 손목을 인식하는 모델입니다.

모델 "얼굴"은 사람의 얼굴 각 부위를 인식하는 모델입니다.

각 모델에서 인식하는 사물이나 부위는 다음 표와 같습니다.

- 사물: 인식 사물 (가나다 순)

가위	개	고양이	곰	공	그릇	기린	기차
꽃병	나이프	냉장고	넥타이	노트북	당근	도넛	리모컨
마우스	말	바나나	배낭	버스	벤치	변기	병
보트	브로콜리	비행기	사과	사람	새	샌드위치	서프보드
소	소파	소화전	숟가락	스노보드	스케이트보드	스키	시계
식탁	신호등	싱크대	야구 글러브	야구 배트	양	얼룩말	여행 가방
연	오렌지	오븐	오토바이	와인잔	우산	원반	의자
자동차	자전거	전자레인지	정지 표지판	주차 미터기	책	침대	칫솔
케이크	코끼리	키보드	테니스 라켓	테디베어	토스터	트럭	포크
피자	핫도그	핸드백	핸드폰	헤어드라이어	화분	TV	

- 사람: 신체 부위

코	왼쪽 눈 안쪽	왼쪽 눈	왼쪽 눈 바깥쪽	오른쪽 눈 안쪽	오른쪽 눈	오른쪽 눈 바깥쪽	왼쪽 귀
오른쪽 귀	오른쪽 입꼬리	오른쪽 입꼬리	왼쪽 어깨	오른쪽 어깨	왼쪽 팔꿈치	오른쪽 팔꿈치	왼쪽 손목
오른쪽 손목	왼쪽 소지	오른쪽 소지	왼쪽 검지	오른쪽 검지	왼쪽 엉덩이	오른쪽 엉덩이	왼쪽 무릎
오른쪽 무릎	왼쪽 발목	오른쪽 발목	왼쪽 발꿈치	오른쪽 발꿈치	왼쪽 발끝	오른쪽 발끝	

- 얼굴: 얼굴 부위와 표정

왼쪽 눈	오른쪽 눈	코	왼쪽 입꼬리	오른쪽 입꼬리	윗 입술	아랫 입술	여성	남성
나이	분도	혐오	두려움	행복	무표정	슬픔	놀람	

- 손: 인식 부위

엄지 : 끝, 첫째 마디	검지: 끝, 첫째 마디, 둘째 마디	중지: 끝, 첫째 마디, 둘째 마디	약지: 끝, 첫째 마디, 둘째 마디	소지: 끝, 첫째 마디, 둘째 마디	손목

- 손: 손부위

쥔 손	편 손	가리킨 손	엄지 아래로	엄지 위로	브이 사인	사랑해

※ 손가락별 마디 지정
❶ 엄지: 끝, 첫째 마디
❷ 검지, 중지, 약지, 소지: 끝, 첫째 마디, 둘째 마디

◇ 인공지능 비디오 감지 블록 알아보기

블록	설명
비디오 화면 보이기	카메라가 촬영한 화면을 실행화면으로 보이게 하거나 숨기는 기능입니다. – 목록 상자: [보이기], [숨기기]
720p HD Camera (04f2:b636) 카메라로 바꾸기	카메라가 두 대 이상인 경우 사용할 카메라를 선택해서 변경하는 기능입니다. – 목록 상자: 기기와 연결된 비디오 카메라(웹캠)
카메라가 연결되었는가?	컴퓨터에 카메라가 연결되어 있다면 참으로, 아니라면 거짓으로 판단하는 블록입니다.
비디오 화면 좌우 뒤집기	보여지는 비디오 화면을 좌우(가로) 또는 상하(세로)로 뒤집습니다. 기본 화면은 거울을 보는 것처럼 좌우가 뒤집어져 있습니다. – 목록 상자: 좌우, 상하
비디오 투명도 효과를 0 으로 정하기	비디오 화면의 투명도를 정합니다. 투명도의 단위는 %(퍼센트)이며 범위는 0 ~ 100입니다. 이 블록을 사용하지 않을 때의 기본 투명도는 50% 입니다. 투명도가 0%이면 카메라로 찍은 화면이 그대로 보이며, 100%이면 카메라 영상이 나타나지 않습니다.
자신 에서 감지한 움직임 값	비디오 화면에서 오브젝트 또는 실행 화면이 감지한 움직임이나 방향을 보여주는 값 블록입니다. – 목록 상자 1: [자신], [실행화면] ·– 목록 상자 2: [움직임], [좌우방향], [상하방향]

◇ 인공지능 비디오 감지 – 사람 인식

블록	설명
사람을 인식했을 때	사람 인식을 시작하거나 중지합니다. 사람을 인식하려면 꼭 이 블록을 통해 인식을 시작해야 합니다.
인식한 사람 보이기	인식한 사람을 실행 화면에서 보이거나 숨깁니다. '보이기'를 선택하면 인식한 사람의 각 부위를 점과 선의 형태로 표시해 줍니다.
사람을 인식했는가?	사람을 인식했다면 참으로, 아니라면 거짓으로 판단하는 블록입니다. 사람 인식을 시작하지 않았다면 항상 거짓으로 판단합니다.
인식한 사람의 수	인식한 사람을 실행 화면에서 보이거나 숨깁니다. '보이기'를 선택하면 인식한 사람의 각 부위를 점과 선의 형태로 표시합니다.
1 번째의 사람의 코 (으)로 이동하기	오브젝트가 사람의 선택한 부위로 이동합니다. 목록 상자를 클릭하면 인식한 순서의 사람과 부위를 선택할 수 있습니다.
2 초 동안 1 번째의 사람의 코 (으)로 이동하기	입력한 시간동안 이 오브젝트가 사람의 선택한 부위로 이동합니다. 목록 상자를 클릭하면 인식한 순서의 사람과 부위를 선택할 수 있습니다.
1 번째 사람의 코 의 x 좌표	신체 부위의 x 또는 y 좌표를 가져오는 값 블록입니다. 사람을 인식하지 않을 때는 0을 가져옵니다. 목록 상자를 클릭하면 인식한 해당 순서의 사람과 신체 부위를 선택할 수 있습니다.

◇ 인공지능 비디오 감지 – 사물 인식

블록	설명
사물을 인식했을 때	사물을 인식했을 때 아래의 블록이 동작합니다. 한 번 인식을 시작하고 연속적으로 인식이 유지되면 다시 동작하지 않지만, 사물이 새롭게 인식되는 순간 다시 블록이 동작합니다. 사물 인식을 시작하지 않았다면 블록이 동작하지 않습니다.
사물 인식 시작하기▼	사물 인식을 시작하거나 중지합니다. 사물을 인식하려면 꼭 이 블록을 통해 인식을 시작해야 합니다. 목록 상자를 클릭하면 인식을 시작할지 중지할지 선택할 수 있습니다.
인식한 사물 보이기▼	인식한 사물을 실행 화면에서 보이거나 숨깁니다. '보이기'를 선택하면 인식한 사물의 이름과 둘러싼 사각형의 형태로 표시합니다. 목록 상자를 클릭하면 인식한 형태를 보일지 숨길지 고를 수 있습니다.
사물을 인식했는가?	사물을 인식했다면 참으로, 아니라면 거짓으로 판단하는 블록입니다. 사물 인식을 시작하지 않았다면 항상 거짓으로 판단합니다.
인식한 사물의 수	인식한 사물이 몇 개인지를 가져오는 값 블록입니다. 최대 3개의 사물을 인식할 수 있습니다.
사물 중 자전거▼ 을(를) 인식했는가?	선택한 사물을 인식했다면 참으로, 아니라면 거짓으로 판단하는 블록입니다. 목록 상자를 클릭하면 인식 여부를 확인할 사물을 선택할 수 있어요.

◇ 인공지능 비디오 감지 – 손 인식

블록	설명
손을 인식했을 때	손을 인식했을 때 아래의 블록이 동작합니다. 한 번 인식을 시작하고 연속적으로 인식이 유지되면 다시 동작하지 않지만, 손이 새롭게 인식되는 순간 다시 블록이 동작합니다. 손 인식을 시작하지 않았다면 블록이 동작하지 않습니다.
손 인식 시작하기▼	손 인식을 시작하거나 중지합니다. 손을 인식하려면 꼭 이 블록을 통해 인식을 시작해야 합니다.
인식한 손 보이기▼	인식한 손을 실행 화면에서 보이거나 숨깁니다. '보이기'를 선택하면 인식한 손을 점과 그 사이를 잇는 선의 형태로 표시합니다.
손을 인식했는가?	손을 인식했다면 참으로, 아니라면 거짓으로 판단하는 블록입니다. 손 인식을 시작하지 않았다면 항상 거짓으로 판단합니다.
인식한 손의 수	인식한 손이 몇 개인지를 가져오는 값 블록입니다. 최대 2개의 손을 인식할 수 있습니다.
1▼ 번째 손의 엄지▼ 끝▼ (으)로 이동하기	이 오브젝트가 손의 선택한 부위로 이동합니다. 목록 상자를 클릭하면 인식한 순서의 손과 부위를 선택할 수 있습니다.
2 초동안 1▼ 번째 손의 엄지▼ 끝▼ (으)로 이동하기	입력한 시간동안 이 오브젝트가 손의 선택한 부위로 이동합니다. 목록 상자를 클릭하면 인식한 순서의 손과 부위를 선택할 수 있어요.
1▼ 번째 손의 엄지▼ 끝▼ 의 x▼ 좌표	손 부위의 x 또는 y 좌표를 가져오는 값 블록입니다. 손을 인식하지 않을 때는 0을 가져옵니다
1▼ 번째 손이 오른손▼ 인가?	인식한 손과 선택한 오른손/왼손이 같다면 참으로, 아니라면 거짓으로 판단하는 블록입니다.

블록	설명
1▼ 번째 손	인식한 손이 오른손인지 왼손인지 가져오는 값 블록입니다.
1▼ 번째 손의 모양이 쥔 손▼ 인가?	인식한 손의 모양과 선택한 손의 모양이 같다면 참으로, 아니라면 거짓으로 판단하는 블록입니다. ※선택할 수 손의 모양: 쥔 손, 편 손, 가리킨 손, 엄지 아래로, 엄지 위로, 브이 사인, 사랑해
1▼ 번째 손의 모양	인식한 손의 모양을 가져오는 값 블록입니다. 손 인식 블록이 인식할 수 없는 손의 모양인 경우 '알 수 없음'을 가져옵니다.

◇ 인공지능 비디오 감지 – 얼굴 인식

블록	설명
얼굴을 인식했을 때	얼굴을 인식했을 때 아래의 블록이 동작합니다. 한 번 인식을 시작하고 연속적으로 인식이 유지되면 다시 동작하지 않지만, 얼굴이 새롭게 인식되는 순간 다시 블록이 동작합니다. 얼굴 인식을 시작하지 않았다면 블록이 동작하지 않습니다.
얼굴 인식 시작하기▼	얼굴 인식을 시작하거나 중지합니다. 얼굴을 인식하려면 꼭 이 블록을 통해 인식을 시작해야 합니다.
인식한 얼굴 보이기▼	인식한 얼굴을 실행 화면에서 보이거나 숨깁니다. '보이기'를 선택하면 인식한 얼굴의 각 부위를 외곽선의 형태로 표시합니다.
얼굴을 인식했는가?	얼굴을 인식했다면 참으로, 아니라면 거짓으로 판단하는 블록입니다. 얼굴 인식을 시작하지 않았다면 항상 거짓으로 판단합니다.
인식한 얼굴의 수	인식한 얼굴이 몇 개인지를 가져오는 값 블록입니다. 최대 4개의 얼굴을 인식할 수 있습니다.
1▼ 번째의 얼굴의 왼쪽 눈▼ (으)로 이동하기	이 오브젝트가 얼굴의 선택한 부위로 이동합니다. 목록 상자를 클릭하면 인식한 순서의 얼굴과 부위를 선택할 수 있습니다.
2 초 동안 1▼ 번째의 얼굴의 왼쪽 눈▼ (으)로 이동하기	입력한 시간동안 이 오브젝트가 얼굴의 선택한 부위로 이동합니다.
1▼ 번째 얼굴의 성별이 여성▼ 인가?	얼굴의 성별과 선택한 성별이 같다면 참으로, 아니라면 거짓으로 판단하는 블록입니다.
1▼ 번째 얼굴의 나이 =▼ 10 인가?	얼굴의 나이와 입력한 나이를 비교한 결과가 옳다면 참으로, 아니라면 거짓으로 판단하는 블록입니다.
1▼ 번째 얼굴의 감정이 분노▼ 인가?	얼굴의 감정과 선택한 감정이 같다면 참으로, 아니라면 거짓으로 판단하는 블록입니다. ※선택할 수 있는 감정 : 분노, 혐오, 두려움, 행복, 무표정, 슬픔, 놀람
1▼ 번째 얼굴의 왼쪽 눈▼ 의 x▼ 좌표	얼굴 부위의 x 또는 y 좌표를 가져오는 값 블록입니다. 얼굴을 인식하지 않을 때는 0 을 가져옵니다.
1▼ 번째 얼굴의 성별▼	얼굴의 특징을 가져오는 값 블록입니다. 얼굴의 특징을 가져오려면 꼭 얼굴 인식을 시작한 상태여야 해요. 얼굴을 인식하지 않을 때는 0을 가져옵니다.

작품 02
사물의 이름을 보여줘

핵심기능　비디오감지　　난이도　★☆☆☆☆

 [인공지능]의 [비디오 감지 – 사물 인식] 기능을 이용하여 카메라에 찍힌 사물이 무엇인지를 자동으로 보여주는 작품을 만들어 봅니다.

 작품 미리보기

카메라에 찍히는 물건이 무엇인지를 보여 줍니다.

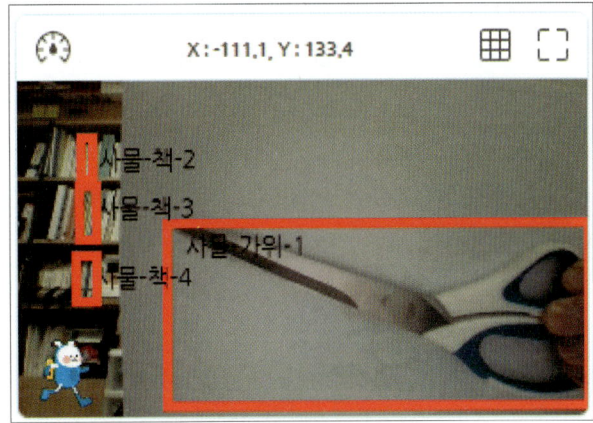

 실행 영상 미리보기

- QR 코드 :

- 링크주소 : https://youtu.be/ugabl5ASclc

◆ 오브젝트 수정하기

01 카메라를 통하여 찍히는 물건을 보여주기 위해 엔트리봇의 크기를 작게 조정하고 좌측 아래로 이동을 시킵니다.

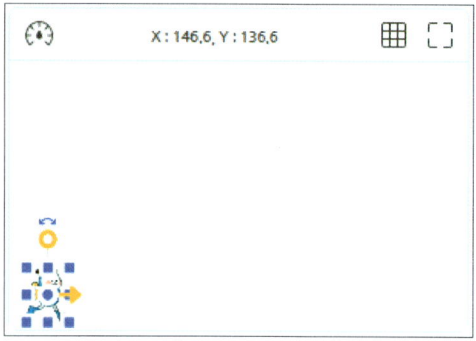

◆ 인공지능 비디오 감지 사물 인식 기능 추가하기

02 블록의 탭에서 [인공지능 블록 불러오기]를 클릭하여 [비디오 감지] > [사물 인식]을 선택한 뒤에 [불러오기] 버튼을 클릭합니다.

◆ **코딩하기**

03 [엔트리봇] 오브젝트를 코딩합니다. 비디오 감지를 이용하기 위해서는 카메라를 통한 비디오가 연결이 되었는지를 먼저 확인해야 합니다.

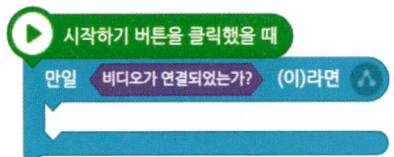

비디오가 연결되었다고 해서 카메라에 찍히는 영상이 엔트리 장면 화면에 표시되지 않습니다. 엔트리 장면에 카메라에 찍히는 비디오를 보여주기 위해서 [비디오 화면 보이기] 블록을 코딩합니다. 비디오 화면이 보이지 않더라도 내부적으로는 비디오 감지를 실행하고 있지만 여기서는 비디오 영상을 보이도록 합니다.

[비디오 화면 보이기]로 보이는 화면은 기본적으로 반투명하게 보입니다. 카메라의 비디오 화면을 정상적으로 보이게 하기 위해 [비디오 투명도 효과를 0으로 정하기] 블록을 코딩합니다.

카메라 촬영이 준비되었으면 사물 인식을 시작합니다.

사물 인식을 시작하면 비디오 감지가 내부적으로 해당 사물에 대한 정보를 가집니다. 그렇지만 감지되어 인식된 사물이 어떤 사물인지를 엔트리 장면에 표시해 주지 않습니다. 인식된 사물이 무엇인지 자동으로 표시하기 위해 [인식한 사물 보이기] 블록을 코딩합니다. 이 블록은 인식된 사물의 이름을 사각형 테두리로 감싼 후 사물의 이름을 보여줍니다.

[시작하기] 버튼으로 작품을 시작하면 [정지하기] 버튼을 클릭할 때까지 카메라 비디오에 인식된 사물과 이름을 계속 찾으면서 보여줍니다.

전체 코드

▶ 완성 파일 : 사물의 이름을 보여줘.ent

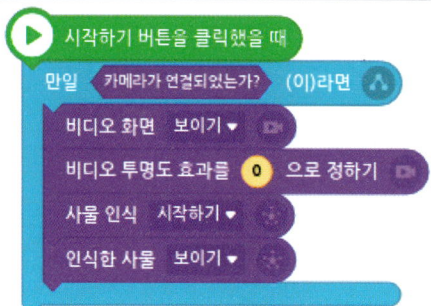

결과 확인하기

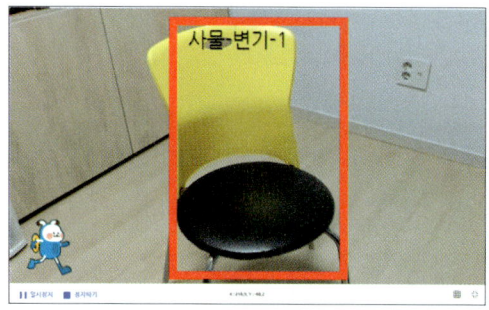

❶ 카메라가 인식한 물건과 이름을 보여줍니다.

❷ 같은 사물이라도 잘못 인식하는 경우가 종종 있습니다.

엔트리 인공지능 활용 블록 오디오 감지 알아보기

엔트리 인공지능 [오디오 감지] 기능은 네이버가 개발한 인공지능 음성인식기술 '클로바 스피치(CLOVA Speech)'를 활용해서, 마이크로 입력하는 소리를 감지하고, 문자로 바꿀 수 있는 블록입니다. 클로바 스피치(CLOVA Speech)는 한국어 및 일본어에 대해 높은 수준의 음성인식 기술을 갖추고 네이버와 라인의 다양한 음성 기반 서비스에 높은 인식률의 음성인식 엔진을 제공하고 있습니다.

◇ 음성인식기술이란?

음성인식기술은 컴퓨터가 마이크와 같은 소리 센서를 통해 얻은 음향학적 신호(acoustic speech signal)를 단어나 문장으로 변환시키는 기술을 말합니다. 일반적인 음성인식기술은 음향 신호를 추출한 후 잡음을 제거하는 작업을 하게 되며, 이후 음성 신호의 특징을 추출하여 음성모델 데이터베이스(DB)와 비교하는 방식으로 음성인식을 하게 됩니다.

◇ 음성인식기술의 일반적인 구성

◇ 엔트리 인공지능 오디오 감지 블록 알아보기

마이크가 연결되었는가?	마이크가 연결 되었는지 확인하는 블록입니다. 컴퓨터에 마이크가 연결되어 있다면 참으로, 아니라면 거짓으로 판단하는 블록입니다.
한국어▼ 음성 인식하기	실행 화면에 목소리를 인식하는 창(음성인식 창)이 나타납니다. 마이크에 대고 말한 내용을 인식하는 블록으로 한국어,영어,일본어를 인식할 수 있습니다.

`음성을 문자로 바꾼 값`	음성인식 창에서 인식한 목소리를 문자로 바꿔주는 블록입니다. 목소리를 입력하지 않았거나, 음성인식 도중에 오류가 발생한 경우에는 0 을 가져옵니다.
`마이크 소리 크기`	음성인식 창에서 입력한 소리의 크기를 가져오는 값 블록입니다.

 더 알고가요!! 엔트리 사이트에서 마이크 사용하기

오디오 감지 블록은 Internet Explorer, 사파리에서는 정상적으로 동작하지 않을 수 있습니다. 안정적인 동작을 위해 크롬 사용을 권장합니다.

마이크를 연결했는데 동작하지 않거나, 음성인식이 제대로 되지 않을 때는 브라우저 설정을 변경해 주세요.

방법 1 크롬의 경우 주소 표시 줄 오른쪽의 카메라 아이콘을 클릭 후 엔트리 사이트에서 마이크에 액세스하도록 허용을 체크해 주세요.

방법 2 '설정 〉 보안 및 개인정보 보호 〉 사이트 설정 〉 마이크'에서 엔트리 사이트의 마이크 사용을 허용해 주세요

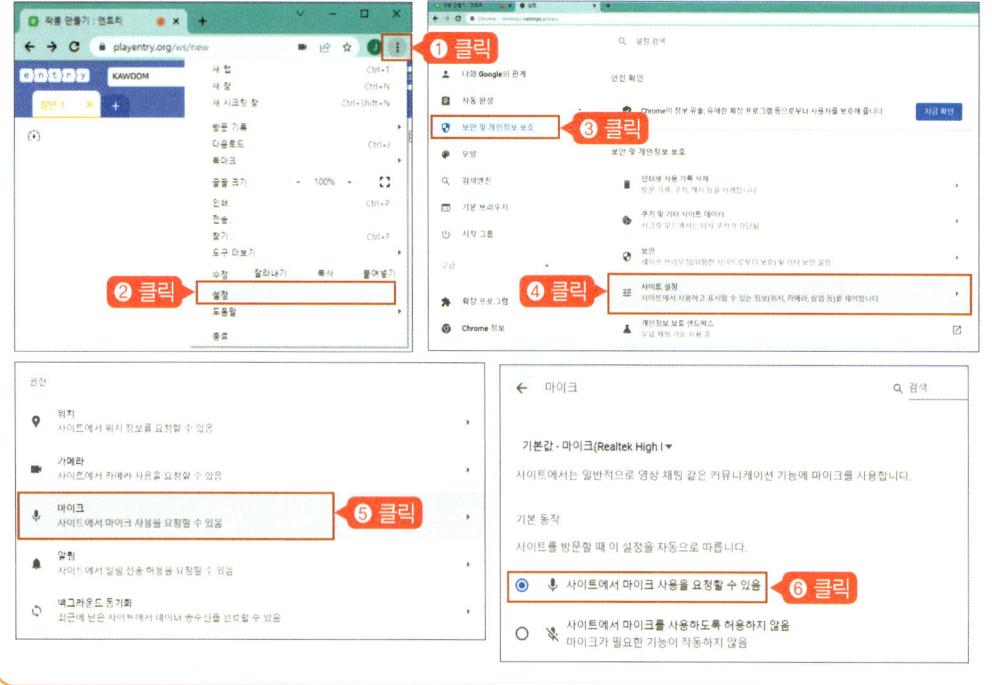

음성으로 운전하는 자동차

| 핵심기능 | 오디오감지 | 난이도 | ★☆☆☆☆ |

학습목표
석유, 전기가 아닌 사람의 음성으로 움직이는 차를 상상해 봅니다.
인공지능 오디오 감지 기능을 이용하여 음성으로 자동차를 움직이는 프로그램을 만들어 봅니다.

CHAPTER 02

 작품 미리보기

오디오 감지 기능을 이용해 음성을 인식시킵니다. 음성을 감지하여 "앞으로"라고 말하면 자동차가 앞으로 이동하고, "뒤로"라 말하면 뒤로 이동합니다.

실행 영상 미리보기
- QR 코드 :
- 링크주소 : https://youtu.be/ClbGapX060c

Chapter 02_인공지능 입문하기 049

 **작품만들기**

◇ 오브젝트 추가하기

01 [오브젝트 추가하기] 버튼을 클릭하여 [자율주행 자동차(2)], [해바라기 꽃길] 오브젝트를 추가합니다.

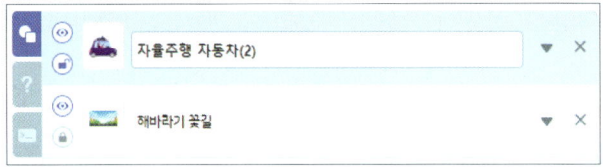

02 오브젝트를 원하는 위치에 놓고 장면을 구성합니다.

◇ 인공지능 오디오 감지 기능 추가하기

03 블록의 탭에서 [인공지능 블록 불러오기]를 클릭하여 오디오 감지[음성 인식]을 불러옵니다.

◇ **코딩하기**

04 🚗 [자율주행 자동차(2)] 오브젝트를 코딩합니다.

실행 화면이 시작되면 마이크가 연결될 때까지 기다리고 연결되었다면 자동차를 운전하는 방법을 말해 줍니다.

```
[시작하기 버튼을 클릭했을 때]
[마이크가 연결되었는가? 이(가) 될 때까지 기다리기]
[마이크가 연결되었습니다. 스페이스 키를 누른 후 " 앞으로 또는 뒤로 "를 말하세요. 을(를) 4 초 동안 말하기]
```

스페이스 키를 누르고 음성 인식된 문자값이 "앞으로"이면 자동차는 앞으로 이동하고, "뒤로"이면 뒤로 이동합니다. 음성을 바꿔 말하며 자동차를 운전할 수 있습니다.

```
[스페이스 키를 눌렀을 때]
[한국어 음성 인식하기]
[음성을 문자로 바꾼 값 을(를) 말하기]
만일 [음성을 문자로 바꾼 값 = 앞으로] (이)라면
    x 좌표를 100 만큼 바꾸기
만일 [음성을 문자로 바꾼 값 = 뒤로] (이)라면
    x 좌표를 -100 만큼 바꾸기
```

전체 코드

▶ 완성 파일 : 음성로 운전하는 자동차.ent

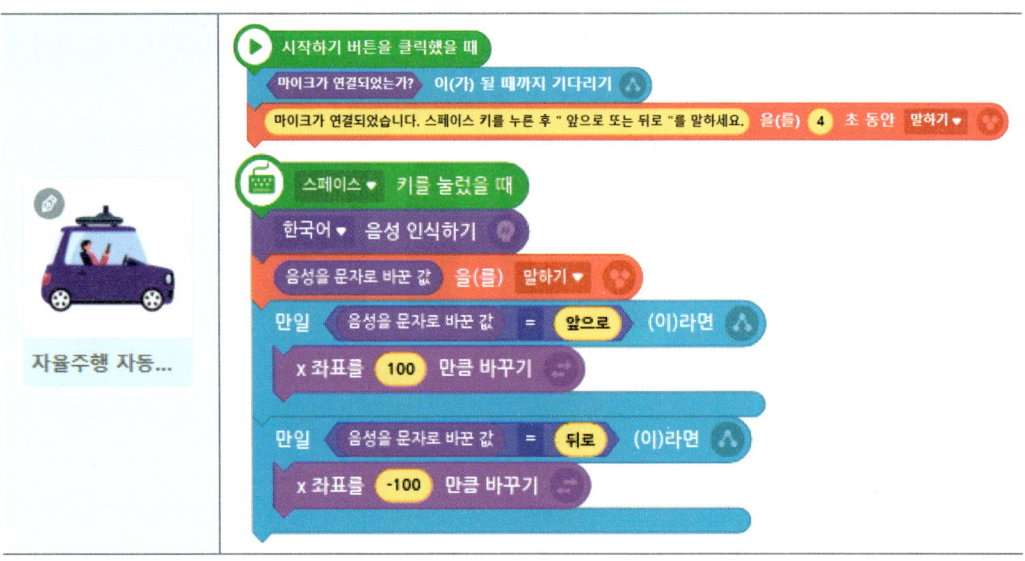

결과 확인하기

❶ 자동차를 운전하는 방법을 말해 줍니다.

❷ 음성 인식된 문자가 "앞으로"이면 자동차가 앞으로 이동합니다.

엔트리 인공지능 활용 블록 읽어주기 알아보기

CHAPTER 02

네이버의 음성합성기술 nVoice를 사용하고 있습니다.

엔트리 음성합성은 컴퓨터를 이용해 사람의 말소리를 인위적으로 합성하는 것입니다.

nVoice는 문자음성 자동변환기술 즉, Text To Speech, TTS를 활용하고 있습니다. 텍스트를 입력하면 사람의 목소리로 변환되어 그 문장을 읽어주는 것입니다.

지하철이나 버스를 탈 때마다 들리는 안내 목소리도 바로 TTS로 만든 것입니다.

◆ 엔트리 인공지능 읽어주기 블록 알아보기

블록	설명
엔트리 읽어주기	입력한 문자열값을 설정된 목소리로 읽습니다. 입력은 2500자까지 가능합니다. 인터넷에 연결되어 있지 않거나 인터넷환경이 불안할 경우, 해당블록이 실행되지 않고 다음 블록으로 넘어갈 수 있습니다.
엔트리 읽어주고 기다리기	입력한 문자값을 읽어준 후 다음 블록을 실행합니다.
여성 목소리를 보통 속도 보통 음높이로 설정하기	선택한 목소리가 선택한 속도와 선택한 음높이로 설정됩니다.

목소리 톤

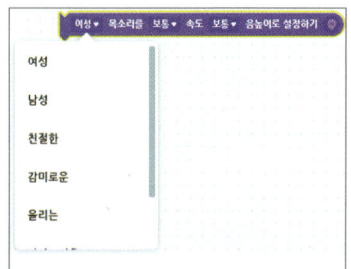

목소리 속도

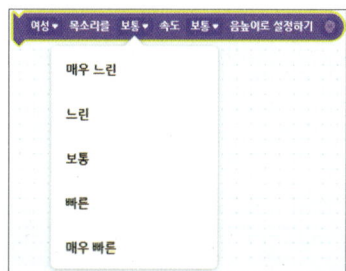

음높이

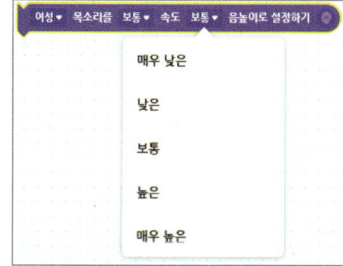

태양계 행성 정보 읽어주기

핵심기능 ▶ 읽어주기   난이도 ★☆☆☆☆

 엔트리의 읽어주기 기능을 이용하여 행성의 정보를 읽어주는 작품을 만들어 봅니다.

 작품 미리보기

화면의 태양계 행성을 클릭하면 행성의 정보를 읽어줍니다.

 **실행 영상 미리보기**

- QR 코드 :

- 링크주소 : https://youtu.be/L-0NV2Xrhgg

작품만들기

◇ 오브젝트 추가하기

01 [태양계-지구], [우주정거장] 오브젝트를 추가합니다.

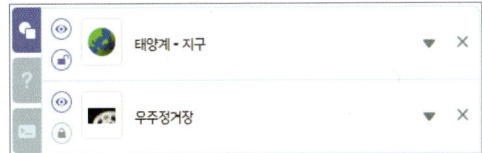

02 오브젝트를 원하는 위치에 놓고 장면을 구성합니다.

◇ 오브젝트 수정하기

03 [태양계_지구] 오브젝트를 수정합니다.

[모양] > [모양추가하기] > [태양계-목성_1], [태양계-수성_1] 모양을 추가합니다.

◇ 리스트 추가하기

04 [속성] 〉 [리스트] 〉 [리스트 추가하기] 〉 [행성정보] 리스트를 추가합니다.
리스트의 항목은 [모양] 탭에서 추가한 태양계 모양 항목의 개수와 동일하게 생성합니다.
지구, 목성, 수성 3개의 정보를 인터넷에서 검색해서 리스트에 저장합니다.

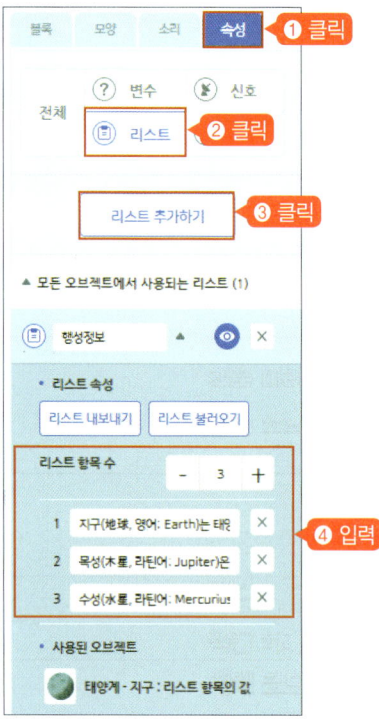

◇ 인공지능 기능 추가하기

05 탭에서 [인공지능 블록 불러오기]를 클릭하여 [읽어주기]를 선택한 뒤에 [불러오기] 버튼을 클릭하여 불러옵니다.

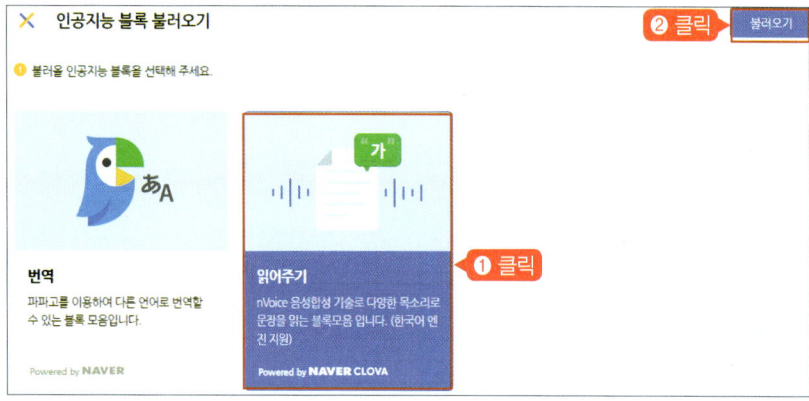

◇ 코딩하기

06 🌏 [태양계-지구] 오브젝트를 코딩합니다. 시작하기 버튼을 클릭했을 때 반복해서 3초 동안 오브젝트가 회전하며 모양을 변경해 줍니다.

오브젝트를 클릭했을 때 현재 표시된 모양 번호를 찾아 리스트의 항목으로 입력하여 정보를 읽어줍니다.

전체 코드

▶ 완성 파일 : 태양계행성정보읽어주기.ent

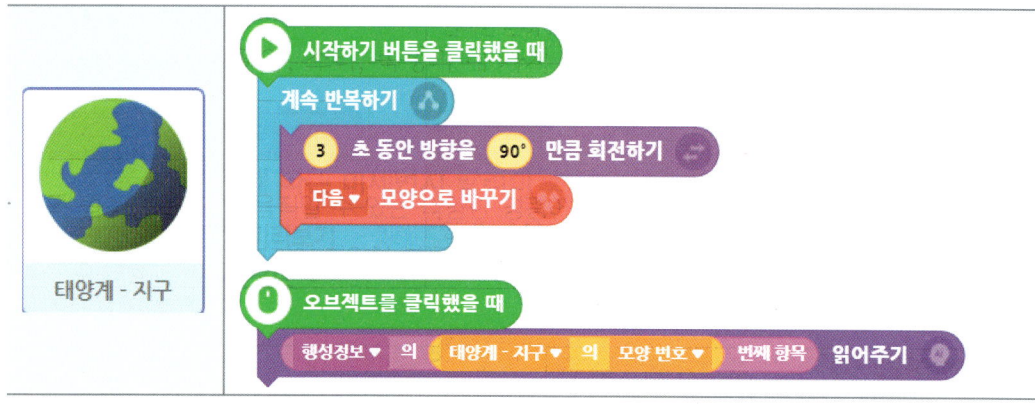

결과 확인하기

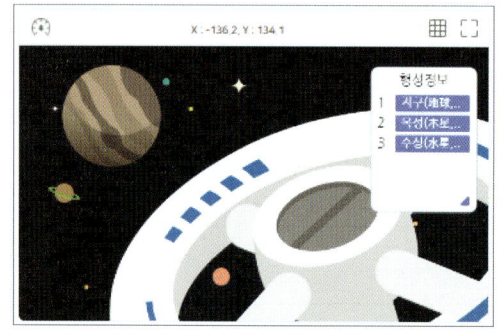

❶ 행성이 주기적으로 변경되며 행성을 클릭했을 때 리스트의 값을 읽어줍니다.

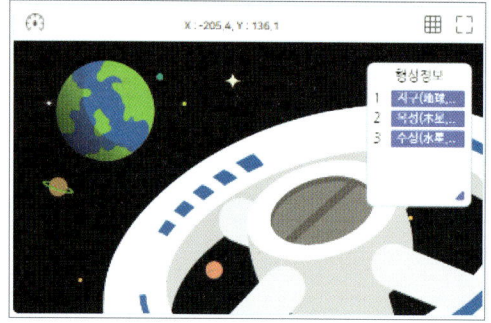

❷ 행성이 주기적으로 변경되며 행성을 클릭했을 때 현재 선택된 행성의 정보를 리스트에서 가져와 읽어줍니다.

엔트리 인공지능 활용 블록 번역 알아보기

'네이버 랩스'가 자체 개발한 인공신경망 기반 번역 서비스 '파파고'를 활용해 언어를 번역하는 블록입니다. 인터넷에 연결되지 않았거나 인터넷 환경이 불안정할 경우, '알 수 없는 문장입니다.'를 가져오고 다음 블록으로 넘어갑니다. 내용은 3000자까지 입력이 가능합니다.

◇ 엔트리 인공지능 번역 블록 알아보기

블록	설명
한국어▼ 엔트리 을(를) 영어▼ 로 번역하기	입력한 내용을 입력한 언어로 번역하는 값 블록입니다. 아무 내용도 입력하지 않으면 '문장이 없습니다'를 가지고 옵니다. 목록 상자를 클릭하면 번역할 언어를 선택할 수 있습니다.
엔트리 의 언어	입력한 내용의 언어를 가져오는 값 블록입니다.

◇ 자연어 처리(NLP:Natural Language Processing)란?

자연어 처리란 컴퓨터가 인간의 언어를 인식하고 목적에 맞게 처리하는 것입니다.

이 기술은 정보검색, 문서를 자동으로 분류하는 기술, 챗봇 등의 분야에 활용되고 있습니다. 대부분의 NLP 기술은 머신 러닝 기법을 통해서 사람의 언어에서 의미 있는 것을 도출하고 컴퓨터가 이해할 수 있도록 합니다. 사람의 말이라는 것이 너무나 다양하고 변칙적이기 때문에 컴퓨터가 이해할 수 있도록 완벽하게 처리한다는 것은 정말 고도의 기술과 노력이 수반되어야 할 것입니다.

파파코 번역기

핵심기능 > 번역, 읽어주기   난이도 > ★☆☆☆☆

글로벌 시대의 영어는 학습을 시작하는 모든 친구들에게 필수적으로 배워야 하는 제2 외국어입니다. 엔트리의 번역 기능과 읽어주기 기능을 사용하여 나만의 번역기를 만들어 봅니다.

 작품 미리보기

화면의 앵무새 오브젝트를 클릭하면 음성인식 기능이 동작하여 음성을 입력합니다. 인식된 단어의 결과와 영어로 번역된 결과를 읽어줍니다.

 **실행 영상 미리보기**

- QR 코드 :

- 링크 주소 : https://youtu.be/Kj4H8pJYcow

작품만들기

◇ 오브젝트 추가하기

01 [태블릿], [앵무새] 오브젝트를 추가합니다.

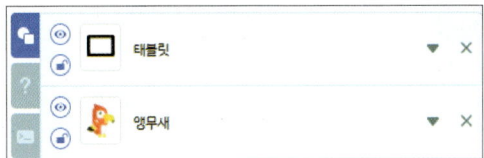

02 오브젝트를 원하는 위치에 놓고 장면을 구성합니다.

◇ 인공지능 기능 추가하기

03 탭에서 [인공지능 블록 불러오기]를 클릭하여 [번역], [읽어주기], 오디오 감지의 [음성인식]을 선택한 뒤에 [불러오기] 버튼을 클릭하여 불러옵니다.

 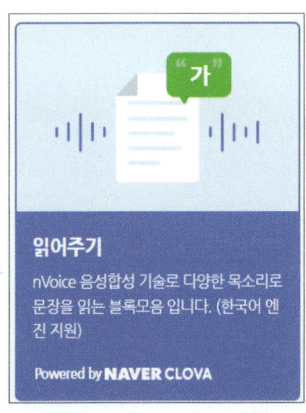 

◇ 코딩하기

04 [앵무새] 오브젝트를 코딩합니다. 시작하기 버튼을 클릭했을 때 읽어주기 기능을 이용하여 사용 방법을 설명합니다.

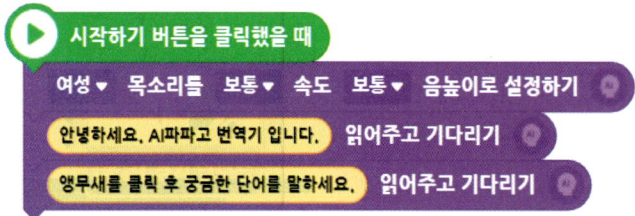

앵무새 오브젝트를 클릭했을 때 음성인식 기능을 동작시켜 음성인식된 결과값을 한국어로 말하고 영어로 번역한 후에 읽어줍니다. 사용방법을 읽어줍니다.

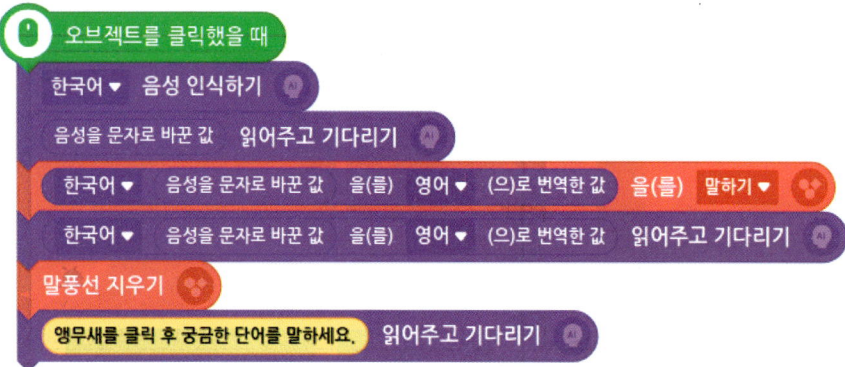

전체 코드

▶ 완성 파일 : 파파코번역기.ent

앵무새

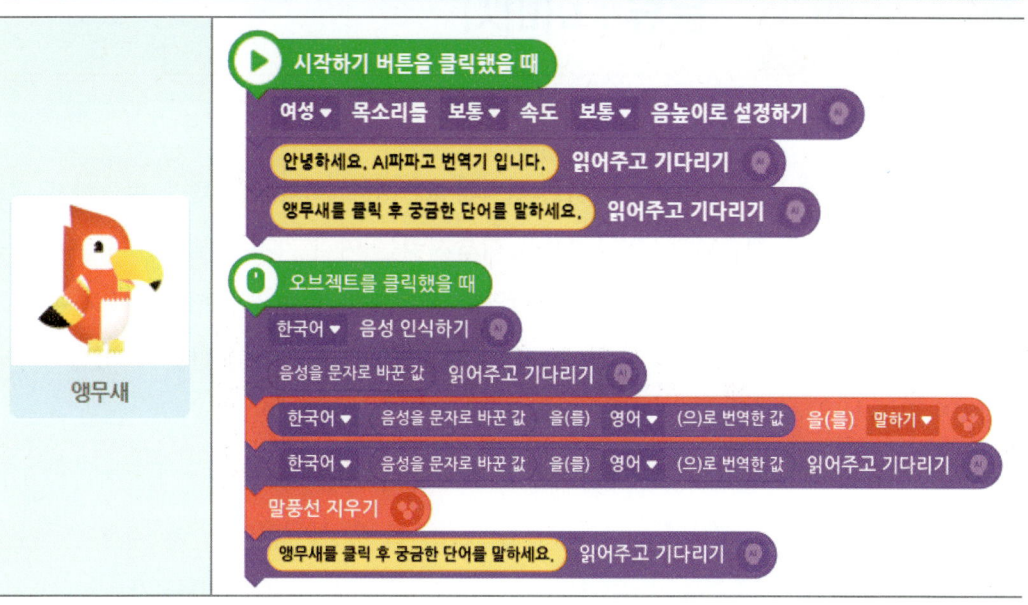

 ### 결과 확인하기

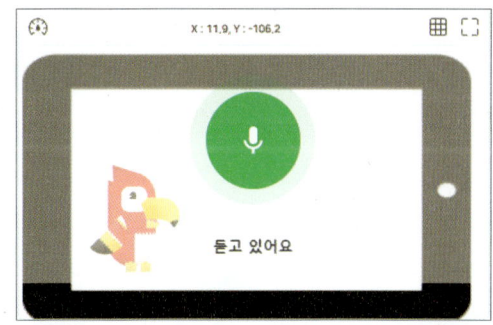

❶ 앵무새를 클릭하면 음성인식 기능이 동작합니다.

❷ 인식된 결과값을 번역하여 읽어주고 화면에 표시해 줍니다.

인공지능 모델 학습하기
분류 : 이미지

엔트리에서 제공하는 6가지의 AI 모델학습 중 [분류:이미지(비디오 화면을 학습한 모델로 분류)]에 대해서 알아보겠습니다. 인공지능을 학습시키는 여러 가지 방법 중에서 지도학습에 해당됩니다. 파일로 업로드하거나 직접 촬영한 이미지를 학습 데이터로 이용하여 내가 데이터를 직접 분류하고 모델에게 학습시키면 나만의 인공지능 모델을 만들 수 있습니다.

◇ **이미지 모델 학습하기**

4단계로 학습할 모델을 만듭니다.

데이터 입력하기 → 데이터 학습하기 → 결과 확인하기 → 적용하기

• **1단계 데이터 입력하기**

탭에서 [인공지능 모델 학습하기] > [새로 만들기] > [분류:이미지]를 선택한 후, [학습하기] 버튼을 클릭합니다.

064 인공지능 엔트리와 40개의 작품들

원하는 모델에 필요한 데이터를 입력하고 학습시키면 모델을 만들 수 있습니다.

인공지능 모델을 만들 때는 인공지능의 공부 자료인 학습 데이터가 아주 중요합니다. 인공지능은 입력된 학습 데이터를 통해 특정한 규칙과 패턴을 찾아가게 됩니다.

숫자를 표현하는 이미지 모델을 생성합니다.

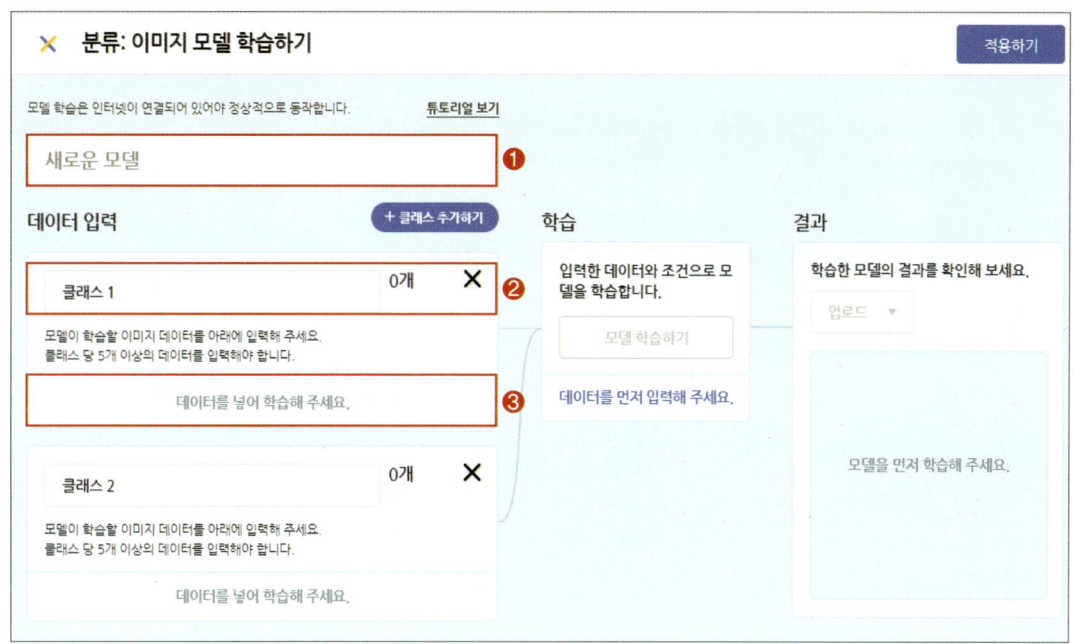

❶ 모델 이름 : 이미지 모델의 이름입니다.

❷ 클래스 : 클래스는 학습 데이터의 묶음이며 새롭게 들어온 데이터를 분류하는 기준입니다. 학습 모델이 알려주는 결과값으로 클래스 이름이 활용됩니다. 이름을 알아보기 쉽게 정해주는 것이 중요합니다.

❸ 이미지 데이터 : 각 클래스에 대해서 충분히 학습을 할 수 있도록 각 클래스마다 최소 5개 이상의 이미지 데이터를 입력해줍니다. 데이터는 이미지 파일을 업로드하거나 컴퓨터의 카메라로 바로 촬영해 입력할 수 있습니다.

뒤에 배경이 너무 화려하면 모델 학습에 영향을 줄 수 있으므로 가능하면 흰 배경에서 촬영한 이미지를 사용하는 것을 권장합니다.

- 모델이름: 이진데이타
- 클래스: 0, 1
- 데이터 입력: [촬영]을 선택하여 숫자를 표시하는 이미지를 촬영 후 [카메라] 버튼을 클릭하여 5개 이상 이미지를 올려줍니다.

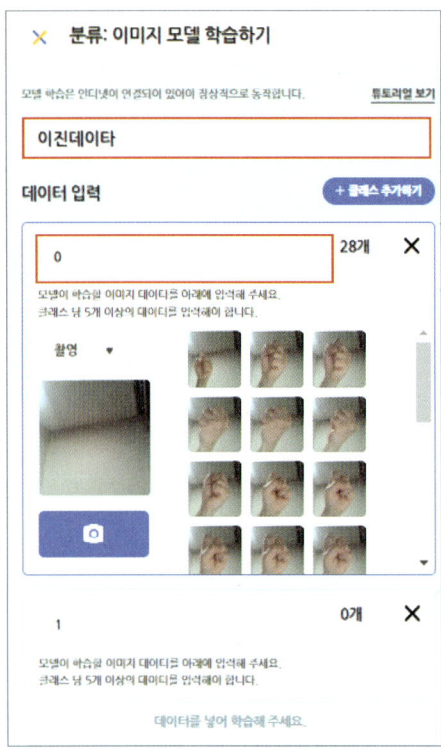

• 2단계 데이터 학습하기

클래스 0, 1을 만들고, 각각의 이미지 데이타를 추가합니다. [모델 학습하기] 버튼을 클릭합니다

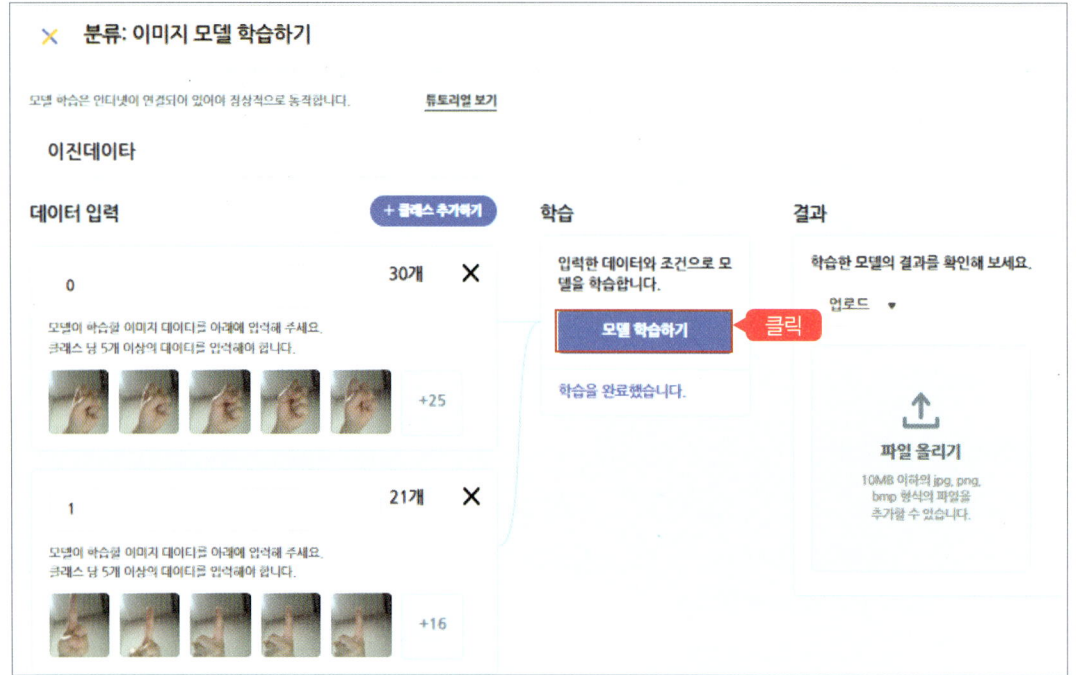

엔트리에서는 모델 학습 시 다양한 학습 조건을 직접 설정할 수 있고, 그 학습 과정을 직접 그래프로 확인할 수 있는 고급 모드 기능이 있습니다. 고급 모드를 사용하려면 "모델을 학습할 수 있습니다" 글씨를 클릭합니다. (이 부분을 사용하지 않아도 모델을 학습할 수 있습니다. 어렵다면 바로 결과 박스로 넘어갑니다.)

학습 조건	설명
세대 (Epoch)	입력한 데이터를 모두 몇 번씩 학습할 것인지 정하는 부분입니다. 모든 데이터를 1번씩 학습하는 것을 1세대(에포크)라고 합니다. 같은 문제라도 여러 번 풀어보면 실력이 늘 듯, 같은 데이터라고 해도 여러 번 학습하면 학습할수록 모델이 똑똑해집니다. 그만큼 시간도 오래 걸립니다.
배치 크기 (Batch Size)	몇 개의 데이터를 학습하고 모델에 반영할지 정하는 부분입니다. 문제를 풀고 답을 맞혀봐야 맞았는지 틀렸는지를 알 수 있는 것처럼, 모든 데이터를 학습하지 않고도 중간중간 지금까지 학습한 내용을 모델에 반영시키는데요. 그것의 기준을 몇으로 할지 정하는 값입니다.
학습률 (Learning Rate)	학습한 내용을 모델에 반영할 때 학습에서 예상되는 에러를 얼마나 고려할 것인지 정하는 부분입니다. 학습률은 조금만 변경해도 결과에 큰 영향을 주는 부분이니 조심해서 설정해야 합니다.
검증 데이터 비율 (Validation Rate)	입력한 데이터 중 어느 정도 비율을 학습한 모델을 검증하는 데에 사용할지 정하는 부분입니다. 검증 데이터 비율을 0.3으로 정했다면 10개의 데이터를 입력했을 때 7개는 학습용으로 3개는 검증용으로 사용하겠다는 의미입니다.

- **3단계 결과 확인하기**

데이터를 입력할 때와 동일하게 촬영하거나 이미지 파일을 업로드해서 맞는 클래스로 분류되는지 확인합니다. 만약 결과가 마음에 들지 않는다면 클래스에 데이터를 더 입력하거나 학습 조건을 변경해서 원하는 결과를 얻을 수 있도록 계속해서 학습시키면 됩니다.

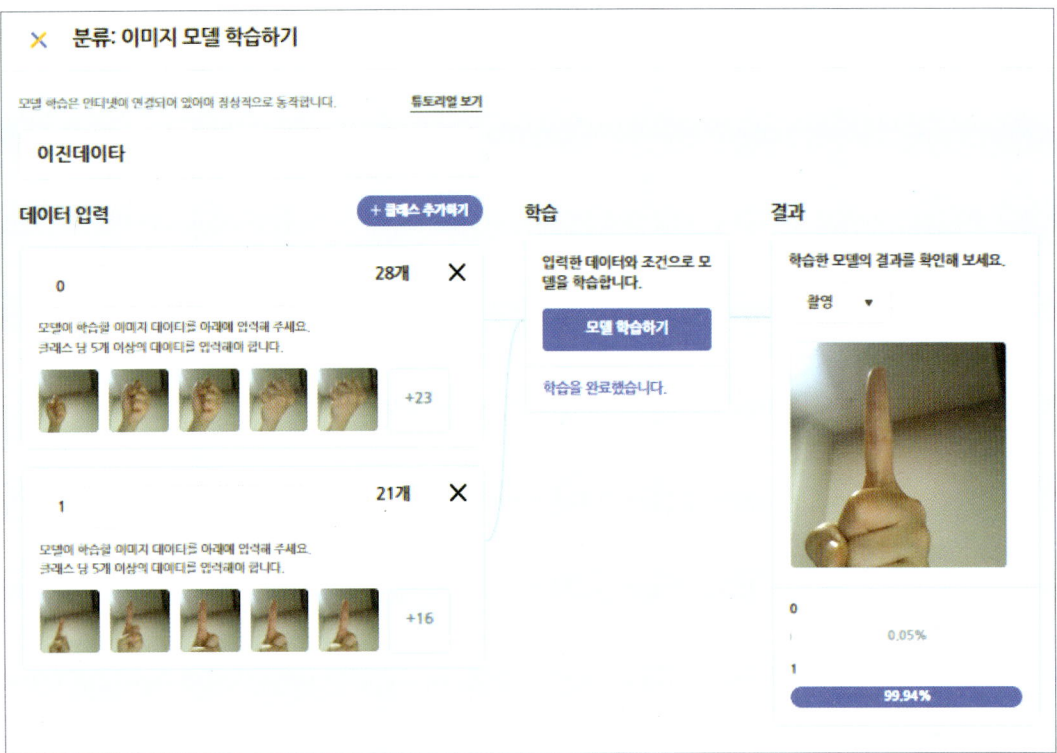

- 4단계 적용하기

원하는 결과가 나왔다면 [적용하기] 버튼을 눌러 만들기 화면에서 이미지 모델학습과 관련된 블록이 추가된 것을 확인합니다.

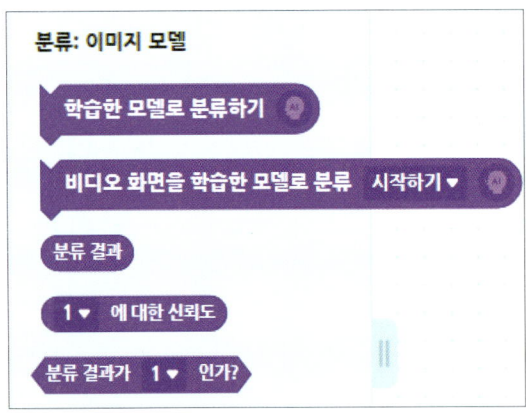

학습한 모델로 분류하기	데이터를 입력하고 학습한 모델로 인식합니다.
비디오 화면을 학습한 모델로 분류 시작하기	카메라를 통해 촬영된 이미지 데이터를 학습한 모델로 분류하거나 중지합니다.
분류 결과	입력한 데이터를 모델에서 인식한 결과값입니다. 값은 모델의 클래스 이름(텍스트)으로 표현됩니다.

1▼ 에 대한 신뢰도	입력한 데이터의 선택한 클래스에 대한 신뢰도 값입니다. 값은 확률(숫자)로 표현됩니다.
분류 결과가 1▼ 인가?	입력한 데이터의 인식 결과가 선택한 클래스인 경우 '참'으로 판단합니다.

> **TIP**
> 작품에 이미 적용된 모델에서 다시 [적용하기] 버튼을 누르면 새로운 모델이 적용됐다고 인식하여 기존에 조립해놓은 모델학습 관련 블록이 사라집니다. 또한 한 작품에 적용된 모델은 다른 작품에서는 사용할 수 없습니다. 모든 인공지능 모델학습에 적용되는 내용입니다.

더 알고가요!! 이미지 모델 학습 블록 사용하기

방법 1 "학습한 모델로 분류하기" 블록을 사용했을 때는 작품 실행 중 데이터 입력 창이 나옵니다.

방법 2 실시간으로 학습한 모델을 분류하기 위해 비디오감지>비디오화면보이기 블록과 함께 사용합니다. 실시간으로 학습한 모델로 분류할 수 있습니다.

작품 만들기의 절차에 따라 적절한 활용 방법을 선택합니다.

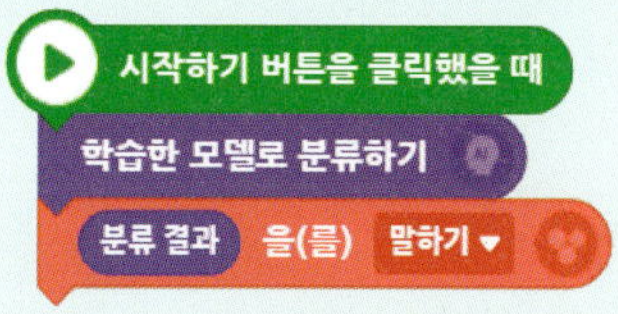

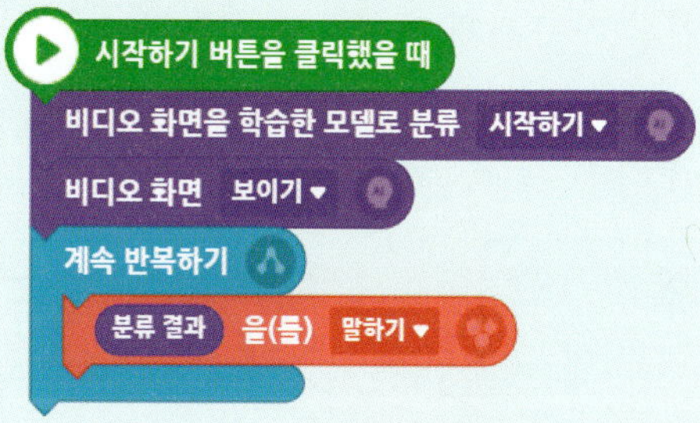

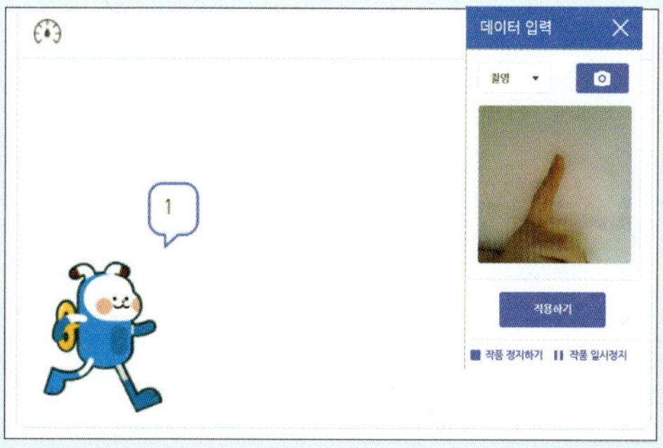

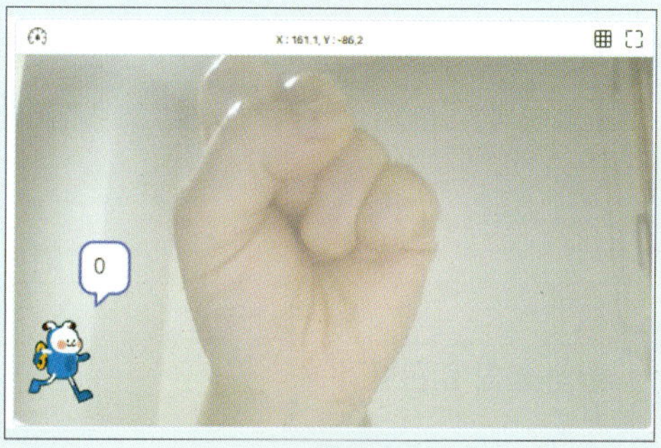

스마트폰 잠금 해제하기

핵심기능 인공지능모델학습-이미지   **난이도** ★★☆☆☆

학습목표 이미지로 모델 학습한 나만의 모델을 이용하여 카메라에 손으로 촬영한 이진데이타(0, 1)를 입력받아 스마트폰 잠금을 해제하는 작품을 만들어 봅니다.

작품 미리보기

위에서 작성한 인공지능 모델학습–이미지 결과인 [손가락숫자] 모델을 이용하여 카메라로 촬영한 비밀번호를 모델로 분류합니다.

스페이스 키를 누르면 입력할 수 있는 팝업창이 뜹니다. 비밀번호 4자리와 비교하기 위해 4번의 팝업창이 뜨며 손가락을 촬영하며 암호를 입력 받습니다. 사용자가 설정한 암호와 같은 경우 잠금해제 화면으로 이동합니다.

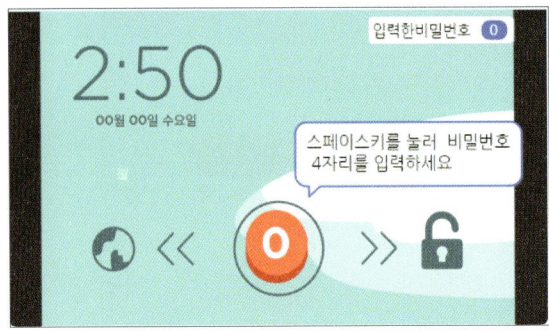

 **실행 영상 미리보기**

- QR 코드 :

- https://youtu.be/6GtsfSac4s0

작품만들기

◆ **오브젝트 추가하기**

01 [숫자 버튼], [핸드폰 잠금화면] 오브젝트를 추가합니다.

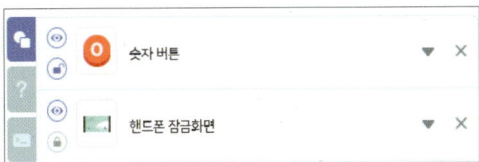

02 오브젝트를 원하는 위치에 놓고 장면을 구성합니다.

◆ **변수 추가하기**

03 [속성] 〉 [변수] 〉 [변수 추가하기] 〉 [비밀번호], [입력한 비밀번호] 2개의 변수를 추가합니다.

- 비밀번호 : 사용자가 미리 설정한 비밀번호를 저장 할 변수
- 입력한비밀번호 : 이미지 인식으로 입력받은 번호를 저장 할 변수

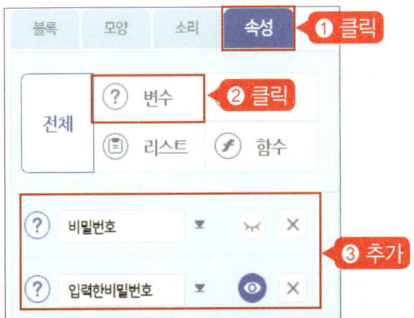

◇ 인공지능 기능 추가하기

04 [장면2]의 오브젝트를 추가합니다. [좋아요(1)], [글상자], [태블릿] 오브젝트를 추가합니다.

05 [장면2]의 오브젝트를 추가하여 원하는 위치에 놓고 장면을 구성합니다.

◆ **코딩하기**

06 ○ [숫자 버튼] 오브젝트를 코딩합니다.

작품을 시작하면 비밀번호 입력 안내 메시지를 출력합니다. 잠금설정을 위한 [비밀번호] 변수값을 지정합니다.

```
시작하기 버튼을 클릭했을 때
스페이스키를 눌러 비밀번호 4자리를 입력하세요 을(를) 말하기▼
비밀번호▼ 를 0101 (으)로 정하기
```

스페이스 키를 눌렀을 때 입력받을 암호를 저장하기 위해 [입력한비밀번호] 변수값을 초기화합니다. 4자리 암호를 입력 받을 수 있도록 [학습한 모델로 분류하기]를 4회 반복합니다.
4자리 비밀번호를 저장하기 위해 기존 값 + 분류 결과값을 순차적으로 합치기를 합니다.

```
스페이스▼ 키를 눌렀을 때
입력한비밀번호▼ 를 (  ) (으)로 정하기
4 번 반복하기
  학습한 모델로 분류하기
  입력한비밀번호▼ 를 (입력한비밀번호▼ 값) 과(와) (분류 결과) 를 합치기 (으)로 정하기
```

비밀번호와 입력한 비밀번호 값을 비교합니다.

암호가 맞은 경우 [다음 장면 시작하기]가 동작되어 장면이 전환됩니다. 암호가 틀린 경우 다시 암호를 입력 받을 수 있도록 안내글이 표시됩니다.

```
스페이스▼ 키를 눌렀을 때
입력한비밀번호▼ 를 (  ) (으)로 정하기
4 번 반복하기
  학습한 모델로 분류하기
  입력한비밀번호▼ 를 (입력한비밀번호▼ 값) 과(와) (분류 결과) 를 합치기 (으)로 정하기
만일 (비밀번호▼ 값) = (입력한비밀번호▼ 값) (이)라면
  다음▼ 장면 시작하기
아니면
  비밀번호가 틀렸습니다. 을(를) 4 초 동안 말하기▼
  스페이스키를 눌러 비밀번호 4자리를 입력하세요 을(를) 말하기▼
```

전체 코드

▶ 완성 파일 : 스마트폰잠금해제하기.ent

숫자 버튼

결과 확인하기

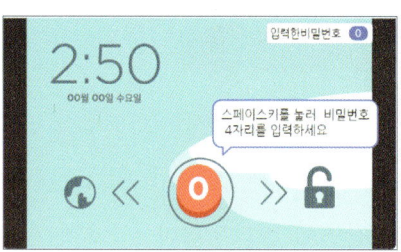

❶ 스페이스 키를 눌러 비밀번호를 입력받습니다.

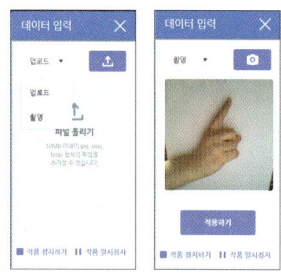

❷ 데이터 입력창에서 "촬영"을 선택 후 손가락 표시가 되면 "적용하기"를 클릭합니다. 4자리 비밀번호를 입력합니다.

❸ 입력한 비밀번호가 틀린 경우

❹ 입력한 비밀번호가 일치하는 경우

인공지능 모델 학습하기
분류 : 텍스트

엔트리에서 제공하는 6가지의 AI 모델학습 중 [분류:텍스트]에 대해서 알아보겠습니다. 텍스트 모델은 학습 데이터로 입력한 텍스트를 분류하고 학습시키면 새롭게 입력되는 텍스트를 분류할 수 있는 모델을 만들 수 있습니다. 텍스트의 의미가 아니라 형태가 얼마나 비슷한지를 기준으로 분류하는 모델입니다. 텍스트의 모양으로 분류하는 모델입니다.

◇ **텍스트 모델 학습하기**

4단계로 학습할 모델을 만듭니다.

데이터 입력하기 → 데이터 학습하기 → 결과 확인하기 → 적용하기

• **1단계 데이터 입력하기**

[인공지능] 탭에서 [인공지능 모델 학습하기] → [새로 만들기] → [분류:텍스트]를 선택한 후, [학습하기] 버튼을 클릭합니다.

이름을 [긍정부정텍스트분류]로 입력합니다.

데이터 입력 부분에 클래스 1 이름을 [긍정적]으로 이름을 변경 후 긍정적인 단어를 적습니다. 단어와 단어 사이에 콤마(,)를 이용하여 추가합니다.

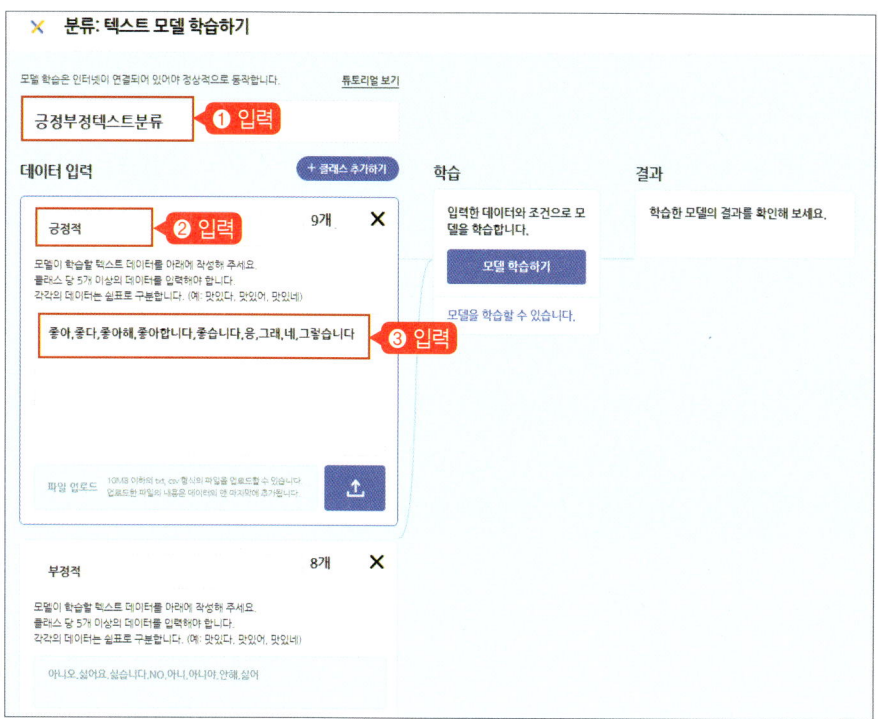

클래스 2 이름을 [부정적]으로 변경 후 부정적인 단어를 입력합니다.

• 2단계 데이터 학습하기

[모델 학습하기] 버튼을 눌러 모델을 학습합니다.

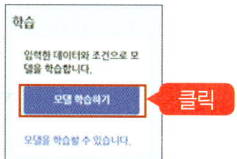

- **3단계 결과 확인하기**

모델 학습 후 결과에 단어를 입력하여 테스트 할 수 있습니다.

- **4단계 적용하기**

[적용하기] 버튼을 눌러 만들기 화면에서 음성 모델학습과 관련된 블록이 추가된 것을 확인할 수 있습니다.

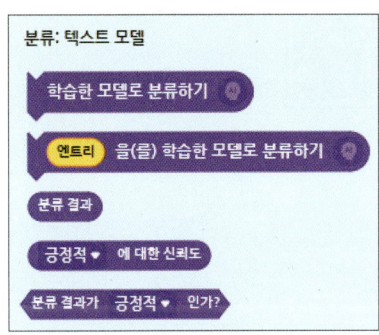

학습한 모델로 분류하기	데이터 입력 팝업 창을 열고 입력한 데이터를 학습한 모델로 분류합니다.
엔트리 을(를) 학습한 모델로 분류하기	( )에 입력한 텍스트를 학습한 모델로 분류합니다.
분류 결과	학습한 모델이 인식한 결과 값을 알려주는 블록입니다. 말하기 블록에 넣어 인식 결과를 화면에 보여주거나, 판단 블록이나 계산 값에 넣어 사용할 수 있습니다.
긍정적▼ 에 대한 신뢰도	결과 값에 대한 신뢰도를 가져옵니다.
분류 결과가 긍정적▼ 인가?	입력한 데이터와 비교합니다. 비슷하면 참, 아니라면 거짓으로 값을 가져옵니다.

작품 07
긍정, 부정 텍스트 분류하기

| 핵심기능 | 인공지능모델학습 : 텍스트 | 난이도 | ★★☆☆☆ |

학습목표 긍정적인 단어와, 부정적인 단어를 학습 후 입력하는 단어가 부정적인지 긍정적인지 판단하는 작품을 만들어 봅니다.

 작품 미리보기

긍정적인 단어 또는 부정적인 단어를 입력하면 엔트리봇이 긍적적인지 부정적인지 분류합니다.

실행 영상 미리보기
- QR 코드 :
- 링크주소 : https://youtu.be/gTlKOvg1aV0

 작품만들기

◆ 코딩하기

01 [엔트리봇] 오브젝트를 코딩합니다.

전체 코드　　　　　　　　　　▶ 완성 파일 : 긍정 부정 텍스트 분류하기.ent

 결과 확인하기

❶ [시작하기] 버튼을 클릭하여 프로그램을 실행 후 단어를 입력합니다.

❷ 엔트리봇이 입력된 단어가 긍정적인지 부정적인지 판단하여 알려줍니다.
단어의 의미보다는 단어의 형태로 분리하는 텍스트 모델을 사용하여 긍정 부정 텍스트를 분류하였습니다.

인공지능 모델 학습하기
분류 : 소리

엔트리에서 제공하는 AI 모델학습 중 [분류:소리(소리를 학습데이터로 삼아 모델로 분류)]에 대해서 알아보겠습니다. 인공지능을 학습시키는 여러 가지 방법 중에서 지도학습에 해당됩니다. 소리 모델 학습 기능은 직접 녹음하거나 업로드한 소리를 학습 데이터로 삼아 일정한 기준에 따라 분류하고, 새롭게 입력되는 소리를 분류할 수 있는 모델을 만들 수 있습니다.

◇ 소리 모델 학습하기

4단계로 학습할 모델을 만듭니다.

데이터 입력하기 → 데이터 학습하기 → 결과 확인하기 → 적용하기

- **1단계 데이터 입력하기**

　〉[모델 학습하기] 〉 [새로 만들기] 〉 [분류:소리]를 선택한 후 [학습하기] 버튼을 클릭합니다.

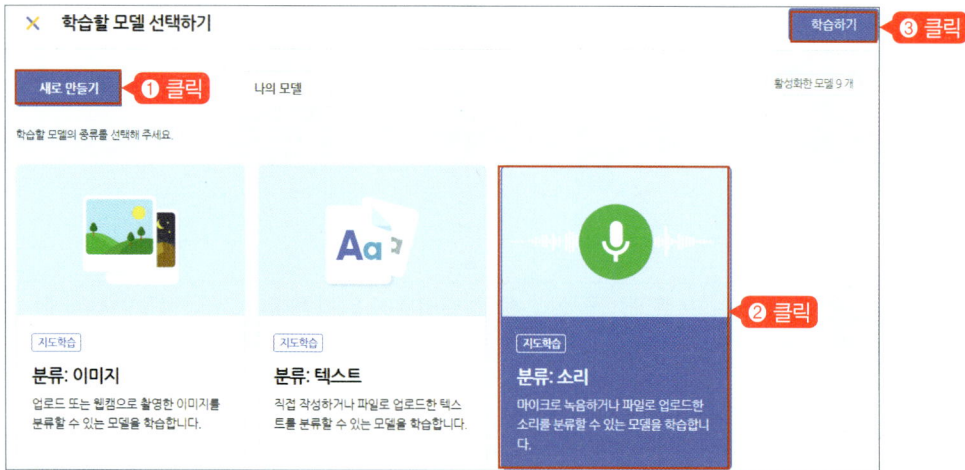

원하는 모델에 필요한 데이터를 입력하고 학습시키면 모델을 만들 수 있습니다.

인공지능 모델을 만들 때는 인공지능의 공부 자료인 학습 데이터가 아주 중요합니다. 인공

지능은 입력된 학습 데이터를 통해 특정한 패턴을 찾아가게 됩니다. 음성 모델을 생성합니다.

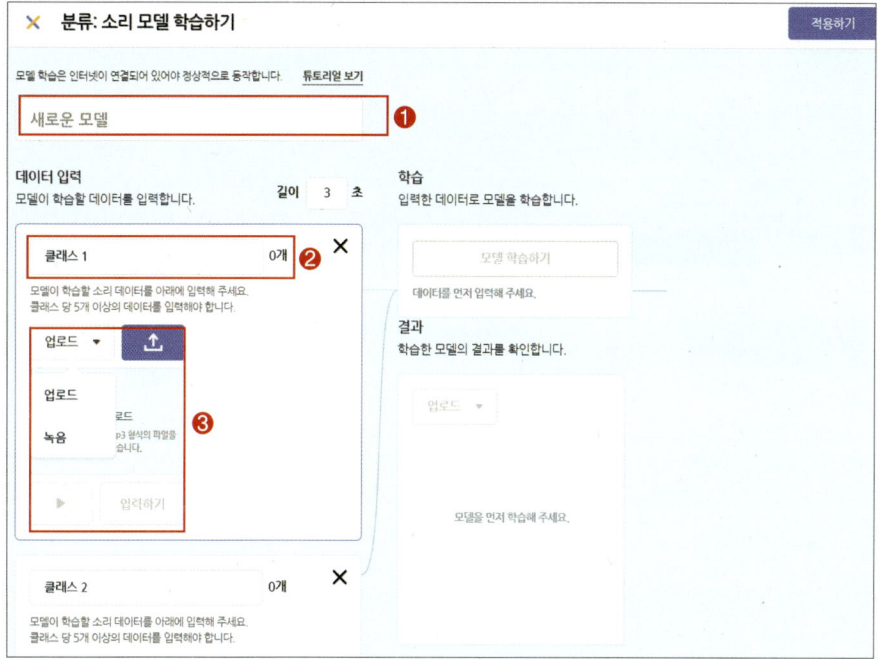

❶ 모델 이름: 소리 모델의 이름

❷ 클래스 : 클래스는 학습 데이터의 묶음이며 새롭게 들어온 데이터를 분류하는 기준입니다. 학습 모델이 알려주는 결과값으로 클래스 이름이 활용되므로 이름을 알아보기 쉽게 정해주는 것이 중요합니다.

❸ 소리 데이터 : 각 클래스에 대해서 충분히 학습을 할 수 있도록 각 클래스마다 최소 5개 이상의 소리 데이터를 입력해줍니다. 모델이 학습할 소리는 직접 녹음하거나 wav, mp3 파일로 업로드할 수 있습니다. 직접 녹음할 때는 1~3초까지 녹음 길이를 설정할 수 있고, 녹음된 소리의 앞부분과 뒷부분을 잘라낼 수 있는 트리밍 기능을 사용할 수 있습니다.

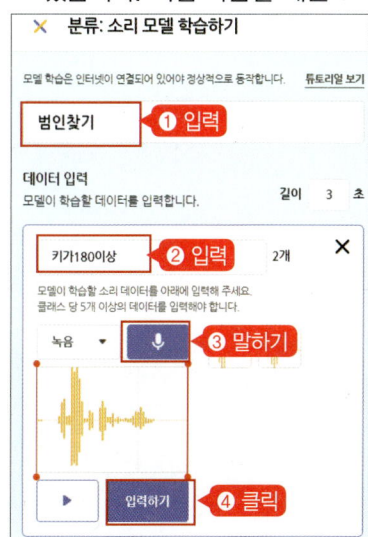

– 모델이름: 범인찾기
– 클래스: 키가180이상(총 3개 레이블: 양복을 입었어요, 머리색은 노란색)
– 데이터입력: [녹음]을 선택 후 [마이크] 버튼으로 음성을 녹음합니다. [입력하기] 버튼으로 음성 데이터를 추가합니다. 클래스당 5개 이상의 데이터를 입력합니다.

Chapter 02_인공지능 입문하기 **081**

- **2단계 데이터 학습하기**

음성 레이블을 3개(키가180이상, 양복을입었어요, 머리색은노란색)를 만들고, 각각의 음성 데이터를 추가합니다. [모델 학습하기] 버튼을 클릭합니다.

- **3단계 결과 확인하기**

데이터를 입력할 때와 동일하게 녹음하거나 음성 파일을 업로드해서 맞는 클래스로 분류되는지 확인합니다. 만약 결과가 마음에 들지 않는다면 클래스에 데이터를 더 입력하거나 학습 조건을 변경해서 원하는 결과를 얻을 수 있도록 계속해서 학습시키면 됩니다.

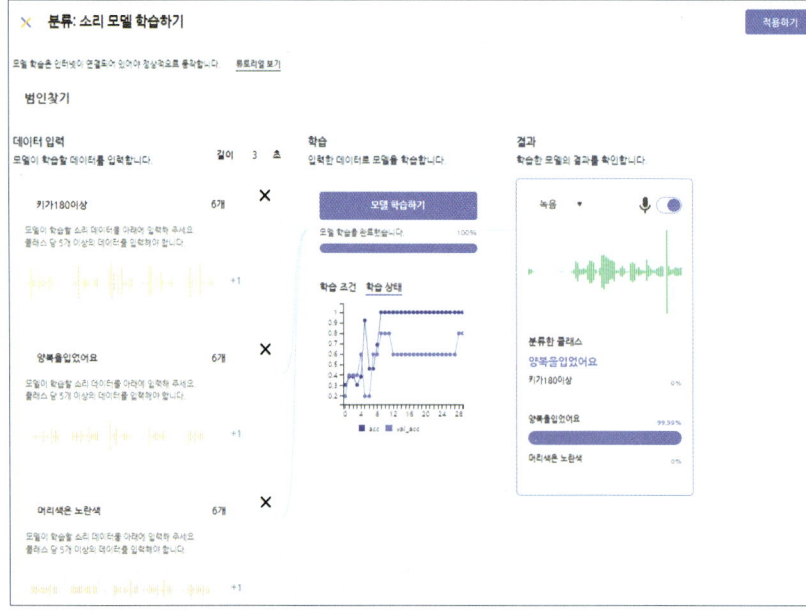

• **4단계 적용하기**

원하는 결과가 나왔다면 [적용하기] 버튼을 눌러 만들기 화면에서 음성 모델학습과 관련된 블록이 추가된 것을 확인할 수 있습니다.

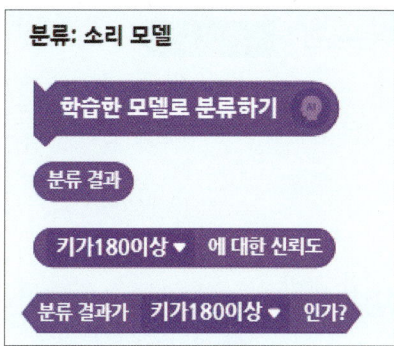

	작품을 실행하였을 때 소리 데이터를 입력하는 창이 나타납니다. 소리를 직접 녹음하거나 소리 파일을 업로드 할 수 있습니다
분류 결과	학습한 모델이 인식한 결과 값을 알려주는 블록입니다. 말하기 블록에 넣어 인식 결과를 화면에 보여주거나, 판단 블록이나 계산 값에 넣어 사용할 수 있습니다.
키가180이상 ▼ 에 대한 신뢰도	이 블록은 클래스의 신뢰도를 %로 보여줍니다. 신뢰도가 높을 수록 새롭게 입력된 데이터가 특정 클래스로 정확하게 분류된다는 것을 알 수 있습니다.
분류 결과가 키가180이상 ▼ 인가?	입력한 소리인식 결과 값을 참/거짓으로 확인할 수 있습니다.

> **TIP**
> 작품에 이미 적용된 모델에서 다시 [적용하기] 버튼을 누르면 새로운 모델이 적용됐다고 인식하여 기존에 조립해놓은 모델학습 관련 블록이 사라집니다. 또한 한 작품에 적용된 모델은 다른 작품에서는 사용할 수 없습니다. 모든 인공지능 모델학습에 적용되는 내용입니다.

> **TIP**
> 음성 모델은 사용자의 PC 환경에 따라 로딩 시간이 오래 걸릴 수 있습니다.
> 음성 모델의 '녹음' 모드는 마이크 사용이 가능한 브라우저에서만 사용할 수 있습니다. 인터넷 익스플로러에서는 마이크 사용이 불가능해 해당 모드를 사용할 수 없습니다.

범인을 찾아라

| 핵심기능 | 인공지능모델학습-소리 | 난이도 | ★★☆☆☆ |

 학습목표 소리로 모델 학습한 나만의 모델을 이용하여 화면에 보이는 범인을 찾는 작품을 만들어 봅니다.

 작품 미리보기

위에서 작성한 인공지능모델학습 – 소리 결과인 [범인찾기] 모델을 이용합니다. 스페이스 키를 누르고 범인의 특징을 음성으로 입력합니다. 분류된 특징에 맞는 범인을 찾아줍니다.

 **실행 영상 미리보기**

- QR 코드 :
- 링크주소 : https://youtu.be/7NBD9CV_rt0

작품만들기

◇ 오브젝트 추가하기

01 [범인찾기], [커서(2)] 오브젝트를 추가 후, [글상자]를 추가합니다.

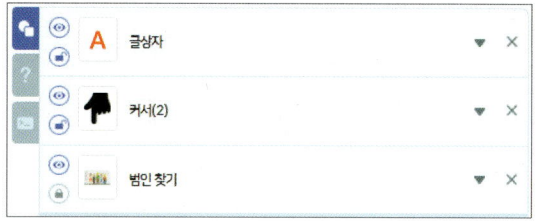

◇ 오브젝트 수정하기

02 [커서(2)] 오브젝트의 [모양] 탭에서 반전 메뉴를 이용하여 모양을 수정합니다.

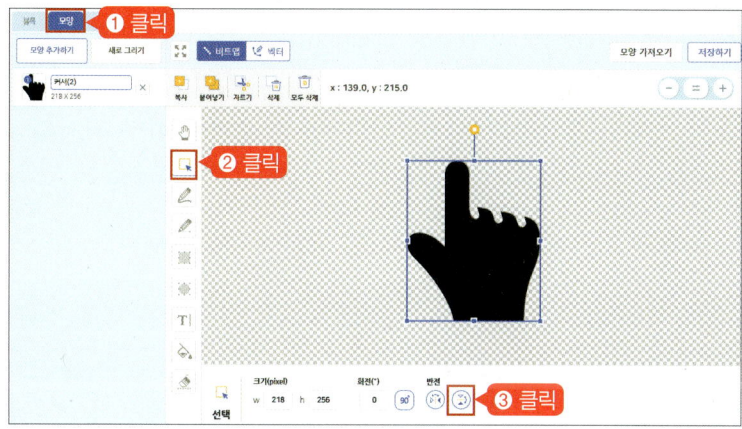 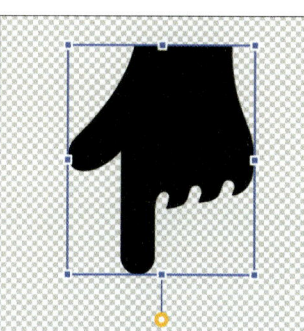

03 [글상자]의 속성을 수정합니다.

– 글자체: 진하게, 여러줄쓰기, 글자크기: 조절

– 내용: 스페이스 키를 눌러 범인의 특징을 말하세요 **예**)키가 180 이상, 양복을입었어요, 머리색은 노란색

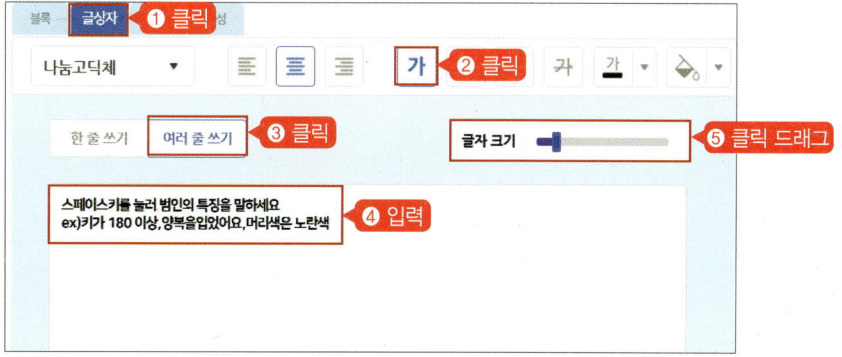

Chapter 02_인공지능 입문하기 **085**

04 오브젝트의 크기를 조절하여 화면을 구성합니다.

◆ 코딩하기

05 [커서(2)] 오브젝트를 코딩합니다. 시작하기 버튼을 클릭했을 때 모양을 숨깁니다.

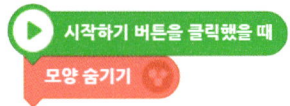

스페이스 키가 눌렸을 때 학습한 모델로 분류하기 시작합니다. 분류 결과에 따라 커서의 x좌표를 변경하여 범인의 위치로 이동합니다.

결과를 표시해 주는 효과를 주기 위해 커서를 반복하여 움직임 효과를 추가합니다.

전체 코드

▶ 완성 파일 : 범인을찾아라.ent

커서(2)

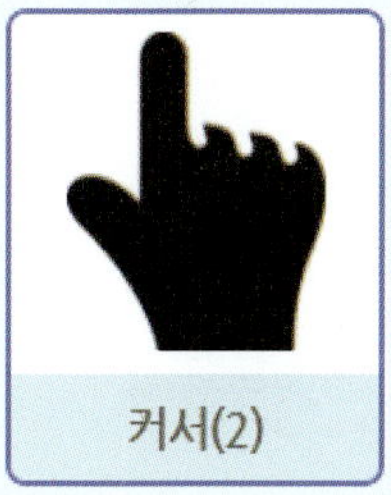

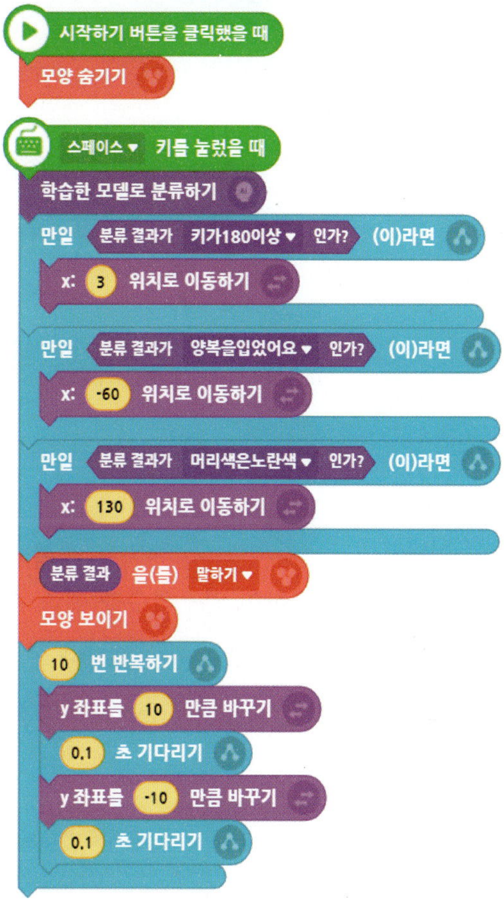

시작하기 버튼을 클릭했을 때
모양 숨기기
스페이스 키를 눌렀을 때
학습한 모델로 분류하기
만일 분류 결과가 키가180이상 인가? (이)라면
x: 3 위치로 이동하기
만일 분류 결과가 양복을입었어요 인가? (이)라면
x: -60 위치로 이동하기
만일 분류 결과가 머리색은노란색 인가? (이)라면
x: 130 위치로 이동하기
분류 결과 을(를) 말하기
모양 보이기
10 번 반복하기
y 좌표를 10 만큼 바꾸기
0.1 초 기다리기
y 좌표를 -10 만큼 바꾸기
0.1 초 기다리기

결과 확인하기

데이터 입력
녹음
적용하기
작품 정지하기
작품 일시정지
스페이스키를 눌러 범인
ex)키가 180 이상,양복을입

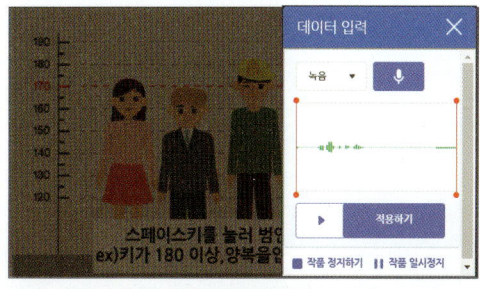

❶ 스페이스 키를 눌러 음성데이타를 입력합니다. [녹음]을 선택하여 음성을 녹음하고, [적용하기] 버튼을 클릭하여 데이터를 입력합니다.

키가180이상
스페이스키를 눌러 범인의 특징을 말하세요
ex)키가 180 이상,양복을입었어요,머리색은 노란색

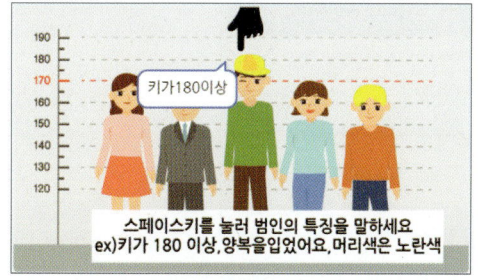

❷ 분류된 결과에 따라 범인을 화면에 표시합니다.

인공지능 모델 학습하기
예측모델 : 숫자

엔트리에서 제공하는 6가지의 AI 모델학습 중 예측모델:숫자에 대해서 알아보겠습니다. 입력한 데이터의 1~3개의 속성을 바탕으로 하나의 속성을 예측하는 모델입니다.

◇ **예측: 숫자 모델 학습하기**

4단계로 학습할 모델을 만듭니다.

데이터 입력하기 ▶ 인공지능 모델 만들기 ▶ 결과 확인하기 ▶ 적용하기

- **1단계 데이터 입력하기(테이블 선택하기)**

우리는 시도별 인구의 연도를 속성으로 입력하여 인구의수를 예측 속성으로 모델을 학습합니다. 연도를 입력하면 인구를 예측하는 예측 모델을 생성합니다.

[인공지능] 탭에서 [테이블 불러오기]를 클릭합니다. [테이블 추가하기]를 클릭하여 데이터를 불러옵니다.

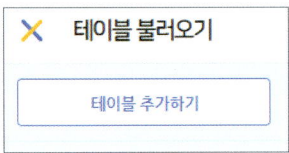

[시도별 인구] 데이터를 선택합니다.

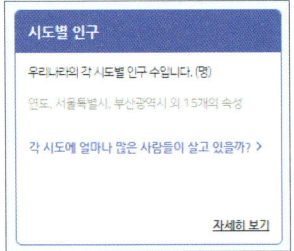

오른쪽 상단에 [추가하기] 버튼을 클릭하여 선택된 [시도별 인구] 데이터를 추가합니다.

다음과 같이 [시도별 인구] 데이터가 추가되었습니다.

오른쪽 상단의 [적용하기] 버튼을 클릭하여 데이터를 적용합니다.

- **2단계 인공지능 모델 만들기**

인공지능 > 모델 학습하기 > 새로 만들기 > 예측:숫자 한 후, [학습하기] 버튼을 클릭합니다. [지도학습]의 [예측:숫자]를 선택한 다음 오른쪽 위의 [학습하기] 버튼을 클릭합니다.

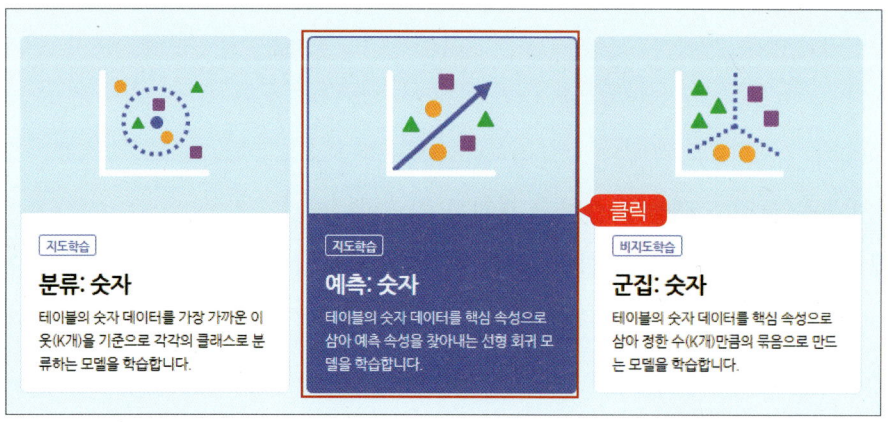

Chapter 02_인공지능 입문하기

다음과 같이 값을 입력합니다.

모델의 이름은 [인구수예측]으로 합니다. 데이터 입력의 입력값은 [시도별 인구], 핵심 속성 값은 [연도], 예측 속성 값은 [서울특별시]로 합니다. 예측 속성값은 자신이 사는 곳으로 해도 됩니다.

- 3단계 결과 확인하기

[모델 학습하기] 버튼을 눌러 모델을 학습하고 결과를 확인합니다.

확인된 그래프에서 주황색은 실제값 파란색은 예측값이 나왔습니다. 한 번의 모델 학습으로 결과 값이 좋지 않습니다. 다시 [모델 학습하기] 버튼을 눌러 다시 학습을 합니다.

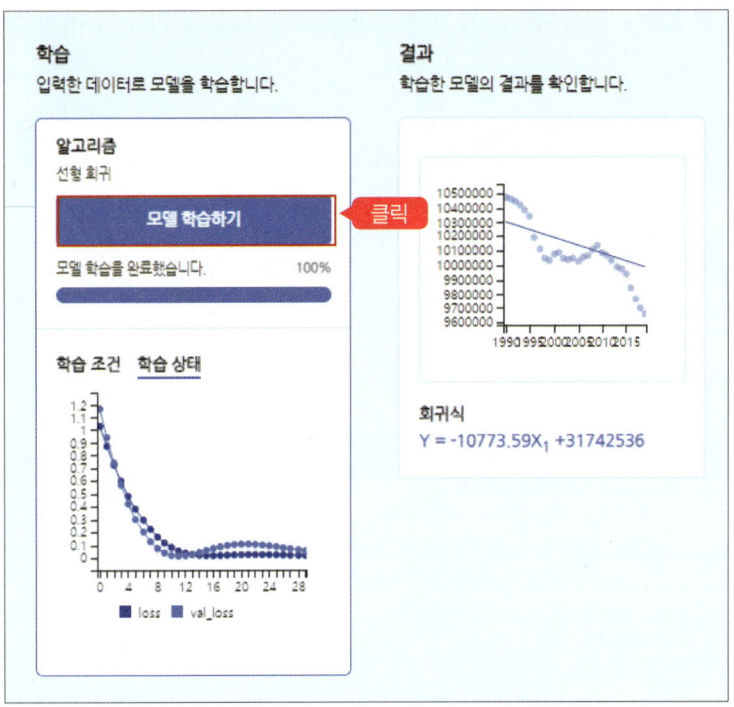

학습의 조건을 변경하고 싶다면 [학습조건]을 클릭합니다.

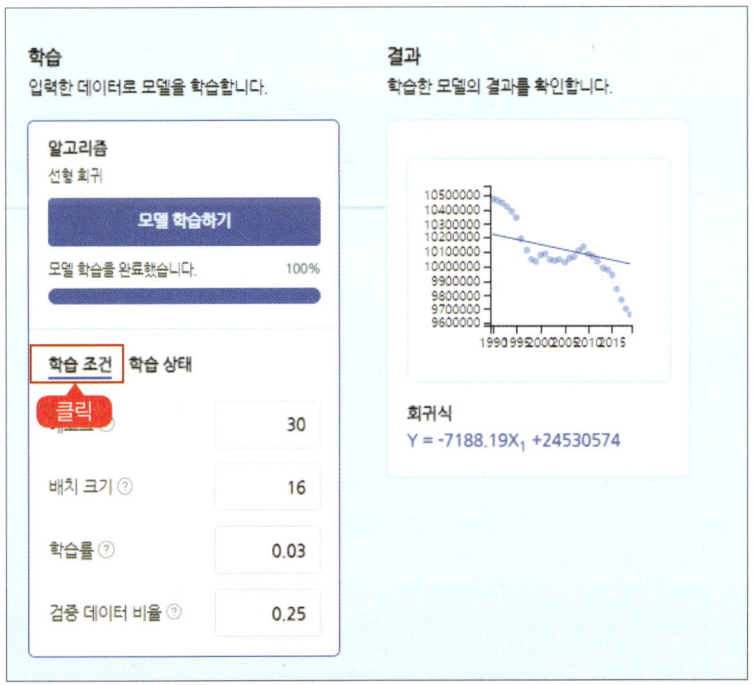

학습 조건을 수정하여 결과를 변경할수 있습니다. [?] 버튼을 눌러보면 각각의 기능에 대해 설명이 되어 있습니다.

❶ 세대(Epoch) : 입력한 데이터 전체를 몇 번 반복하여 학습할지 정하는 부분입니다. 입력한 모든 데이터 전체를 1번 학습하는 것을 1세대라고 부르고, 세대는 '에포크'라고도 부릅니다.
❷ 배치 크기(Batch Size) : 입력한 데이터 전체를 얼마큼 작은 부분으로 쪼개서 학습할지 정하는 부분입니다.
❸ 학습률(Learning Rate) : 데이터를 얼마나 세세하게 학습할지를 정하는 부분입니다.
❹ 검증 데이터 비율 : 입력한 데이터 중 어느정도 비율을 학습한 모델을 테스트하는 데에 사용할지 정하는 부분입니다.

테스트 데이터 비율을 0.3로 정했다면 10개의 데이터를 입력했을 때 7개는 학습용으로, 3개는 테스트용으로 사용하겠다는 뜻입니다.

• 4단계 적용하기

[적용하기] 버튼을 눌러 만들기 화면에서 음성 모델학습과 관련된 블록이 추가된 것을 확인할 수 있습니다.

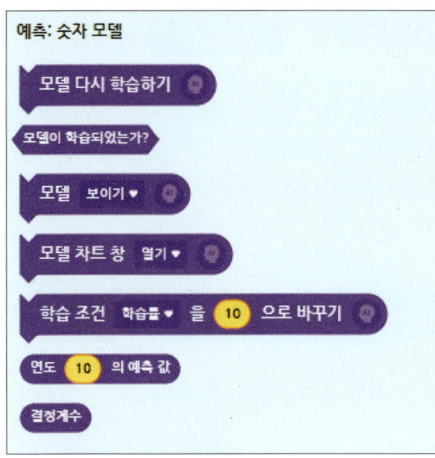

블록	설명
모델 다시 학습하기	모델을 다시 학습합니다. 모델 설정을 변경하였다면 변경된 내용으로 모델을 다시 학습합니다
모델이 학습되었는가?	모델의 학습되었는지 판단하는 블록입니다.
모델 차트 창 열기▼	모델을 학습할 때 입력한 데이터와 모델이 분류한 값을 나타내는 차트 창을 열거나, 닫습니다.
학습 조건 학습률▼ 을 10 으로 바꾸기	선택한 학습조건을 입력한 값으로 바꾸는 블록입니다.
핵심 속성1 10 의 예측 값	핵심속성 값을 입력하여 예측 값을 가져오는 블록입니다.
결정계수	모델의 결정 계수를 가져옵니다.

작품 09
내년에는 우리가 사는곳의 인구는 얼마나 될까 예측하기

| 핵심기능 | 예측 모델 : 숫자 | 난이도 | ★★☆☆☆ |

 서울시의 인구를 학습하여 미래의 인구수를 예측하는 작품을 만들어 봅니다.

 작품 미리보기

서울시의 2030년도의 인구수를 예측하여 대답해주는 엔트리봇을 만들어봅니다.

 **실행 영상 미리보기**

- QR 코드 :

- 링크주소 : https://youtu.be/b-2sn3D5tT8

작품 만들기

◆ 코딩하기

01 🐕[엔트리봇] 오브젝트를 코딩합니다. 서울시 미래의 인구수를 예측하여 말해주는 엔트리봇 프로그램을 만들어봅시다.

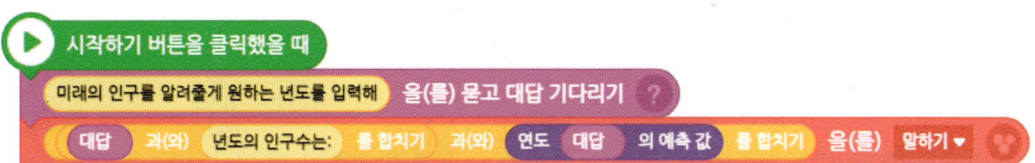

전체 코드 ▶ 완성 파일 : 내년에는 우리가 사는곳의 인구는 얼마나 될까 예측하기.ent

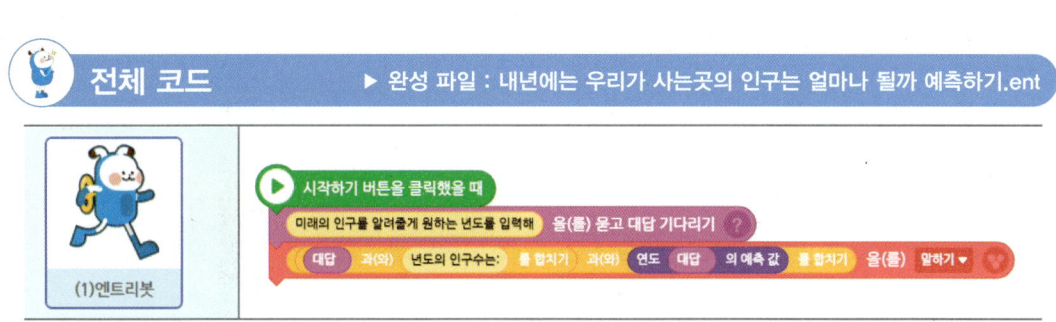

 ### 결과 확인하기

❶ 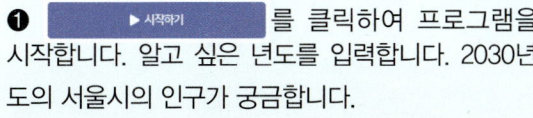 를 클릭하여 프로그램을 시작합니다. 알고 싶은 년도를 입력합니다. 2030년도의 서울시의 인구가 궁금합니다.

❷ 결과로 9447760 명의 인구를 예측하였습니다.

인공지능 모델 학습하기
군집모델 : 숫자

엔트리에서 제공하는 6가지의 AI 모델학습 중 [군집모델:숫자]에 대해서 알아보겠습니다. 모델이 학습할 숫자를 테이블로 업로드하거나 직접 작성해 데이터로 입력하고, 입력한 데이터를 설정한 개수(K개)의 묶음으로 군집화하는 모델을 학습합니다. 이때, 군집모델의 특징은 비지도학습이라는 점인데요. 비지도학습은 어떻게 학습해야 하는지(정답)를 알려주지 않아도 모델을 학습할 수 있습니다.

◆ 텍스트 모델 학습하기
4단계로 학습할 모델을 만듭니다.

데이터 입력하기 ▶ 인공지능 모델 만들기 ▶ 결과 확인하기 ▶ 적용하기

- **1단계 데이터 입력하기(테이블 선택하기)**

　[인공지능] 탭에서 [테이블 불러오기]를 클릭하여 데이터를 불러옵니다. [테이블 추가하기] 버튼을 눌러 데이터를 추가합니다. [전국 초등학교 위치] 데이터를 선택하여 추가합니다.

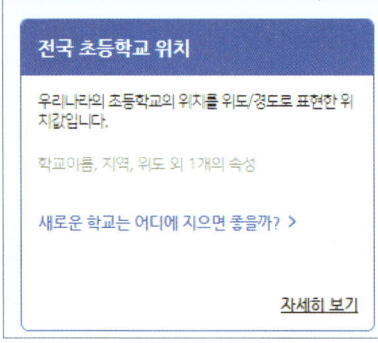

[추가하기] 버튼을 클릭하여 데이터를 추가합니다.

전국 초등학교 위치의 데이터를 추가하였습니다.

[적용하기] 버튼을 눌러 데이터를 적용합니다.

- 2단계 인공지능 모델 만들기

탭에서 [인공지능 모델 학습하기] 버튼을 클릭합니다. [군집:숫자]를 선택 후 상단의 [학습하기] 버튼을 클릭합니다.

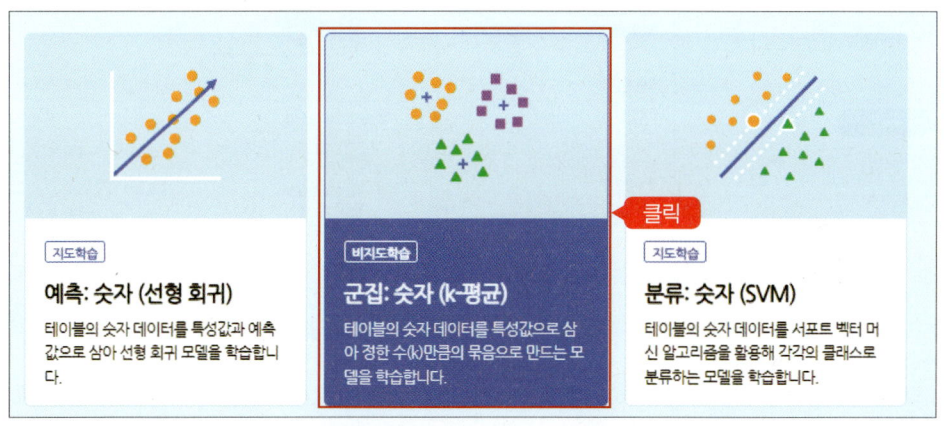

이름은 "초등학교위치", 데이터 입력은 "전국 초등학교 위치", 핵심 속성 [경도], [위도] 순으로 입력합니다. [모델 학습하기] 버튼을 눌러 모델을 학습합니다.

- 3단계 결과 확인하기

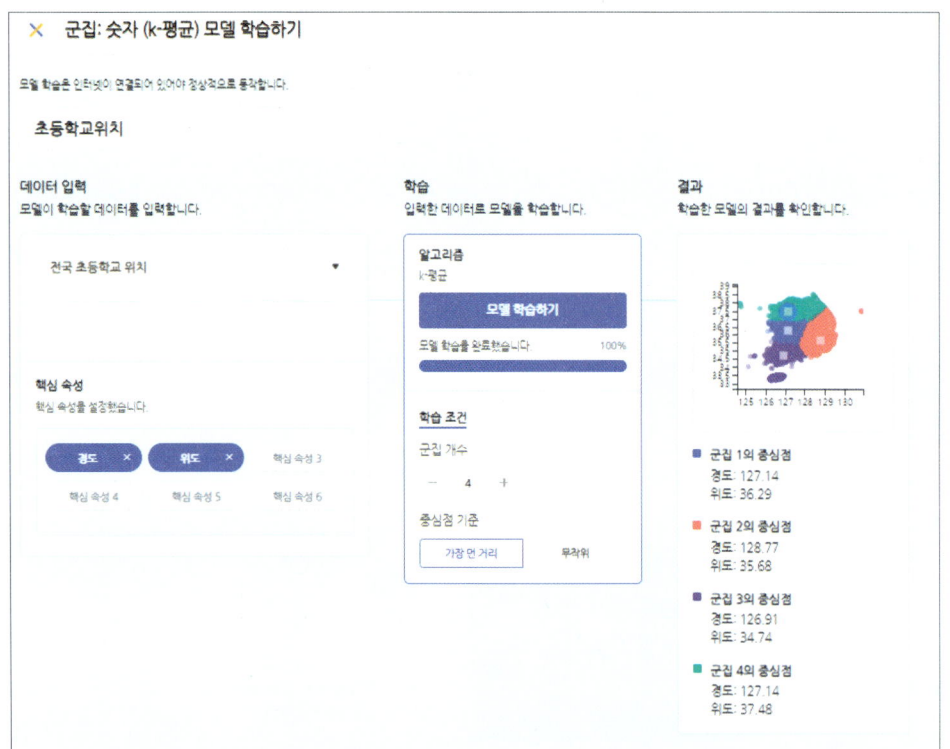

- **4단계 적용하기**

[적용하기] 버튼을 눌러 만들기 화면에서 음성 모델학습과 관련된 블록이 추가된 것을 확인할 수 있습니다.

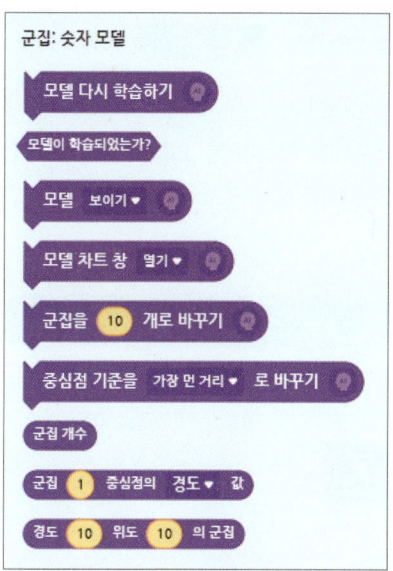

군집을 10 개로 바꾸기	군집의 개수를 입력한 값으로 바꾸는 블록입니다.
중심점 기준을 가장 먼 거리▼ 로 바꾸기	군집의 중심점 기준을 선택한 기준으로 바꾸는 블록입니다.
군집 개수	모델의 군집 개수를 가져오는 블록입니다.
군집 1 중심점의 핵심 속성1▼ 값	입력한 군집의 중심점에 대한 핵심 속성의 값을 가져 옵니다.
핵심 속성1 10 핵심 속성2 10 의 군집	핵심 속성의 값을 입력하여 어디에 속하는지 가져오는 블록입니다.

학교 위치 분류하기

| 핵심기능 | 군집모델 : 숫자 | 난이도 | ★★☆☆☆ |

학습목표 [군집모델:숫자]를 이용하여 학교의 위치를 표시하는 군집모델을 만들어 봅니다.

작품 미리보기

전국 초등학교의 위치를 군집화하여 표시하였습니다.

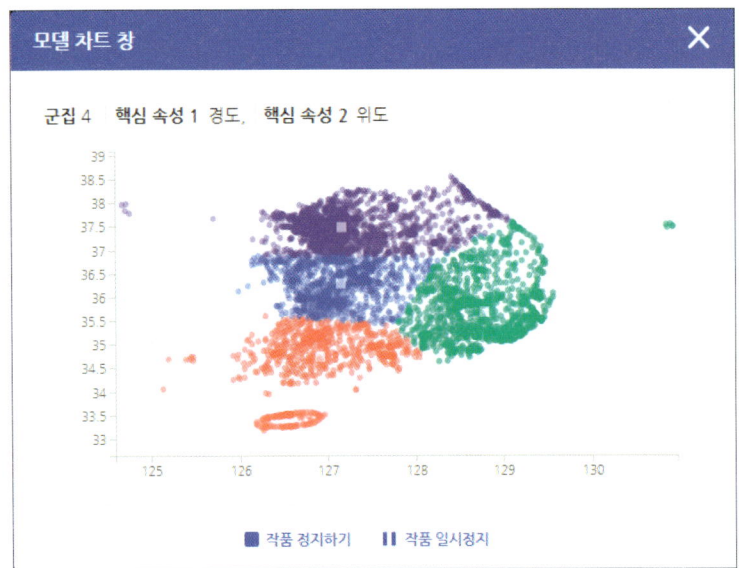

실행 영상 미리보기

- QR 코드 :

- 링크주소 : https://youtu.be/Hz3YEd8kcfg

작품 만들기

◆ 코딩하기

01 [엔트리봇] 오브젝트를 코딩합니다.

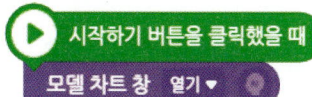

 전체 코드 ▶ 완성 파일 : 학교 위치 분류하기.ent

 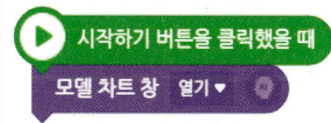
(1)엔트리봇

 결과 확인하기

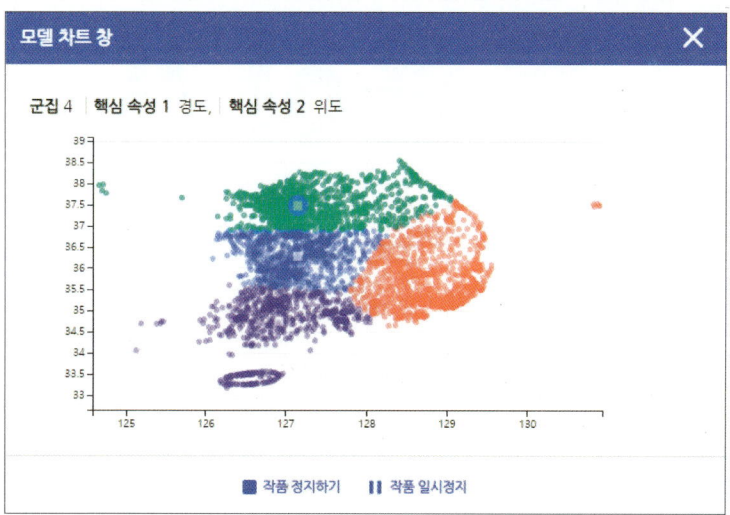

초등학교의 위치가 군집화되어 표시되었습니다.
초등학교가 많은 지역 4곳으로 군집화되었습니다.
대략의 위치는 서울, 대전, 광주, 부산의 위치로 군집화되었습니다.

CHAPTER 03

{ 인공지능 & 데이터 분석 응용하기 }

내 표정을 알아 맞춰 봐

| 핵심기능 | 비디오 감지 | 난이도 | ★☆☆☆☆ |

 인공지능의 [비디오 감지 – 얼굴 인식] 기능중 얼굴 인식 기능을 이용하여 얼굴 표정을 인식하고 인식한 감정 상태를 알려주는 작품을 만들어 봅니다.

 작품 미리보기

사람의 얼굴 표정을 인공지능의 비디오 감지로 인식하여 표정이 행복한지 슬픈지를 자동으로 표시해 줍니다.

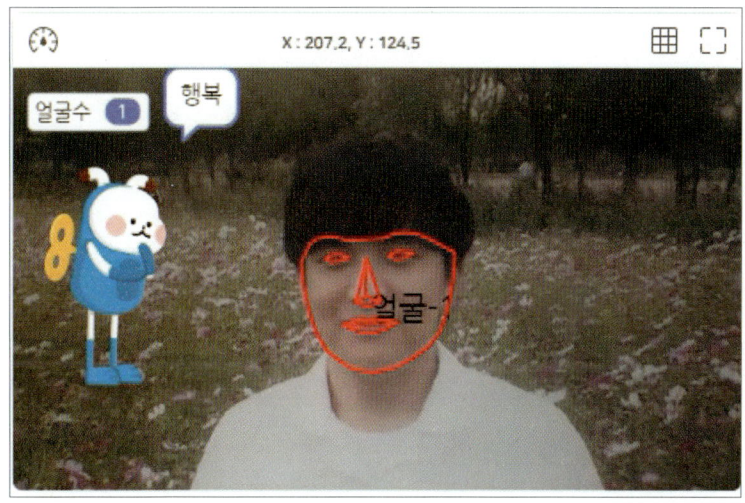

 실행 영상 미리보기

- QR 코드 :
- 링크주소 : https://youtu.be/ZWPlwFCBKQ0

작품 만들기

◇ 오브젝트 수정하기

01 [엔트리봇] 오브젝트에서 [모양] 탭 > [모양 추가하기] 버튼을 클릭하여 [엔트리봇] > [궁금한 엔트리봇] 모양을 추가한 뒤에 [궁금한 엔트리봇_1]을 제외한 나머지 모양을 삭제합니다.

비디오가 나오는 화면을 방해하지 않기 위해 장면에서 엔트리봇을 좌측으로 이동시켜 놓습니다.

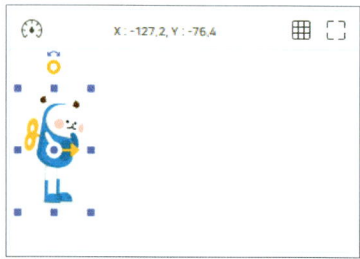

◇ 변수 추가하기

02 [속성] > [변수] > [변수 추가하기] > [얼굴수]를 추가합니다.
인식한 얼굴의 수를 저장하는 변수를 추가합니다.

◇ 인공지능 비디오 감지 얼굴 인식 기능 추가하기

03 에서 [인공지능 블록 불러오기] 〉 [비디오 감지] 〉 [얼굴 인식]을 선택한 뒤에 [불러오기] 버튼을 클릭합니다.

◇ 코딩하기

04 [엔트리봇] 오브젝트를 코딩합니다.

카메라로 비디오를 찍기 위해서 비디오가 연결이 되었는지 확인합니다. 비디오가 연결이 되지 않았으면 "카메라 연결을 확인하세요."라는 문구를 코딩으로 입력합니다.

비디오 연결이 확인되었으면 비디오와 사물 인식에 대한 초기화 과정과 얼굴 인식 반복 블록을 앞의 ㉠ 공간 블록에 코딩합니다.

❶ 카메라로 찍은 비디오가 화면에 보이도록 합니다.
❷ 엔트리 인공지능 기능에서 기본인 반투명을 "0"으로 설정하여 비디오 투명도를 없애 줍니다.
❸ "얼굴 인식을 시작합니다."를 표시해 둔 후에 인공지능의 얼굴 인식을 시작합니다.
❹ 얼굴 인식을 시작하면 카메라로 찍은 얼굴을 장면 화면에 그대로 보여 줍니다. 만약 인식된 얼굴의 윤곽선을 보여주고 싶으면 [인식한 얼굴 보이기] 블록을 코딩해 주면 됩니다. 윤곽선을 보여주지 않아도 내부적으로는 윤곽을 가지고 있으므로 윤곽선 보이기는 선택 사항입니다. 작품에서는 인식된 얼굴의 윤곽을 보이도록 [인식한 얼굴 보이기] 블록을 코딩합니다.

얼굴이 인식되었는지 비교하여 인식이 되었다면 인식된 얼굴의 감정을 표시하고 이 작업을 반복합니다. 블록에서 "1번째 얼굴"이란 것은, 얼굴이 인식되었을 때 여러 사람이 카메라에 찍히면 인식하는 얼굴도 여러 개가 되는데, 그 중에서 첫 번째 얼굴이라는 것입니다. 인식한 얼굴의 수를 변수 [얼굴수]에 넣어 몇 명의 얼굴이 나타나는지 확인합니다.

전체 코드

▶ 완성 파일 : 내 표정을 알아 맞춰봐.ent

[묶음] 걷기 옆모습

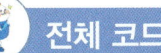 ## 결과 확인하기

❶ 얼굴 인식 시작으로 표정에 대한 판단은 시작전입니다.

❷ 인식한 얼굴수는 "1"이며 웃는 얼굴 표정으로 "행복"하다는 판단을 내립니다.

음성으로 제어하는 스마트 홈

핵심기능 오디오 감지, 읽어주기   **난이도** ★★☆☆☆

학습목표 인공지능 오디오 감지 기능을 이용하여 음성으로 전등과 창고 문을 제어하는 스마트 홈 프로그램을 만들어 봅니다.

 ## 작품 미리보기

AI로봇이 음성으로 제어하는 스마트 홈 관리 시스템에 관해 설명을 합니다.

스페이스를 누르고 "불 켜줘"를 말하면 전등에 불이 들어오고, "불 꺼줘"를 말하면 전등 불이 꺼집니다. 또, "문 열자"를 말하면 경고음이 나며 창고의 문이 열리고, "문 닫자"를 말하면 경고음이 나며 창고 문이 닫힙니다.

실행 영상 미리보기

- QR 코드 :

- 링크주소 : https://youtu.be/S_wWh_0f7Ps

108 인공지능 엔트리와 40개의 작품들

작품만들기

◇ 오브젝트 추가하기

01 [오브젝트 추가하기] 버튼을 클릭하여 [전등(1)], [소놀 AI 로봇], [창고] 오브젝트를 추가합니다.

02 오브젝트를 원하는 위치에 놓고 장면을 구성합니다.

◇ 변수 추가하기

03 [속성] > [변수] > [변수 추가하기] > [음성인식] 변수를 추가합니다. 음성인식 된 값을 텍스트로 저장할 변수를 만들었습니다.

◇ 신호 추가하기

04 [속성] 〉 [신호] 〉 [신호 추가하기] 〉 [관리 시스템] 신호를 추가합니다. [전등(1)], [창고] 오브젝트가 동작할 수 있도록 신호를 주고 받습니다.

◇ 인공지능 기능 추가하기

05 탭에서 [인공지능 블록 불러오기]를 클릭하여 [오디오 감지-음성 인식], [읽어주기]를 불러옵니다.

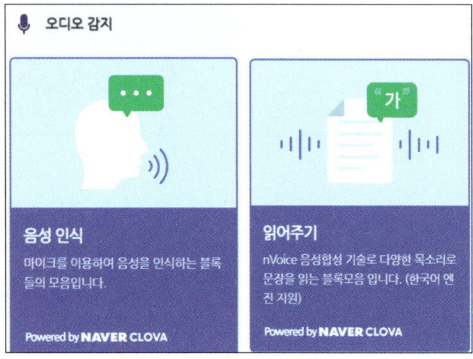

◇ 소리 추가하기

06 [창고] 오브젝트에 소리를 추가합니다. [소리] 〉 [소리 추가하기] 〉 [위험 경고] 소리를 추가합니다.

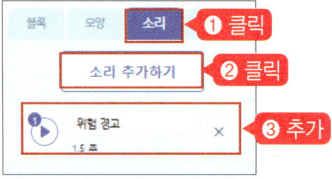

◆ 코딩하기

07 [소놀 AI 로봇] 오브젝트를 코딩합니다.

실행 화면이 시작되면 마이크가 연결되었는지 확인하고, 로봇을 좌우 움직이며 자기 소개와 사용법을 말해 줍니다.

```
시작하기 버튼을 클릭했을 때
마이크가 연결되었는가? 이(가) 될 때까지 기다리기
소놀 AI 로봇_이미지 인식 2▼ 모양으로 바꾸기
안녕하세요. AI로봇 가음입니다. 읽어주고 기다리기
소놀 AI 로봇_이미지 인식 1▼ 모양으로 바꾸기
어두운데 불을 켤까요? "불 켜줘 / 불 꺼줘" 로 말해주세요 읽어주고 기다리기
소놀 AI 로봇_이미지 인식 2▼ 모양으로 바꾸기
스페이스를 누르고 말하세요. "불 켜줘/불 꺼줘", "문 열자/문 닫자" 을(를) 말하기▼
```

스마트홈 관리 시스템에 음성 명령을 내릴 때는 스페이스 키를 누릅니다. 스페이스 키를 누르면 [음성인식] 변수의 값을 초기화 시키고, 새로운 음성인식을 받아 변수에 음성을 문자로 바꾼 값을 저장합니다. 창고 문과 전등을 제어하기 위해 관리 시스템 신호를 보냅니다.

```
스페이스▼ 키를 눌렀을 때
음성인식▼ 를 (으)로 정하기
한국어▼ 음성 인식하기
음성인식▼ 를 음성을 문자로 바꾼 값 (으)로 정하기
관리 시스템▼ 신호 보내기
```

08 [전등] 오브젝트를 코딩합니다. 실행 화면이 시작될 때 전등을 꺼짐 모양으로 바꿉니다.

```
시작하기 버튼을 클릭했을 때
전등(1)_꺼짐▼ 모양으로 바꾸기
```

관리 시스템 신호를 받았을 때 음성인식의 값을 확인하여 불을 켜고, 끕니다. 음성인식한 값이 "불 켜줘", "불 꺼줘" 정확히 일치해야 작동합니다.

```
관리 시스템▼ 신호를 받았을 때
만일 음성인식▼ 값 = 불 켜줘 (이)라면
    전등(1)_켜짐▼ 모양으로 바꾸기
만일 음성인식▼ 값 = 불 꺼줘 (이)라면
    전등(1)_꺼짐▼ 모양으로 바꾸기
```

더 알고가요!! 불명확한 발음으로도 관리 시스템을 제에 할 수있는 방법

발음이 이상해서 "불 켜줘"라고 말하면 "불 켜져", "불 커져"로 인식되어 작동하지 않는데요. 이런 불명확한 발음으로도 관리 시스템을 제어할 수 있는 방법이 없을까요?

방법 1 판단 블록안의 참 또는 거짓 블록의 "또는"으로 설정 후 음성인식 값 = 불 켜줘 또는 음성인식 값 = 불 커져 하나라도 참일 경우 참으로 판단하는 블록을 이용하여 비슷한 발음도 작동할 수 있도록 코딩으로 제어합니다.

방법 1 텍스트의 형태가 얼마나 비슷한지를 기준으로 분류되는 인공지능 텍스트 모델을 학습시켜 이용합니다. 본 책에 다양한 예제들이 수록되어 있으니 참고하여 만들어 보세요.

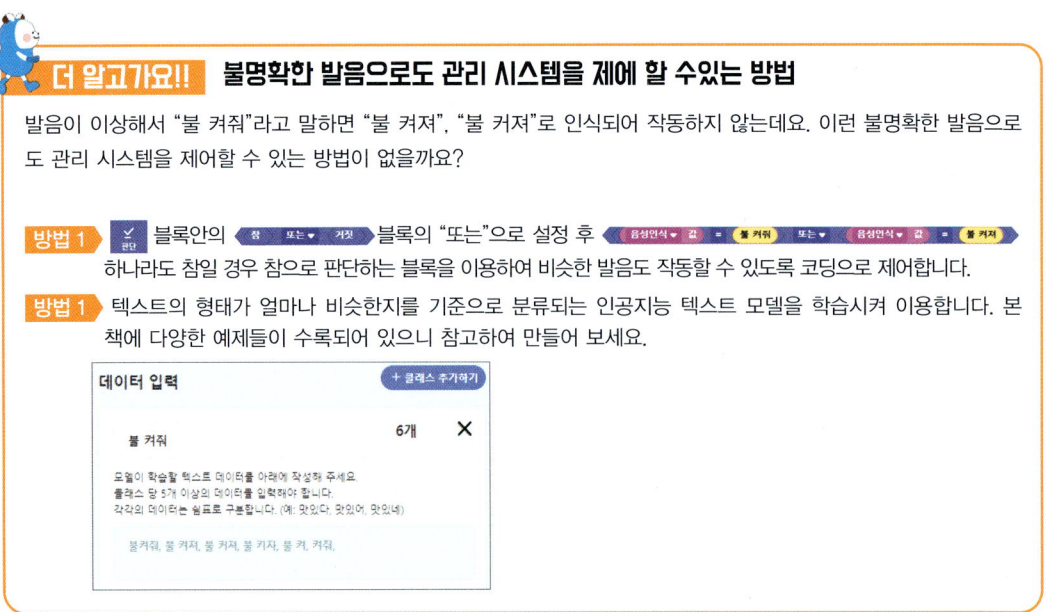

08 [창고] 오브젝트를 코딩합니다. 실행 화면이 시작될 때 창고 문을 닫힌 모양으로 바꿉니다.

관리 시스템 신호를 받았을 때 음성인식의 값을 확인하여 문을 열고 닫습니다.

음성인식한 값이 "문 열자", "문 닫자"와 정확히 일치해야 작동합니다. 문이 열리고 닫힐 때 위험 경고 소리를 1초 재생합니다.

전체 코드

▶ 완성 파일 : 음성으로 제어하는 스마트홈.ent

소놀 AI 로봇

시작하기 버튼을 클릭했을 때
- 마이크가 연결되었는가? 이(가) 될 때까지 기다리기
- 소놀 AI 로봇_이미지 인식_2▼ 모양으로 바꾸기
- 안녕하세요. AI로봇 가음입니다. 읽어주고 기다리기
- 소놀 AI 로봇_이미지 인식_1▼ 모양으로 바꾸기
- 어두운데 불을 켤까요? "불 켜줘 / 불 꺼줘" 로 말해주세요 읽어주고 기다리기
- 소놀 AI 로봇_이미지 인식_2▼ 모양으로 바꾸기
- 스페이스를 누르고 말하세요. "불 켜줘/불 꺼줘", "문 열자/문 닫자" 을(를) 말하기▼

스페이스▼ 키를 눌렀을 때
- 음성인식▼ 를 ● (으)로 정하기
- 한국어▼ 음성 인식하기
- 음성인식▼ 를 음성을 문자로 바꾼 값 (으)로 정하기
- 관리 시스템▼ 신호 보내기

전등(1)

시작하기 버튼을 클릭했을 때
- 전등(1)_꺼짐▼ 모양으로 바꾸기

관리 시스템▼ 신호를 받았을 때
- 만일 음성인식▼ 값 = 불 켜줘 (이)라면
  - 전등(1)_켜짐▼ 모양으로 바꾸기
- 만일 음성인식▼ 값 = 불 꺼줘 (이)라면
  - 전등(1)_꺼짐▼ 모양으로 바꾸기

창고

시작하기 버튼을 클릭했을 때
- 문 닫힌 창고▼ 모양으로 바꾸기

관리 시스템▼ 신호를 받았을 때
- 만일 음성인식▼ 값 = 문 열자 (이)라면
  - 문 열린 창고▼ 모양으로 바꾸기
  - 소리 위험 경고▼ 1 초 재생하기
- 만일 음성인식▼ 값 = 문 닫자 (이)라면
  - 문 닫힌 창고▼ 모양으로 바꾸기
  - 소리 위험 경고▼ 1 초 재생하기

결과 확인하기

❶ "문 열자"를 말하면 창고문이 열립니다.

❷ "문 닫자"를 말하면 창고문이 닫힙니다.

❸ "불 켜줘"를 말하면 전등 불이 켜집니다.

❹ "불 꺼줘"를 말하면 전등 불이 꺼집니다.

스토리텔링 동화 작가 꿈꾸기

핵심기능 ▶ 읽어주기   난이도 ▶ ★★☆☆☆

여러분이 즐겁게 읽었던 동화책을 재해석하여 재미있는 나만의 스토리텔링 동화를 만들어 봅니다. 창의적 스토리텔링 활동을 통해서 생각하는 힘을 기르고, 자기주도적 동화 작가가 되어 봅니다. 인공지능 읽어주기 기능을 이용하여 내가 스토리텔링한 이야기를 실감나게 읽어 줍니다.

 작품 미리보기

아기돼지가 기분 좋게 하루를 시작합니다. 갑자기 늑대 소리가 나며 집으로 도망갈 결심을 합니다. 늑대가 나타나 바람으로 집을 날려 보냅니다. 이 모든 과정을 인공지능 읽어주기 기능을 이용해서 이야기를 들려줍니다.

 실행 영상 미리보기

- QR 코드 :

- 링크주소 : https://youtu.be/nIX5mRlHYmM

작품만들기

◇ 오브젝트 추가하기

01 [오브젝트 추가하기] 버튼을 클릭하여 [움집1], [짚집1], [아기돼지삼형제 첫째2], [늑대인간1], [바람1] 오브젝트를 추가합니다.

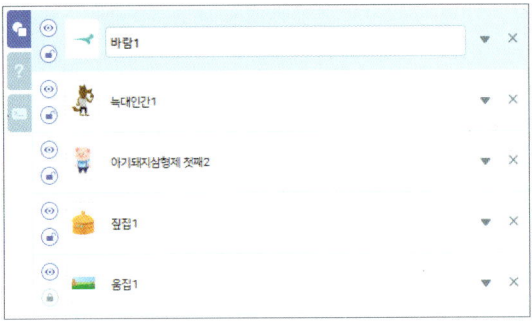

02 오브젝트를 원하는 위치에 놓고 장면을 구성합니다.

◇ 신호 추가하기

03 [속성] 〉 [신호] 〉 [신호 추가하기] 〉 [늑대 나타남] 신호를 추가합니다.

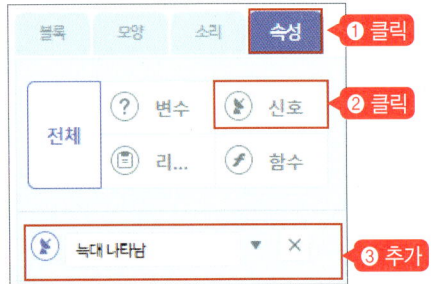

◇ 인공지능 기능 추가하기

04 탭에서 탭에서 [인공지능 블록 불러오기]를 클릭한 후 [읽어주기]를 불러옵니다.

◆ 소리 추가하기

05 [아기돼지 삼형제 첫째1] 오브젝트에 소리를 추가합니다. [소리] > [소리 추가하기] > [늑대 울음소리] 소리를 추가합니다.

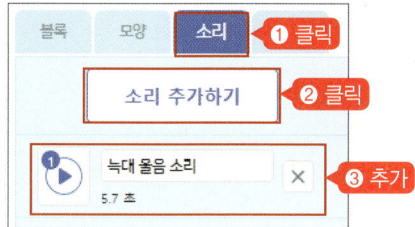

◆ 코딩하기

06 [아기돼지 삼형제 첫째1] 오브젝트를 코딩합니다. 위치를 정해 주고, 좌우 움직이게 코딩합니다.

[인공지능] → [읽어주기] 기능을 이용하여 스토리를 시작합니다. 아기돼지 상황에 맞게 목소리, 속도, 음높이를 설정하면 이야기를 더욱 실감나게 읽어 줍니다.

`앙증맞은▼ 목소리를 빠른▼ 속도 높은▼ 음높이로 설정하기`

실행화면이 시작되면 [아기돼지삼형제_첫째]의 상황에 맞춰 목소리 설정, 모양과 크기를 바꿔줍니다. 늑대가 나타난 상황을 알리기 위해 [늑대 나타남] 신호를 보냅니다.

```
▶ 시작하기 버튼을 클릭했을 때
아기돼지삼형제 첫째_1▼ 모양으로 바꾸기
앙증맞은▼ 목소리를 보통▼ 속도 보통▼ 음높이로 설정하기
룰루루 기분 좋은 날이다~~~!! 읽어주고 기다리기
소리 늑대 울음 소리▼ 재생하고 기다리기
아기돼지삼형제 첫째_2▼ 모양으로 바꾸기
크기를 150 (으)로 정하기
앙증맞은▼ 목소리를 빠른▼ 속도 높은▼ 음높이로 설정하기
이런 늑대가 나타났잖아 읽어주고 기다리기
빨리 집으로 숨어야겠다~!! 읽어주고 기다리기
크기를 100 (으)로 정하기
늑대 나타남▼ 신호 보내기
```

[늑대가 나타남] 신호를 받으면 움집 뒤로 도망가는 표현을 합니다.

```
늑대 나타남▼ 신호를 받았을 때
좌우 모양 뒤집기
10 번 반복하기
  이동 방향으로 10 만큼 움직이기
  0.1 초 기다리기
모양 숨기기
```

07 [늑대인간] 오브젝트를 코딩합니다. 실행 화면이 시작되면 모양을 숨깁니다.

```
▶ 시작하기 버튼을 클릭했을 때
모양 숨기기
```

[늑대나타남] 신호를 받으면, 늑대 모양이 보이고, 늑대처럼 목소리와 속도, 음높이를 설정하고 이야기를 합니다.

`울리는▼ 목소리를 빠른▼ 속도 보통▼ 음높이로 설정하기`

짚집쪽으로 움직이고 무섭게 모양을 바꾸며 이야기합니다.

```
[늑대 나타남▼ 신호를 받았을 때]
모양 보이기
울리는▼ 목소리를 빠른▼ 속도 보통▼ 음높이로 설정하기
10 번 반복하기
  이동 방향으로 15 만큼 움직이기
  0.1 초 기다리기
늑대인간_2▼ 모양으로 바꾸기
숨어도 소용없다.. 너를 날려버리겠다 읽어주고 기다리기
```

08 [바람] 오브젝트를 코딩합니다. 실행 화면이 시작되면 모양을 숨깁니다.

```
[시작하기 버튼을 클릭했을 때]
모양 숨기기
```

[늑대나타남] 신호를 받으면, 바람 모양이 보이고, 짚집 쪽으로 바람이 붑니다.

```
[늑대 나타남▼ 신호를 받았을 때]
3 초 기다리기
모양 보이기
10 번 반복하기
  다음▼ 모양으로 바꾸기
  0.1 초 기다리기
모양 숨기기
```

09 [짚집] 오브젝트를 코딩합니다. 실행 화면이 시작될 위치와 크기를 정해 줍니다.

```
[시작하기 버튼을 클릭했을 때]
x: 180 y: -20 위치로 이동하기
크기를 150 (으)로 정하기
```

[늑대나타남] 신호를 받으면, 짚집이 회전하며 움직여 바람에 날라가는 효과를 줍니다.

```
[늑대 나타남▼ 신호를 받았을 때]
3 초 기다리기
25 번 반복하기
  0.1 초 동안 x: 10 y: 10 만큼 움직이기
  방향을 90° 만큼 회전하기
```

전체 코드

▶ 완성 파일 : 스토리텔링 동화 작가 꿈꾸기.ent

아기돼지삼형…

시작하기 버튼을 클릭했을 때
- x: -20 y: -20 위치로 이동하기
- 5 번 반복하기
  - 이동 방향으로 10 만큼 움직이기
  - 0.1 초 기다리기
- 5 번 반복하기
  - 이동 방향으로 -10 만큼 움직이기
  - 0.1 초 기다리기

늑대 나타남 신호를 받았을 때
- 좌우 모양 뒤집기
- 10 번 반복하기
  - 이동 방향으로 10 만큼 움직이기
  - 0.1 초 기다리기
- 모양 숨기기

시작하기 버튼을 클릭했을 때
- 아기돼지삼형제 첫째_1 모양으로 바꾸기
- 양증맞은 목소리를 보통 속도 보통 음높이로 설정하기
- 룰루루 기분 좋은 날이다~~~!! 읽어주고 기다리기
- 소리 늑대 울음 소리 재생하고 기다리기
- 아기돼지삼형제 첫째_2 모양으로 바꾸기
- 크기를 150 (으)로 정하기
- 양증맞은 목소리를 빠른 속도 높은 음높이로 설정하기
- 이런 늑대가 나타났잖아 읽어주고 기다리기
- 빨리 집으로 숨어야겠다~!! 읽어주고 기다리기
- 크기를 100 (으)로 정하기
- 늑대 나타남 신호 보내기

늑대인간

시작하기 버튼을 클릭했을 때
- 모양 숨기기

늑대 나타남 신호를 받았을 때
- 모양 보이기
- 울리는 목소리를 빠른 속도 보통 음높이로 설정하기
- 10 번 반복하기
  - 이동 방향으로 15 만큼 움직이기
  - 0.1 초 기다리기
- 늑대인간_2 모양으로 바꾸기
- 숨어도 소용없다.. 너를 날려버리겠다 읽어주고 기다리기

바람

시작하기 버튼을 클릭했을 때
- 모양 숨기기

늑대 나타남 신호를 받았을 때
- 3 초 기다리기
- 모양 보이기
- 10 번 반복하기
  - 다음 모양으로 바꾸기
  - 0.1 초 기다리기
- 모양 숨기기

짚집

시작하기 버튼을 클릭했을 때
- x: 180 y: -20 위치로 이동하기
- 크기를 150 (으)로 정하기

늑대 나타남 신호를 받았을 때
- 3 초 기다리기
- 20 번 반복하기
  - 0.1 초 동안 x: 10 y: 10 만큼 움직이기
  - 방향을 90° 만큼 회전하기

결과 확인하기

❶ 아기돼지가 기분 좋게 하루를 시작합니다.   ❷ 늑대가 바람으로 짚집을 날려버렸습니다.

우리반 출입문 암호는 행복표정

핵심기능 비디오 감지   **난이도** ★★☆☆☆

학습목표 인공지능 비디오 감지 기능 중 [얼굴인식] → [얼굴의 감정]을 감지 할 수 있는 기능을 통해 우리 반 출입 시 행복한 얼굴일 때만 출입하는 프로그램을 만들어 봅니다.

 작품 미리보기

비디오가 연결, 얼굴인식이 시작 되었는지를 확인하고 성공 메시지를 보여줍니다.

행복한 얼굴일 때 교실 문이 열린다는 안내 메시지가 나옵니다. "행복"표정이면 교실 문이 열리고 교실 안으로 이동합니다. 행복하지 않은 얼굴일 때는 문이 열리지 않습니다.

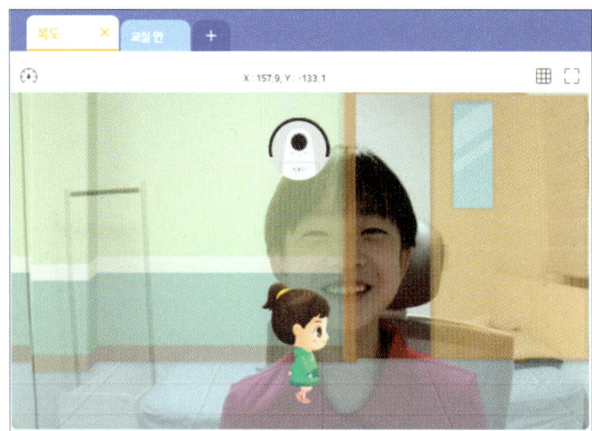

실행 영상 미리보기

- QR 코드 :

- 링크주소 : https://youtu.be/SQLNnZTfy34

작품만들기

◆ 오브젝트 추가하기

01 [복도] 장면을 추가합니다.
[오브젝트 추가하기] 버튼을 클릭하여 [뛰어노는 아이], [로봇청소기(2)], [학교복도] 오브젝트를 추가하고, 원하는 위치에 놓고 장면을 구성합니다. 장면1 이름을 "복도"라고 수정합니다.

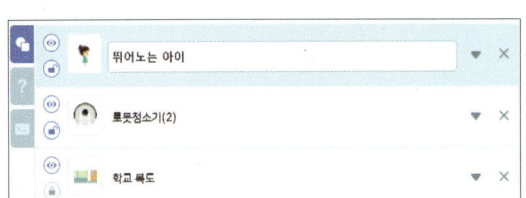

02 [교실 안] 장면을 추가합니다.
[오브젝트 추가하기] 버튼을 클릭하여 [뛰어노는 아이1], [교실 뒤(1)] 오브젝트를 추가하고, 원하는 위치에 놓고 장면을 구성합니다. 장면2 이름을 "교실 안"이라고 수정합니다.

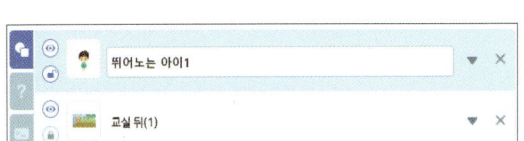

◆ 오브젝트 수정하기

03 [복도] 장면 교실 문이 열리고, 닫히는 효과를 주기 위해 [학교 복도] 오브젝트의 모양을 수정합니다. [모양] > [학교복도_1]을 선택합니다.

오른쪽 마우스를 클릭 후 복제를 눌러 모양을 복제합니다.

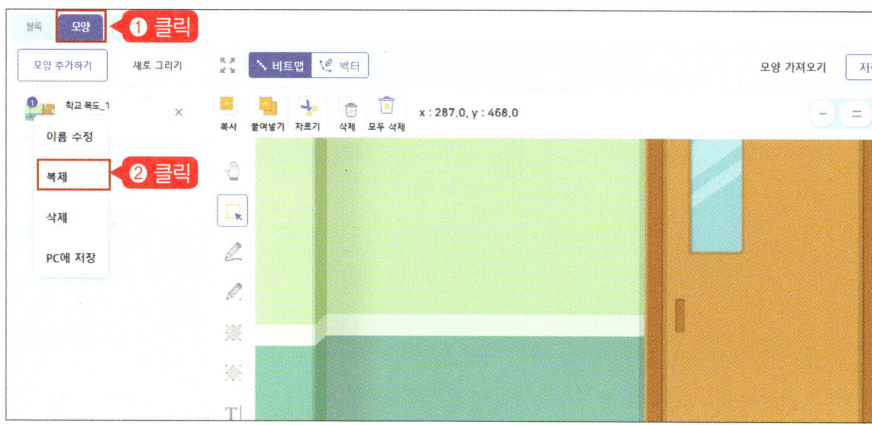

04 모양 복제한 후 "문닫힘", "문열림" 이름 바꾸기를 합니다.

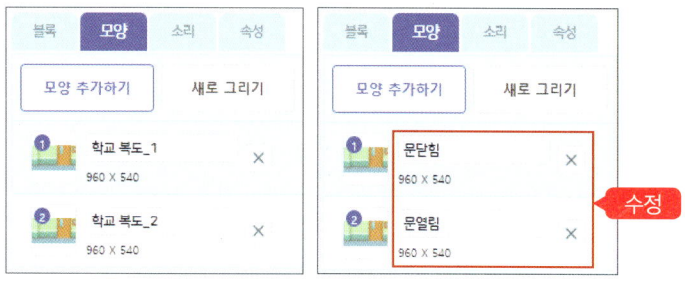

05 [문 열림] 모양을 클릭 후 ESC 키를 눌러 전체 영역을 해제합니다.

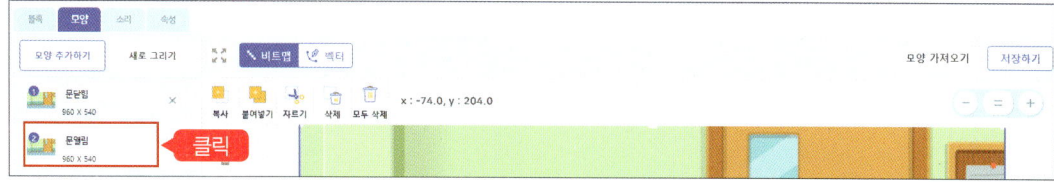

파란색 테두리가 사라집니다.

[자르기]를 클릭 후 문 모양으로 드래그하여 문 모양의 영역을 잡아줍니다.

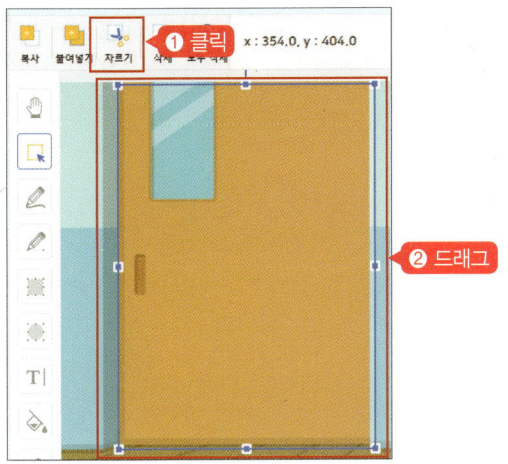

06 문이 열린 효과를 주기 위해 옆으로 이동한 후 모양을 저장합니다.

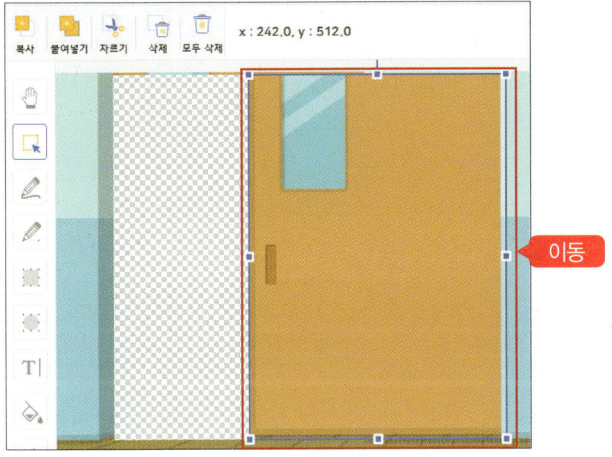

◇ 신호 추가하기

07 [속성] > [신호] > [신호 추가하기] > [행복체크], [문열림] 신호를 추가합니다.
[학교 복도], [뛰어노는 아이] 오브젝트에게 동작할 신호를 줍니다.

◆ 인공지능 기능 추가하기

08 탭에서 [인공지능 블록 불러오기]를 클릭하여 [비디오감지- 얼굴 인식]을 불러옵니다.

◆ 코딩하기

09 [복도]장면 [학교 복도] 오브젝트를 코딩합니다.

실행 화면이 시작되면 각 자의 카메라로 바꾸기하고 투명도 효과를 주어 얼굴을 보이게 합니다. 얼굴 인식이 되었는지 확인하고 얼굴 감정을 확인하는 [행복 체크] 신호 보내기를 합니다.

[행복 체크] 신호를 받으면 "행복한 표정일 때 교실 문이 열립니다." 말하기를 1초 동안하고, 계속 반복하기를 하며 얼굴의 감정을 체크합니다. "행복"일 때는 교실 문이 열리고 [문 열림] 신호를 보내줍니다. "행복"이 아니면 문은 계속 닫혀 있고 1초 동안 현재의 감정과 "행복한 얼굴만 교실에 들어갈 수 있다"는 말을 합니다.

```
행복체크▼ 신호를 받았을 때
행복한 표정일 때 교실 문이 열립니다. 을(를) 1 초 동안 말하기▼
계속 반복하기
  만일 1▼ 번째 얼굴의 감정이 행복▼ 인가? (이)라면
    문열림▼ 모양으로 바꾸기
    문열림▼ 신호 보내기
    2 초 기다리기
  아니면
    문닫힘▼ 모양으로 바꾸기
    1▼ 번째 얼굴의 감정 과(와) :행복한 얼굴일 때 문이 열려요 을(를) 합친 값 을(를) 1 초 동안 말하기▼
```

10 [복도] 장면 [뛰어노는 아이] 오브젝트를 코딩합니다.
문열림 신호를 받으면 교실로 들어가는 동작을 표현하기 위해 모양을 바꾸고 x 좌표를 바꿔 줍니다. 교실 앞까지 갔으면 모양을 숨기고, [교실 안] 장면을 시작하는 신호를 줍니다.

```
문열림▼ 신호를 받았을 때
뛰어노는 아이_2▼ 모양으로 바꾸기
4 번 반복하기
  다음▼ 모양으로 바꾸기
  x 좌표를 10 만큼 바꾸기
  0.5 초 기다리기
모양 숨기기
교실 안▼ 시작하기
```

11 [교일 안] 장면 [뛰어노는 아이1] 오브젝트를 코딩합니다. 장면이 시작되면 교실 안으로 걸어 들어와 즐거운 학교 생활을 다짐합니다.

```
장면이 시작되었을 때
7 번 반복하기
  다음▼ 모양으로 바꾸기
  x 좌표를 20 만큼 바꾸기
  0.3 초 기다리기
오늘도 즐거운 학교생활~!! 을(를) 말하기▼
```

전체 코드

▶ 완성 파일 : 우리반 출입문 암호는 행복표정.ent

[복도] 장면 — 학교 복도

- 시작하기 버튼을 클릭했을 때
  - 문닫힘 모양으로 바꾸기
  - 투명도 효과를 20 (으)로 정하기
  - 카메라가 연결되있는가? 이(가) 될 때까지 기다리기
  - 비디오 화면 보이기
  - 비디오 투명도 효과를 0 으로 정하기
  - 얼굴 인식 시작하기
  - 얼굴을 인식했는가? 이(가) 될 때까지 기다리기
  - 카메라 연결, 얼굴 인식 성공!! 을(를) 1 초 동안 말하기
  - 행복체크 신호 보내기

- 행복체크 신호를 받았을 때
  - 행복한 표정일 때 교실 문이 열립니다. 을(를) 1 초 동안 말하기
  - 계속 반복하기
    - 만일 1 번째 얼굴의 감정이 행복 인가? (이)라면
      - 문열림 모양으로 바꾸기
      - 문열림 신호 보내기
      - 2 초 기다리기
    - 아니면
      - 문닫힘 모양으로 바꾸기
      - 1 번째 얼굴의 감정 과(와) : 행복한 얼굴일 때 문이 열려요 을(를) 합친 값 을(를) 1 초 동안 말하기

[복도] 장면 — 뛰어노는 아이

- 문열림 신호를 받았을 때
  - 뛰어노는 아이_2 모양으로 바꾸기
  - 4 번 반복하기
    - 다음 모양으로 바꾸기
    - x 좌표를 10 만큼 바꾸기
    - 0.5 초 기다리기
  - 모양 숨기기
  - 교실 안 시작하기

[교실 안] 장면 — 뛰어노는 아이

- 장면이 시작되었을 때
  - 7 번 반복하기
    - 다음 모양으로 바꾸기
    - x 좌표를 20 만큼 바꾸기
    - 0.3 초 기다리기
  - 오늘도 즐거운 학교생활~!! 을(를) 말하기

결과 확인하기

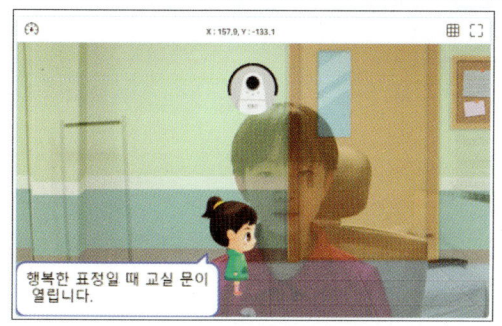

❶ [복도] 얼굴 감정을 체크 중입니다.

❷ "행복"한 감정일 때 교실 문이 열립니다.

❸ [교실 안] 교실로 들어왔습니다.

❹ 오늘도 즐거운 학교 생활을 다짐해 봅니다.

컴퓨터 사용 시간 제어하기

핵심기능 비디오 감지, 읽어주기　　**난이도** ★☆☆☆☆

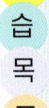
학습목표 컴퓨터를 사용할 때 AI 알고리즘의 추천으로 원하지 않는 다양한 영상을 시청했던 경험이 있죠? 컴퓨터 사용을 필요할 때 정해진 시간만큼 사용할 수 있도록 얼굴 인식과 읽어주기 기능을 이용하여 컴퓨터를 불필요하게 오래 사용하는 문제를 해결해 봅시다.

 작품 미리보기

시작하기 버튼을 누르면 비디오 감지 블록을 시작하여 얼굴 인식을 시작합니다. 화면에 얼굴이 인식이 된 경우 초시계가 시작되어 컴퓨터 사용 시간을 계산해주고, 얼굴이 인식되지 않은 경우엔 초시계가 정지됩니다. 초시계값에 따라 컴퓨터 사용 시간을 경고해 줍니다.

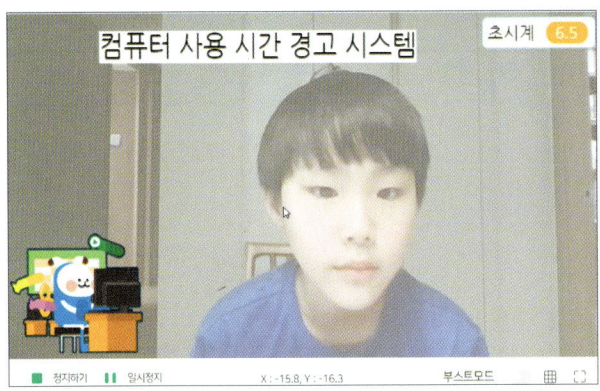

 **실행 영상 미리보기**

- QR 코드 :
- 링크주소 : https://youtu.be/PoRHZ6kgf_s

 작품만들기

◆ 오브젝트 추가하기

01 [글상자], [컴퓨터하는 엔트리봇] 오브젝트를 추가합니다.

◆ 오브젝트 수정하기

02 [글상자]의 속성을 다음과 같이 변경합니다.

- 글씨체: 나눔고딕, 한줄쓰기, 가운데 정렬
- 텍스트:컴퓨터 사용 시간 경고 시스템

◆ 인공지능 기능 추가하기

03 탭에서 [인공지능 블록 불러오기]를 클릭하여 [읽어주기], 비디오 감지의 [얼굴인식]을 블러옵니다.

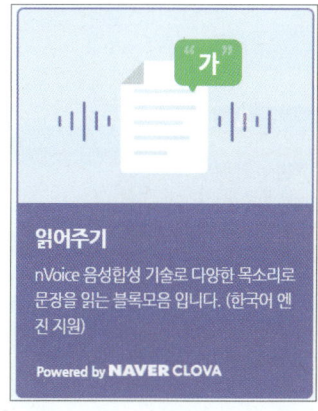

◆ **코딩하기**

04 [컴퓨터하는 엔트리봇] 오브젝트를 코딩합니다.

시작하기 버튼을 클릭했을 때 [비디오감지]-[비디오 화면 보이기]를 가져와 카메라를 활성화 시키고, [얼굴인식]-[얼굴인식시작하기]를 이용하여 얼굴인식을 시작합니다. 반복해서 얼굴 인식 여부를 판단하여 화면에 얼굴이 보이면 초시계를 동작시켜 컴퓨터 사용 시간 계산을 시작합니다. 얼굴 인식이 실패한 경우 초시계를 멈춰 사용 시간 계산을 멈춥니다.

"초시계값"이 10초, 20초, 30초인 경우 [읽어주고 기다리기] 기능을 이용하여 사용 시간을 알려줍니다. 초시계값이 밀리초 단위(예를 들어 10.3)로 표시되어 [소수점 버림값] 블록을 이용하여 초시계값을 정수로 표시해 줍니다.

1초 단위로 검사하기 위하여 1초 기다리기 블록을 추가합니다. 10초 대신 10분(10*60= 600초) 으로 늘려서 실제로 활용할 수 있도록 경고 시간을 변경해 봅니다.

전체 코드 ▶ 완성 파일 : 컴퓨터사용시간경고.ent

 결과 확인하기

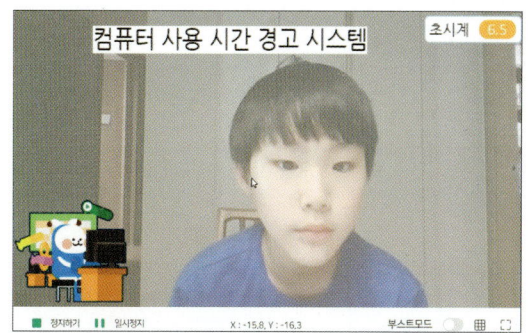
❶ 얼굴이 인식되는 동안엔 초시계가 동작합니다.

❷ 얼굴 인식이 되지 않은 경우 초시계가 멈춥니다.

미세먼지 알리미

| 핵심기능 | 읽어주기, 오디오감지, 확장블록 | 난이도 | ★☆☆☆☆ |

 학습목표

미세먼지는 지름이 10㎛(마이크로미터, 1㎛=1000분의 1mm) 이하의 먼지로 PM(Particulate Matter)10이라고 합니다. 장기간 미세먼지에 노출되면 면역력이 급격히 저하되어 감기, 천식, 기관지염 등의 호흡기 질환은 물론 심혈관 질환, 피부질환, 안구질환 등 각종 질병에 노출될 수 있습니다. 오디오감지, 읽어주기 기능과 확장의 날씨 정보를 이용하여 미세먼지 알리미를 만들어 봅니다.

작품 미리보기

스페이스 키를 눌러 미세먼지 농도를 알고 싶은 지역을 입력합니다. 서울 또는 제주의 미세먼지 농도값을 읽어주며, 엔트리봇의 얼굴로 미세먼지의 등급을 표시해 줍니다.

실행 영상 미리보기

- QR 코드 :

- 링크주소 : https://youtu.be/vjdaYciJhoo

 **작품만들기**

◇ 오브젝트 추가하기

01 [[묶음] 얼굴스티커], [소놀 연구실] 오브젝트를 추가합니다.

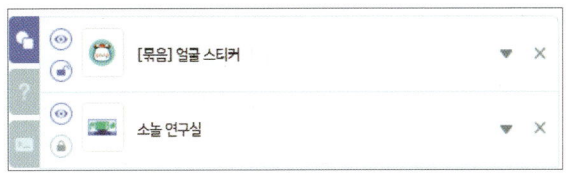

02 오브젝트를 원하는 위치에 놓고 장면을 구성합니다.

◇ 인공지능 기능 추가하기

03 탭에서 [인공지능 블록 불러오기]를 클릭하여 [읽어주기], 오디오감지의 [음성인식]을 불러옵니다.

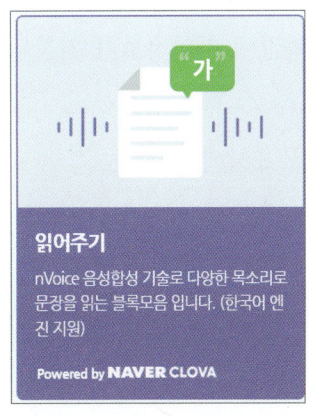 

◇ 확장블록 추가하기

04 > [확장 블록 불러오기] > [날씨]를 불러옵니다.

◇ 코딩하기

05 [[묶음]얼굴 스티커] 오브젝트를 코딩합니다.

시작하기 버튼을 클릭했을 때 읽어주기에 사용할 목소리 톤을 설정합니다. 마이크가 연결되었는지 체크하고, 사용 방법을 읽어줍니다.

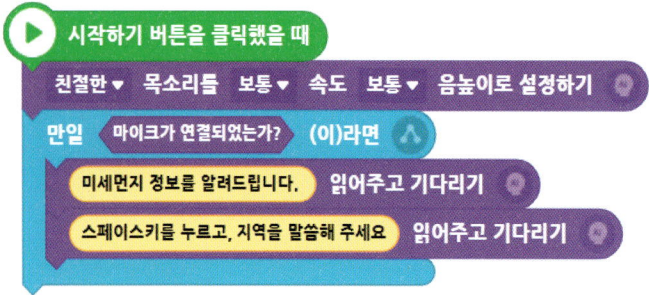

스페이스 키가 눌렸을 때, 음성인식을 시작합니다. 음성 인식 결과값에 지역정보가 저장되며 인식결과값에 따라 지역의 미세먼지 정보를 가져옵니다.

서울 지역의 미세먼지 상태에 따라 모양을 바꿔주고 화면에 정보를 표시해 줍니다.

코드를 복사하여 제주도의 미세먼지 정보를 표시해 줍니다. 6개의 정보를 수정합니다.

Chapter 03_인공지능 & 데이터 분석 응용하기

전체 코드

▶ 완성 파일 : 미세먼지알리미.ent

[묶음] 얼굴 스티커

결과 확인하기

❶ 스페이스 키를 눌러 지역을 말합니다.

❷ 인식된 지역의 정보에 따라 미세먼지 정보를 읽어주고 엔트리봇 얼굴로 상태를 표시해줍니다.

작품 17
얼굴로 조종하는 코~드론

 핵심기능 ▶ 비디오 감지(얼굴 인식)　난이도 ★★★☆☆

학습목표 인공지능 비디오 감지 기능을 이용하여 얼굴을 인식시킨 후 코의 x 좌표을 이용하여 드론을 좌우로 조종하는 프그램을 만들어 봅니다.

 작품 미리보기

카메라가 연결되면 얼굴 인식을 시작합니다. 실행 화면의 중심인 x=0과 얼굴의 코 x 좌표 값을 비교합니다. 중심보다 코의 위치가 오른쪽에 있으면 드론은 오른쪽으로 이동하고, 왼쪽에 있으면 드론은 왼쪽으로 이동합니다.

실행 영상 미리보기

• QR 코드 :

• 링크주소 : https://youtu.be/flaeyMApyzY

 작품만들기

◇ **오브젝트 추가하기**

01 [오브젝트 추가하기] 버튼을 클릭하여 [들판(1)], [드론(2)], [선풍기1], [선풍기2], [선풍기3], [선풍기4] 오브젝트를 추가합니다.

02 오브젝트를 원하는 위치에 놓고 장면을 구성합니다.

◇ **인공지능 기능 추가하기**

03 인공지능 탭에서 [인공지능 블록 불러오기]를 클릭하여 비디오 감지[얼굴인식]을 불러옵니다.

◇ 소리 추가하기

04 [드론(2)] 오브젝트에 소리를 추가합니다. [소리] > [소리 추가하기] > [벌떼] 소리를 추가합니다.

◇ 코딩하기

05 [드론(2)] 오브젝트를 코딩합니다. 실행 화면이 시작되면 드론의 크기를 100으로 정하고, 화면의 중심인 x=0, y=0의 위치로 이동합니다.

카메라가 연결되면 얼굴 인식을 시작합니다. 드론 소리 효과를 내기 위해 벌 때 소리를 재생합니다. 인식된 얼굴의 코의 x좌표가 0보다 큰 경우 오른쪽으로 이동하기 위해 x좌표를 3만큼 증가시키고, 0보다 작은 경우 왼쪽으로 이동하기 위해 x좌표를 3만큼 감소시킵니다.

06 [선풍기1] 오브젝트를 코딩합니다. [드론(2)]의 좌푯값을 기준으로 날개의 위치를 이동시키고, 회전 시킵니다.

```
시작하기 버튼을 클릭했을 때
계속 반복하기
  x: (드론(2)의 x좌푯값) + 45  y: (드론(2)의 y좌푯값) + -40  위치로 이동하기
  방향을 90° 만큼 회전하기
```

07 [선풍기2] 오브젝트를 코딩합니다. [드론(2)]의 좌푯값을 중심으로 날개의 위치를 이동시키고, 회전시킵니다.

```
시작하기 버튼을 클릭했을 때
계속 반복하기
  x: (드론(2)의 x좌푯값) + -45  y: (드론(2)의 y좌푯값) + -40  위치로 이동하기
  방향을 90° 만큼 회전하기
```

08 [선풍기3] 오브젝트를 코딩합니다. [드론(2)]의 좌푯값을 중심으로 날개의 위치를 이동시키고, 회전시킵니다.

```
시작하기 버튼을 클릭했을 때
계속 반복하기
  x: (드론(2)의 x좌푯값) + 45  y: (드론(2)의 y좌푯값) + 40  위치로 이동하기
  방향을 90° 만큼 회전하기
```

09 [선풍기4] 오브젝트를 코딩합니다. [드론(2)]의 좌푯값을 중심으로 날개의 위치를 이동시키고, 회전시킵니다.

```
시작하기 버튼을 클릭했을 때
계속 반복하기
  x: (드론(2)의 x좌푯값) + -45  y: (드론(2)의 y좌푯값) + 40  위치로 이동하기
  방향을 90° 만큼 회전하기
```

⑩ [들판(1) 오브젝트를 코딩합니다. 움직임을 확인할 수 있도록 비디오 투명도 효과, 배경 오브젝트 투명도 효과를 설정합니다.

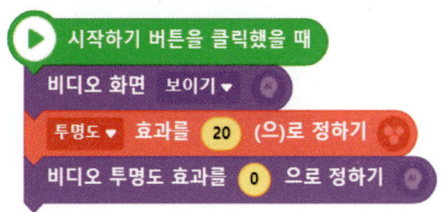

더 알고가요!! 드론이 이동하는데 어떻게 날개가 같이 이동하는 건가요?

드론의 중심에서부터 날개의 위치를 좌표값으로 표시해 보면 아래와 같습니다. 드론이 이동할 때 드론의 중심 좌표값은 변하지만 날개까지의 거리는 일정합니다.

이동하는 드론의 [드론(기)의 x좌푯값], [드론(기)의 y좌푯값] 값과 날개까지의 거리 좌푯값을 이용하여 [x: 0 y: 0 위치로 이동하기] 블록과 결합하면 드론이 이동할 때, 날개도 같이 이동합니다.

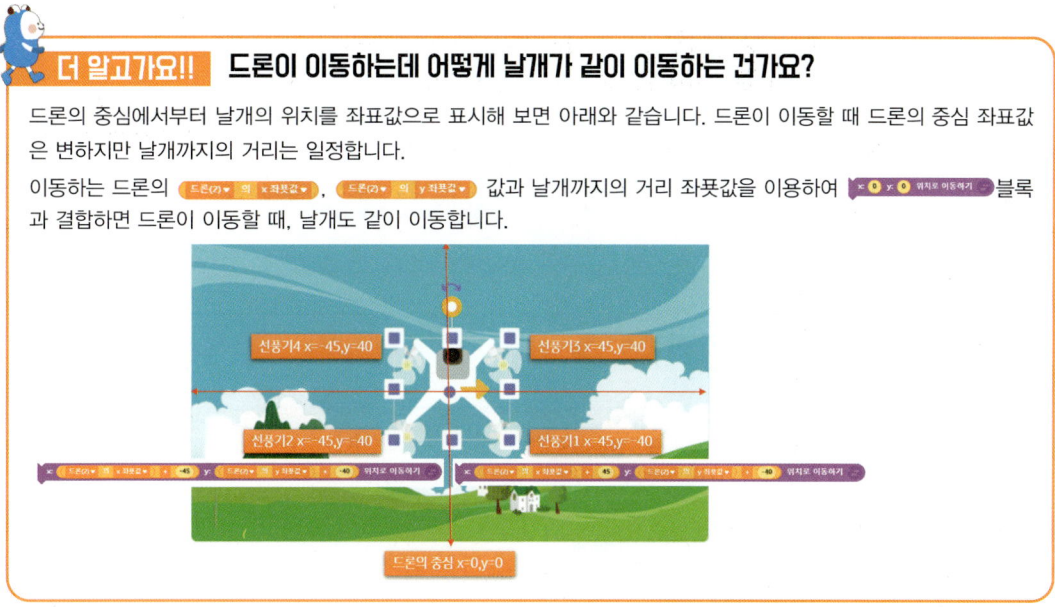

전체 코드

▶ 완성 파일 : 얼굴로 조종하는 드론.ent

144 인공지능 엔트리와 40개의 작품들

[들판(1)] 	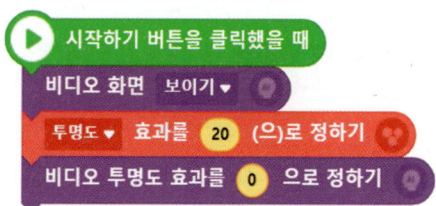

 결과 확인하기

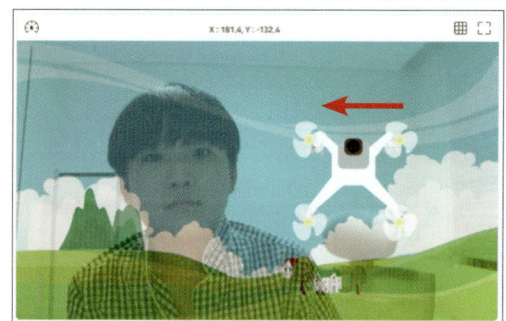 

❶ 코의 x좌표가 0보다 작으면 왼쪽으로 이동합니다. ❷ 코의 x좌표가 0보다 크면 오른쪽으로 이동합니다.

기온에 따른 미세먼지 알리미

| 핵심기능 | 데이터 분석 | 난이도 | ★★★☆☆ |

학습목표
경기도의 기온과 경기도의 미세먼지 데이터를 하나의 그래프로 그려보면서 기온에 따른 미세먼지의 농도를 확인해봅니다. 여러개의 데이터를 분석해보면서 데이터를 바라보는 다양한 시각을 기를 수 있습니다.

 작품 미리보기

경기도의 기온에 따른 미세먼지 농도의 그래프를 그려 확인해 봅니다.

 **실행 영상 미리보기**

- QR 코드 :

- 링크주소 : https://youtu.be/4qwFq6g5jEQ

작품만들기

◆ 데이터 불러오기

01 탭에서 [테이블 불러오기]를 클릭하여 데이터를 불러옵니다.

02 [테이블 추가하기] 버튼을 눌러 데이터를 추가합니다.

03 [월평균 기온], [월평균 미세먼지 농도] 2개의 데이터를 선택하여 추가합니다.

월평균 기온 데이터의 경우 2018-01부터 2019-12까지 총 24개의 데이터가 존재합니다.

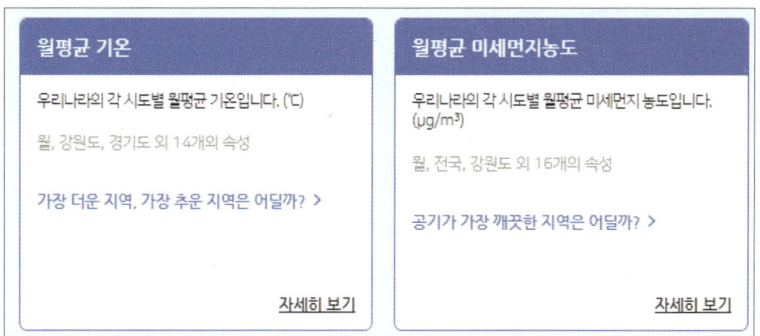

월평균 기온과 월평균 미세먼지 농도의 데이터 중 경기도의 데이터가 공통으로 있으므로 경기도의 데이터를 비교하여 봅니다.

04 월평균 기온의 경기도에 [오른쪽에 열 추가하기]를 클릭하여 열을 하나 추가합니다.

05 [[경기도]를 [경기도 기온]으로 변경합니다. 추가한 열의 이름은 [경기도 미세먼지]로 수정합니다. 경기도 미세먼지 값을 모두 0으로 입력합니다. 수정한 다음 [저장하기]를 클릭하여 테이블을 저장합니다.

06 [차트] 탭으로 이동하여 [선] 그래프를 추가후 가로축은 [월] 계열은 [경기도 기온], [경기도 미세먼지]를 선택합니다.

148 인공지능 엔트리와 40개의 작품들

경기도 기온 데이터는 데이터가 있어 그래프가 그려집니다. 경기도 미세먼지 데이터는 데이터가 입력되어 있지 않기 때문에 0으로 그려집니다.

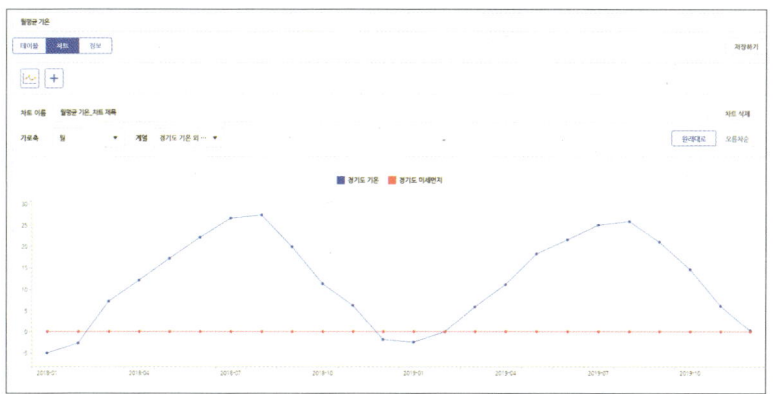

07 [저장하기] 버튼을 눌러 데이터를 저장합니다.

월평균 미세먼지 농도의 데이터를 확인해봅니다. 2010-01월부터 2019-11월까지의 데이터를 제공합니다.

온도의 데이터는 2018-01월부터 2019-12월까지 데이터가 있습니다. 미세먼지 데이터는 2018-01 데이터는 98행부터 시작합니다.

미세먼지 데이터는 2019-11월까지 데이터가 존재합니다.

미세먼지 데이터는 변경하지 않습니다.

08 [적용하기] 버튼을 클릭하여 데이터를 적용합니다.

◆ **코딩하기**

09 [자료]에서 [변수 만들기]를 클릭하여 [증가]의 이름으로 변수를 생성합니다.

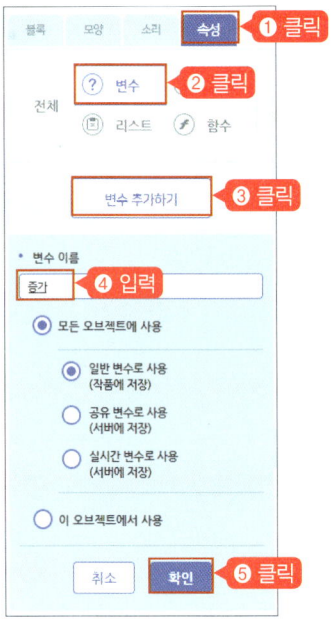

10 다음과 같이 코딩합니다.

23번 반복하는 이유는 미세먼지 데이터가 2018-01~2019-12월까지 23개의 데이터가 있기 때문입니다.

[월평균 기온] 차트의 비어있는 경기도 미세먼지 데이터를 [월평균 미세먼지 농도] 차트의 데이터를 가져와서 채워넣습니다. 98부터는 2018-01월로 날짜를 맞추기 위함입니다.

전체 코드 ▶ 완성 파일 : 기온에 따른 미세먼지 예측하기.ent

엔트리봇

 결과 확인하기

2018-01부터 2019-11월 까지의 경기도 기온과 경기도 미세먼지 데이터를 비교한 그래프입니다.

경기도의 미세먼지 데이터는 2019-12월 데이터가 없으므로 마지막 데이터를 제외한 나머지 데이터를 분석할 수 있습니다.

데이터의 분석은 데이터를 바라보는 시각을 늘려주는 역할로 그래프로 그려보니 기온이 낮으면 미세먼지가 높고 기온이 높으면 미세먼지의 값이 낮음을 알 수 있습니다. 여러개의 데이터를 놓고 하나의 그래프로 그려보니 데이터 분석이 쉬워졌습니다.

AI파파고 다국어 번역기

핵심기능 ▶ 오디오 감지, 읽어주기, 번역　　**난이도** ▶ ★★★☆☆

학습목표 인공지능 오디오 감지, 읽어주기, 번역 기능을 사용하여 영어, 일본어, 중국어로도 번역해 주는 프로그램을 만들어 봅니다.

작품 미리보기

원하는 언어(영어:E, 일본어:J, 중국어:C)를 키보드로 누른 후 한국말로 말합니다.
내가 원하는 언어로 번역된 결과를 보여주고, 읽어줍니다.

실행 영상 미리보기

- QR 코드 :

- 링크주소 : https://youtu.be/leDzgWq4G5k

작품만들기

◆ 오브젝트 추가하기

01 [테블릿], [앵무새], [글상자] 오브젝트 추가합니다.

02 오브젝트를 원하는 위치에 놓고 장면을 구성합니다.

◆ 오브젝트 수정하기

03 [글상자] 오브젝트를 선택한 후 글씨체, 여러 줄 쓰기, 글자크기를 설정하고 번역기 사용 설명을 써 줍니다.

◇ 인공지능 기능 추가하기

04 🤖 인공지능 탭에서 [인공지능 블록 불러오기]를 클릭하여 [번역], 오디오감지[음성인식], [읽어주기]를 불러옵니다.

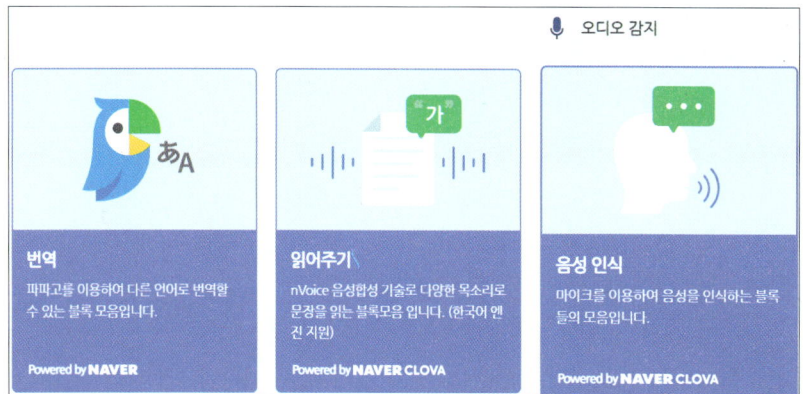

◇ 코딩하기

05 🦜 [앵무새] 오브젝트를 코딩합니다. 읽어주기 기능을 이용하여 사용 방법을 설명합니다.

```
시작하기 버튼을 클릭했을 때
여성▼ 목소리를 보통▼ 속도 보통▼ 음높이로 설정하기
안녕하세요. AI파파고 번역기 입니다. 읽어주고 기다리기
언어를 선택 후 궁금한 단어를 말하세요. 읽어주고 기다리기
```

앵무새 움직임 효과를 주기 모양 바꾸기를 반복해서 실행합니다.

```
시작하기 버튼을 클릭했을 때
12 번 반복하기
  다음▼ 모양으로 바꾸기
  0.5 초 기다리기
```

키캡 E 키를 눌렀을 때 음성인식 기능을 동작시켜 음성 인식된 결과 값을 한국어로 말하고, 영어로 번역하여 보여주고, 영어로 말해줍니다.

```
e▼ 키를 눌렀을 때
한국어▼ 음성 인식하기
음성을 문자로 바꾼 값 읽어주고 기다리기
한국어▼ 음성을 문자로 바꾼 값 을(를) 영어▼ (으)로 번역한 값 을(를) 말하기▼
한국어▼ 음성을 문자로 바꾼 값 을(를) 영어▼ (으)로 번역한 값 읽어주고 기다리기
말풍선 지우기
언어를 선택 후 궁금한 단어를 말하세요. 읽어주고 기다리기
```

키캡 J 키를 눌렀을 때 음성인식 기능을 동작시켜 음성 인식된 결과 값을 한국어로 말하고, 일본어로 번역하여 보여주고, 일본어로 말해줍니다.

키캡 C 키를 눌렀을 때 음성인식 기능을 동작시켜 음성 인식된 결과 값을 한국어로 말하고, 중국어로 번역하여 보여주고, 중국어로 말해줍니다.

전체 코드

▶ 완성 파일 : AI파파고 다국어 번역기.ent

결과 확인하기

❶ 키보드 E J C 를 누르면 음성인식 기능이 동작합니다.

❷ 인식된 결과 값을 영어로 번역하여 읽어주고 화면에 표시해 줍니다.

❸ 인식된 결과 값을 일본어로 번역하여 읽어주고 화면에 표시해 줍니다.

❹ 인식된 결과 값을 중국어로 번역하여 읽어주고 화면에 표시해 줍니다.

내가 보고 맞춰 볼게

핵심기능 비디오 감지　**난이도** ★★☆☆☆

학습목표 [인공지능]의 [비디오 감지] 기능을 이용하여 사물을 인식한 후에 지정한 물건이 있으면 찾아서 표시해주는 작품을 만듭니다.

 작품 미리보기

[비디오 감지] 기능을 이용하여 내가 보여주는 물건을 알아 맞춰 봅니다.

 **실행 영상 미리보기**

• QR 코드 :

• 링크주소 : https://youtu.be/XOy3xZhcV7o

작품만들기

◇ 오브젝트 수정하기

01 [모양] 탭 〉 [모양 추가하기] 버튼을 클릭하여 [엔트리봇 친구들] 탭에서 [다양한 표정 엔트리봇_궁금], [다양한 표정 엔트리봇_신남], [다양한 표정 엔트리봇_인사] 모양을 추가합니다.

추가한 엔트리봇을 그대로 사용해도 되지만 모양의 크기를 맞추고 이름을 쉽게 확인하기 위해 이름과 크기를 조정해 봅니다.

모양	원래 이름	변경한 이름	크기
	다양한 표정 엔트리봇_궁금	엔트리봇_궁금	100
	다양한 표정 엔트리봇_신남	엔트리봇_신남	116.8
	다양한 표정 엔트리봇_인사	엔트리봇_인사	102.6

◇ 변수 추가하기

02 비디오 감지 시 사물을 인식중일 경우 다른 작업이 안되도록 하기 위한 변수 [사물인식중]을 추가합니다. [사물인식중]이 맞으면 '1', 아닌 경우에는 '0'을 사용합니다.

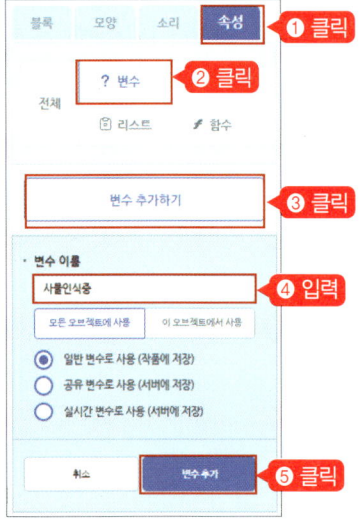

◇ 신호 추가하기

03 물건을 맞추기 위한 장면별 신호를 주기 위해 [속성] 탭 > [신호] > [신호 추가하기] 버튼을 클릭하여 [인사], [궁금해] 신호들을 추가합니다.

◆ 인공지능 비디오 감지 사물 인식 기능 추가하기

04 탭에서 [인공지능 블록 불러오기]를 클릭하여 [비디오 감지] > [사물 인식]을 선택한 뒤에 [불러오기] 버튼을 클릭합니다.

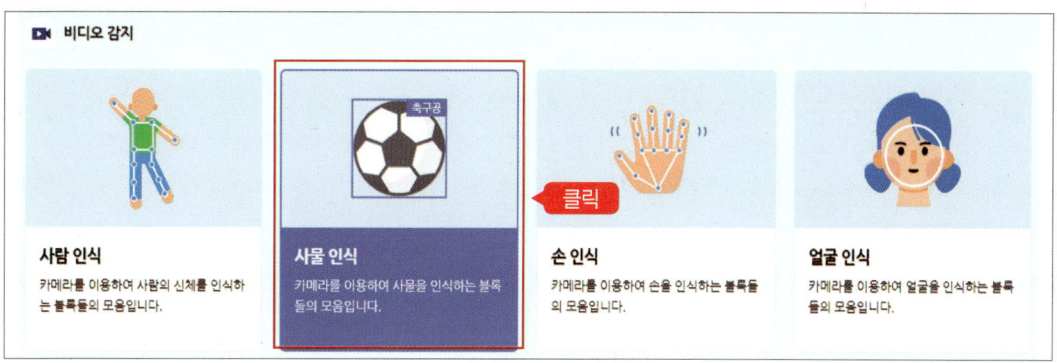

◆ 코딩하기

05 [엔트리봇] 오브젝트 코딩입니다. 비디오 감지를 위한 비디오가 연결이 되었다면 [인사] 신호를 보냅니다.

06 신호 [인사 신호를 받았을 때] 코딩합니다. 엔트리봇 모양을 [엔트리봇_인사]로 변경하고 인사를 말합니다. 사물인식중이 아니므로 변수 [사물인식중]에 '0'을 할당합니다.

07 시작 키인 [Space 키를 눌렀을 때] 사물 인식을 시작하는 코딩입니다. 사물 인식 중이 아니라면 신호 [궁금해]를 보냅니다.

Chapter 03_인공지능 & 데이터 분석 응용하기 **161**

08 함수 [사물찾았다] 코딩입니다. [사물찾았다] 함수는 사물을 찾았을 때 찾은 사물을 말하고 기존 상태를 초기화한 뒤에 신호 [인사]를 보내는 함수입니다.

[속성] 탭 > [함수] > [함수 추가하기] 버튼을 클릭하여 [사물찾았다] 함수를 만듭니다.

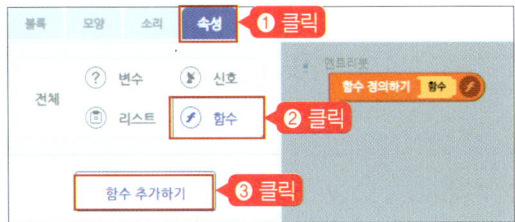

모양 [엔트리봇_신남]으로 바꾸고 찾은 사물명을 표시한 뒤에 [사물인식중]을 '0'으로 정해서 더 이상 사물 인식 중이 아님으로 변경하고 비디오 인식 중단 후 다시 신호 [인사]를 보냅니다.

09 신호 [궁금해] 코딩입니다. 엔트리봇 모양을 [엔트리봇_궁금]으로 변경하고 비디오 감지 작업을 한 뒤에 사물 인식 중임을 나타내는 변수 [사물인식중]을 '1'로 정합니다.

인식한 사물이 찾고자 하는 사물인지를 계속적으로 비교하며 찾는 사물이 맞는 경우 함수 [사물찾았다]를 호출합니다. 사물을 찾은 뒤의 이동은 함수 [사물찾았다]에서 진행합니다. 사물 인식의 경우 여러 사물을 동시에 찾을 수 있으므로 조건문을 중첩하지 않습니다.

전체 코드

▶ 완성 파일 : 내가 보고 맞춰 볼게.ent

다양한 표정 엔…

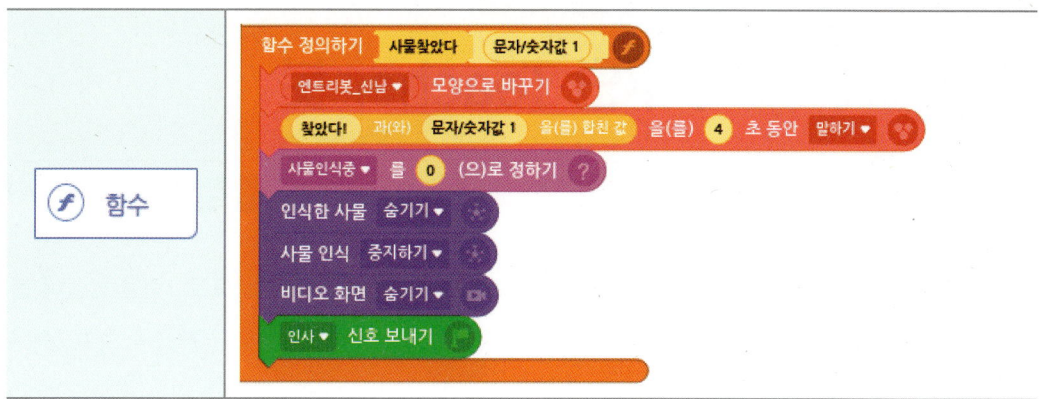

함수

결과 확인하기

❶ 물건 찾기를 위해 Space 키를 누릅니다.

❷ 찾는 물건이 나올 때까지 기다립니다.

❸ 찾는 목록에 있는 물건을 찾았습니다.

작품 21

구구단 Teacher 봇

핵심기능 ▶ 오디오 감지, 읽어주기　　**난이도** ★★★☆☆

 외우고 싶은 구구단의 단 수를 숫자로 말해주면 구구단을 알려주는 프로그램을 만들어 봅니다.

 작품 미리보기

AI로봇을 클릭하고 외우고 싶은 구구단의 단 수를 숫자로 말해주면 구구단을 외울 수 있도록 말해 줍니다.

 **실행 영상 미리보기**

• QR 코드 :

• 링크주소 : https://youtu.be/CqK4K5EUSF0

작품만들기

◇ 오브젝트 추가하기

01 [오브젝트 추가하기] 버튼을 클릭하여 [소놀AI로봇], [숫자나라] 오브젝트를 추가합니다.

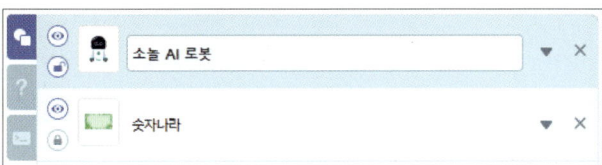

02 오브젝트를 원하는 위치에 놓고 장면을 구성합니다.

◇ 변수 추가하기

03 [속성] > [변수] > [변수 추가하기] > [몇단], [배수] 변수를 추가합니다.
음성인식 된 값을 텍스트로 저장할 변수로 이용됩니다.

◆ 인공지능 기능 추가하기

04 인공지능 탭에서 [인공지능 블록 불러오기]를 클릭하여 [오디오 감지], [읽어주기]를 불러옵니다.

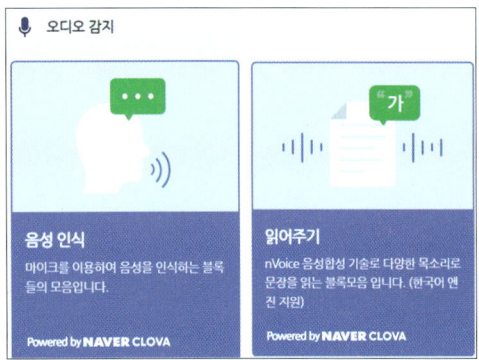

◆ 코딩하기

05 [소놀AI로봇] 오브젝트를 코딩합니다. 실행 화면이 시작되면 마이크가 연결되었는지 확인하고, Teacher봇의 사용법을 말해 줍니다.

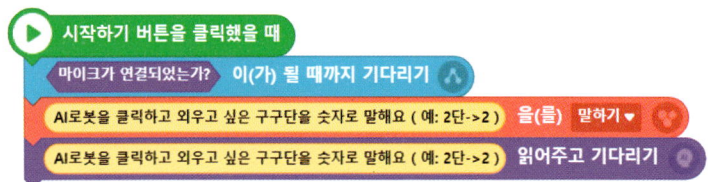

오브젝트를 클릭했을 때, 구구단에 사용될 변수 값을 정해 줍니다.

몇 단을 외워야 할지 음성인식으로 입력받은 숫자를 문자로 바꾼 값을 [몇단] 변수의 값으로 정합니다.

몇 배를 할지 정해주는 [배수] 변수에는 초기값 1을 정합니다.

몇 단을 외워야 할지 정해졌으면 9번 반복하며 구구단을 외웁니다. 텍스트로 보여 주고, 구구단을 읽어줍니다.

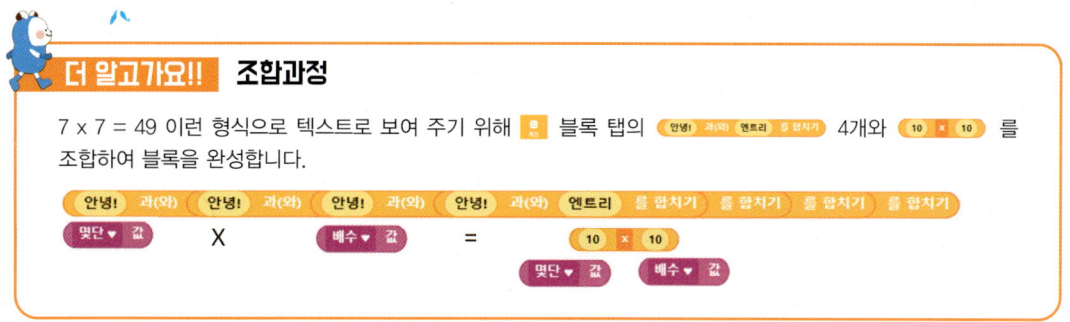

> **더 알고가요!!** **조합과정**
>
> 7 x 7 = 49 이런 형식으로 텍스트로 보여 주기 위해 블록 탭의 안녕! 과(와) 엔트리 를 합치기 4개와 10 x 10 를 조합하여 블록을 완성합니다.

 전체 코드   ▶ 완성 파일 : 구구단 Teacher봇.ent

 결과 확인하기

❶ 외우고 싶은 구구단의 단 수를 정확히 숫자로 말합니다.

❷ 구구단을 보여주고, 말해줍니다.

영어 암기로봇 만들기

핵심기능 오디오 감지, 읽어주기, 번역 **난이도** ★★★ ☆☆

 한국어로 말하면 내가 원하는 만큼 반복하여 영어 단어와 문장을 말해 주는 영어 암기 로봇을 만듭니다. 인공지능 [오디오 감지] 기능을 이용하여 음성을 인식시키기, [번역]을 이용하여 한국어를 영어로 번역하기, [읽어주기] 기능을 이용하여 영어를 반복하여 말해 줍니다.

 작품 미리보기

마우스를 클릭하면 암기 로봇이 반복 횟수를 입력 받습니다. [오디오 감지] 기능을 통해 한국어를 말하면 영어로 번역되어 칠판에 보여지고, 반복 횟수 만큼 말해 줍니다.

 **실행 영상 미리보기**
- QR 코드 :
- 링크주소 : https://youtu.be/Yt83845oz8o

 작품만들기

◇ 오브젝트 추가하기

01 [오브젝트 추가하기] 버튼을 클릭하여 [칠판1], [소놀AI로봇(2)], [글상자], [글상자1] 오브젝트를 추가합니다.

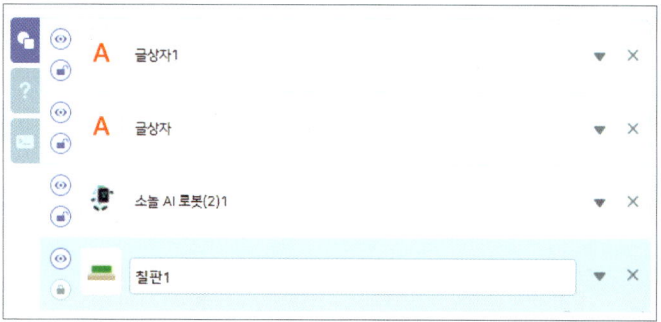

[글상자] 오브젝트를 추가하는 방법은 [오브젝트 추가하기] 〉 [글상자]를 클릭하여 추가합니다. 글상자 안의 배경색, 글자색도 변경 가능합니다.

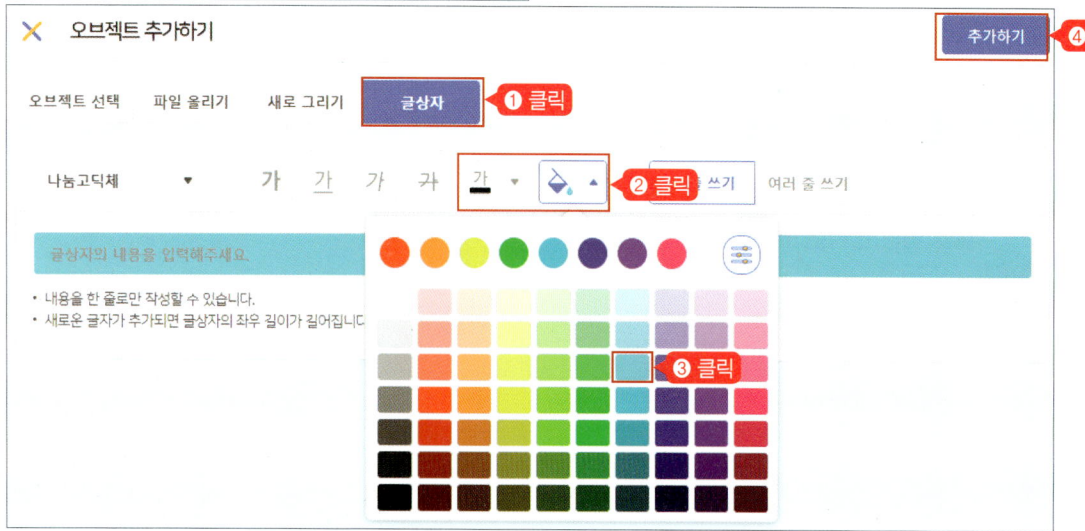

◇ 오브젝트 수정하기

02 글상자 오브젝트의 이름을 [영어표시], [우리말표시]로 변경해 줍니다.

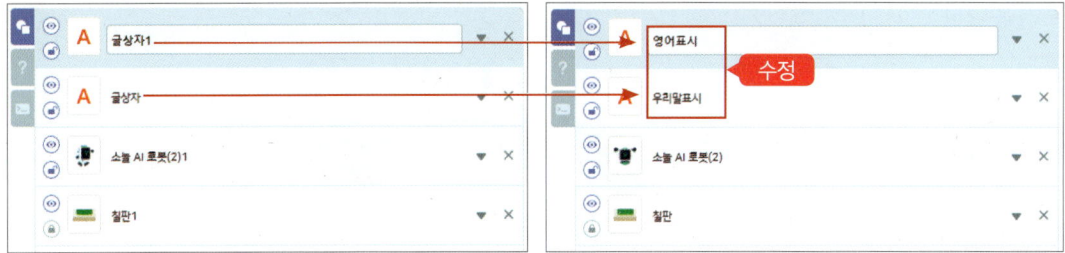

03 오브젝트를 원하는 위치에 놓고 장면을 구성합니다.

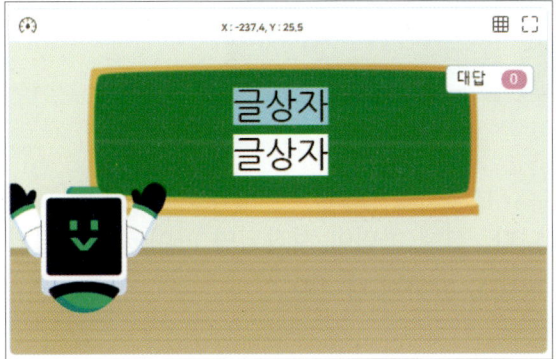

◇ 신호 추가하기

04 [속성] > [신호] > [신호 추가하기] > [번역하기] 신호를 추가합니다. [우리말 표시], [영어 표시] 오브젝트가 신호를 이용합니다.

◇ 인공지능 기능 추가하기

05 탭에서 [인공지능 블록 불러오기]를 클릭하여 [번역], [오디오 감지], [읽어주기]를 불러옵니다.

◇ 코딩하기

06 [소놀AI로봇(2)] 오브젝트를 코딩합니다. 실행 화면이 시작되면 마이크가 연결되었는지 확인하고, 암기로봇이 작동하기 위한 방법을 말하기 합니다.

마우스를 클릭했을 때 암기로봇의 모양을 바꾸고, 암기 횟수를 입력 받기 위해 묻고 대답 기다리기를 합니다. 암기 횟수가 입력되면 번역하고 싶은 말을 마이크를 통해 음성 인식하고 번역하기 신호를 보냅니다.

음성 인식된 한국어를 [인공지능] > [읽어주기] 기능으로 말해 주고, [인공지능] > [번역] 기능으로 영어로 번역하여 반복 횟수만큼 영어로 읽어줍니다.

07 **A** [우리말표시 글상자] 오브젝트를 코딩합니다. 마우스를 클릭했을 때 글상자 텍스트를 모두 지웁니다.

[번역하기] 신호를 받으면 음성 그대로 문자로 바꾼 값을 글상자에 글쓰기하여 보여줍니다.

08 **A** [영어표시 글상자] 오브젝트를 코딩합니다. 마우스를 클릭했을 때 글상자 텍스트를 모두 지웁니다.

[번역하기] 신호를 받으면 한국어를 영어로 번역한 값을 글상자에 글쓰기하여 보여줍니다.

Chapter 03_인공지능 & 데이터 분석 응용하기 175

전체 코드

▶ 완성 파일 : 영어 암기로봇 만들기.ent

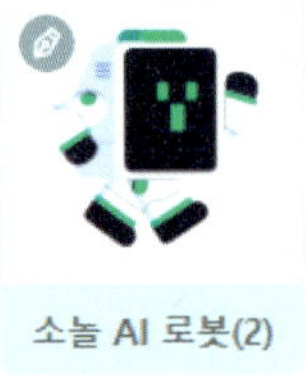

소놀 AI 로봇(2)

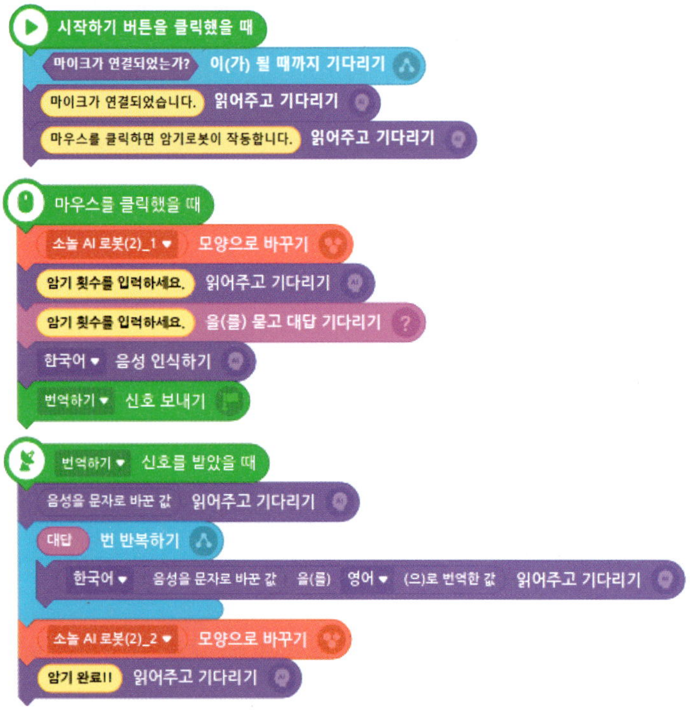

```
시작하기 버튼을 클릭했을 때
  마이크가 연결되었는가? 이(가) 될 때까지 기다리기
  마이크가 연결되었습니다. 읽어주고 기다리기
  마우스를 클릭하면 암기로봇이 작동합니다. 읽어주고 기다리기

마우스를 클릭했을 때
  소놀 AI 로봇(2)_1 ▼ 모양으로 바꾸기
  암기 횟수를 입력하세요. 읽어주고 기다리기
  암기 횟수를 입력하세요. 을(를) 묻고 대답 기다리기
  한국어 ▼ 음성 인식하기
  번역하기 ▼ 신호 보내기

번역하기 ▼ 신호를 받았을 때
  음성을 문자로 바꾼 값 읽어주고 기다리기
  대답 번 반복하기
    한국어 ▼ 음성을 문자로 바꾼 값 을(를) 영어 ▼ (으)로 번역한 값 읽어주고 기다리기
  소놀 AI 로봇(2)_2 ▼ 모양으로 바꾸기
  암기 완료!! 읽어주고 기다리기
```

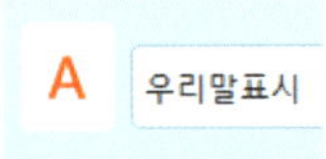

A 우리말표시

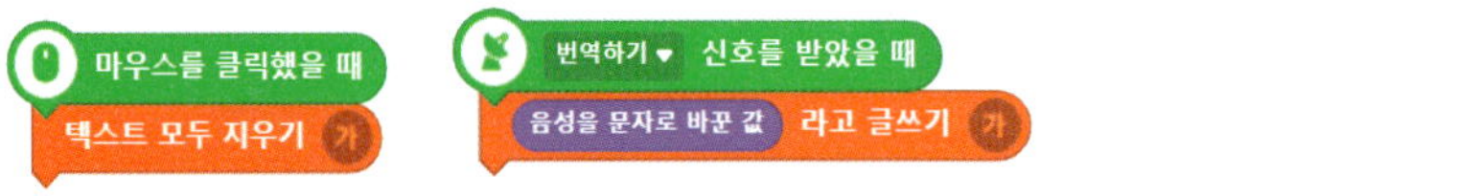

```
마우스를 클릭했을 때          번역하기 ▼ 신호를 받았을 때
  텍스트 모두 지우기             음성을 문자로 바꾼 값 라고 글쓰기
```

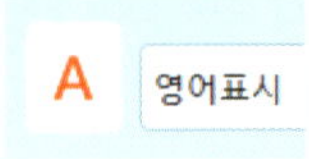

A 영어표시

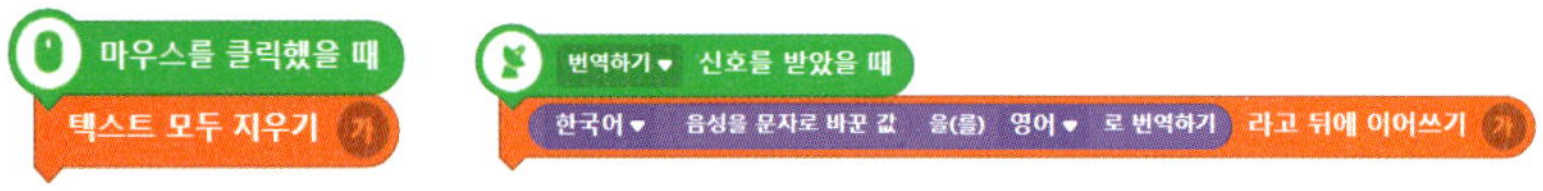

```
마우스를 클릭했을 때          번역하기 ▼ 신호를 받았을 때
  텍스트 모두 지우기             한국어 ▼ 음성을 문자로 바꾼 값 을(를) 영어 ▼ 로 번역하기 라고 뒤에 이어쓰기
```

결과 확인하기

❶ 암기 횟수를 입력한 후 음성으로 번역할 문장을 말합니다.

❷ 한국어을 영어로 번역하여 암기 횟수만큼 읽어 줍니다.

구름아, 나를 따라해 봐

핵심기능 비디오 감지   난이도 ★★★ ☆☆

인공지능의 [비디오 감지] 기능 중 사람의 동작을 인식하여 동작에 따른 반응을 나타낼 수 있는 작품을 만듭니다.

 작품 미리보기

구름이는 따라쟁이~ 구름이는 미남이의 동작을 따라해 보고 싶어해요. 미남이가 오른팔, 왼팔 그리고 양팔을 올리거나 내리면 그 동작을 구름이가 따라서 팔을 올리고 내립니다.

실행 영상 미리보기

- QR 코드 :

- 링크주소 : https://youtu.be/fHxWruSS3Bg

작품 만들기

◇ **배포 그림 이미지**

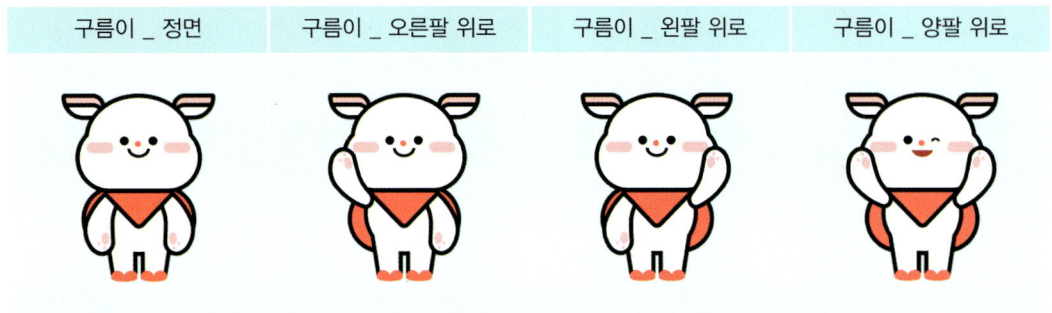

구름이 _ 정면	구름이 _ 오른팔 위로	구름이 _ 왼팔 위로	구름이 _ 양팔 위로

◇ **오브젝트 수정하기**

01 [엔트리봇] 오브젝트를 수정합니다. 블록의 [모양] 탭 〉 [모양 추가하기] 버튼 클릭 〉 [파일 올리기] 버튼 클릭 후 화면에서 [파일 올리기] 이미지 아이콘을 클릭하여 [구름이_정면.png], [구름이_오른팔위로.png], [구름이_왼팔위로.png], [구름이_양팔위로.png]를 선택해서 [열기] 버튼을 클릭합니다. 선택한 파일을 확인한 후에 [추가] 버튼을 클릭합니다.

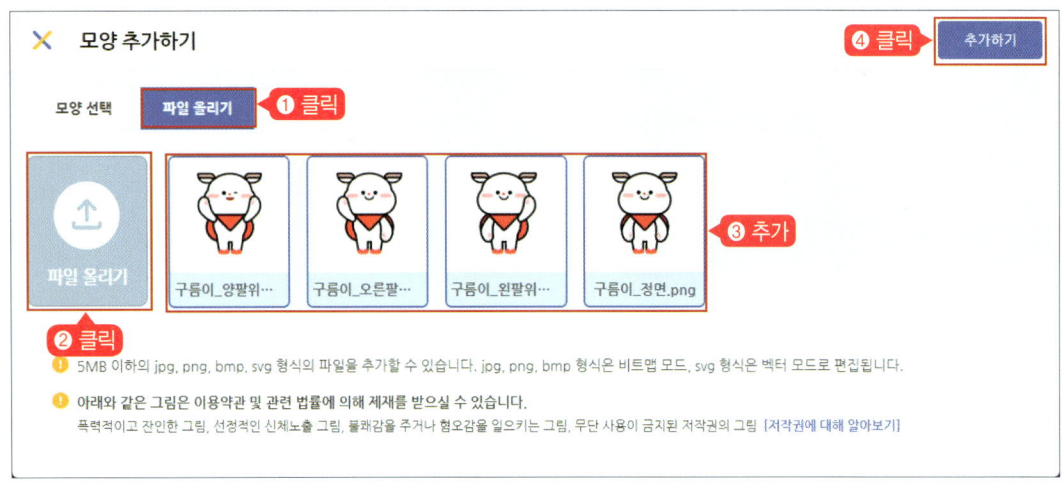

엔트리봇 밑에 추가된 구름이 4개 모양을 확인한 후에 구름이를 왼쪽으로 이동시키고 크기를 적당하게 조정합니다.

◇ 변수 추가하기

02 올린 팔의 상태를 보관하기 위한 변수 [올린팔번호]를 추가합니다. 올린 팔 상태는 숫자로 정하며, 올린 왼팔은 '1', 오른팔은 '2', 양팔은 '3'이며 내린 팔은 '0'으로 정합니다.

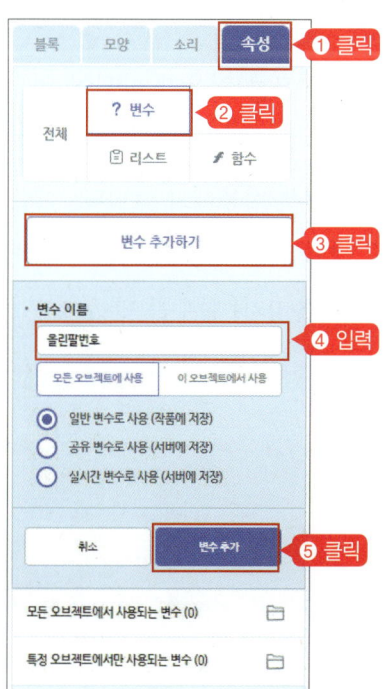

◆ 인공지능 비디오 감지 사람 인식 기능 추가하기

03 탭에서 [인공지능 블록 불러오기]를 클릭하여 [비디오 감지] > [사람 인식]을 선택한 뒤에 [불러오기] 버튼을 클릭합니다.

◆ 코딩하기

04 함수 코딩부터 먼저 진행합니다.

비디오의 팔동작을 인식하기 위한 함수 [올린팔상태]와 팔상태에 따라 구름이 팔올리기를 위한 함수 [구름이팔올리기]입니다.

사람이 올린 팔의 손목이 Y 좌표 기준 '0'보다 큰 값이면 팔을 들어 올린 것으로 합니다.

올린 팔 번호는 '1'이면 왼팔, '2'이면 오른팔, '3'이면 양팔을 올린 것으로 간주하고 '0'이면 팔을 올리지 않은 것으로 봅니다.

코딩시 주의해야 할 부분은, 엔트리에서의 비디오 감지는 기본적으로 좌우가 바뀌어 있으므로, 실제 화면에 표시할 때는 올린팔의 방향을 반대로 표시해 주어야 합니다. 경우에 따라 카메라가 뒤집히는 경우도 있으므로 코딩을 할 때 실험을 하면서 적용해야 합니다.

블록의 [속성] 탭 > [함수] > [함수 추가하기] 버튼을 클릭하여 [올린팔상태]와 [구름이팔올리기] 함수를 만듭니다.

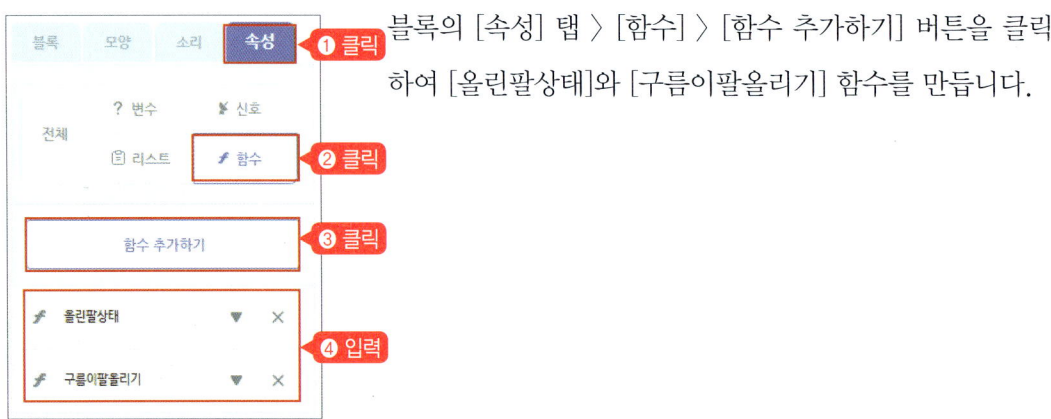

[올린팔상태] 함수입니다.

코딩에서 팔올림을 계산하기 전에 기본값으로 팔을 올리지 않았다는 의미인 '0'을 [올린팔번호]에 미리 설정해 놓습니다.

다음으로 왼쪽 손목의 Y 좌표가 '0'보다 크면 변수 [올린팔번호]에 '1'을 더하여 왼팔 올림값을 설정하고 오른쪽 손목의 Y 좌표가 '0'보다 크면 변수 [올린팔번호]에 '2'를 더하여 오른팔 올림값을 설정합니다.

[구름이팔올리기] 함수입니다.

[올린팔상태]가 "0"이면 [구름이_정면], "1"이면 [구름이_오른팔위로], "2"이면 [구름이_왼팔위로], 모두 아니면 "3"이므로 [구름이_양팔위로]하는 모양으로 변경합니다.

앞서 언급했었던 오른팔과 왼팔이 바뀜에 주의해야 합니다.

05 [엔트리봇] 오브젝트 코딩입니다.

먼저 구름이 모양을 [구름이_정면 모양으로 바꾸기] 합니다.

비디오 감지를 위한 카메라가 연결이 되었다면 [비디오 화면 보이기] 블록과 [사람 인식 시작하기] 블록을 추가하고 사람이 인식될 때까지 기다리도록 합니다.

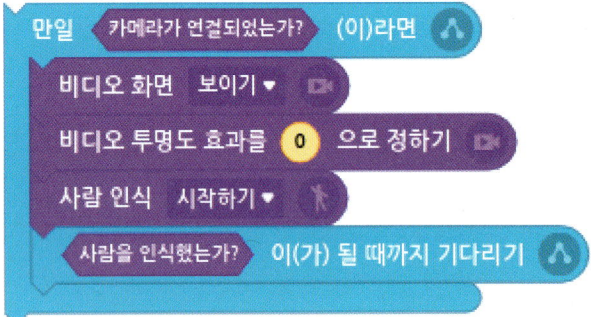

[구름이_정면]으로 모양을 바꾼 뒤에 [올린팔상태]와 [구름이팔올리기] 함수를 반복적으로 호출합니다.

전체 코드

▶ 완성 파일 : 구름아 나를 따라해 봐.ent

구름이_정면

- 시작하기 버튼을 클릭했을 때
- 구름이_정면 모양으로 바꾸기
- 만일 〈카메라가 연결되었는가?〉 (이)라면
  - 비디오 화면 보이기
  - 비디오 투명도 효과를 0 으로 정하기
  - 사람 인식 시작하기
- 〈사람을 인식했는가?〉 이(가) 될 때까지 기다리기
- 구름이_정면 모양으로 바꾸기
- 계속 반복하기
  - 올린팔상태
  - 구름이팔올리기

올린팔상태

- 함수 정의하기 올린팔상태
- 올린팔번호▼ 를 0 (으)로 정하기
- 만일 〈 1 번째 사람의 왼쪽 손목▼ 의 y▼ 좌표 > 0 〉 (이)라면
  - 올린팔번호▼ 를 (올린팔번호▼ 값 + 1) (으)로 정하기
- 만일 〈 1 번째 사람의 오른쪽 손목▼ 의 y▼ 좌표 > 0 〉 (이)라면
  - 올린팔번호▼ 를 (올린팔번호▼ 값 + 2) (으)로 정하기

구름이팔올리기

- 함수 정의하기 구름이팔올리기
- 만일 〈올린팔번호▼ 값 = 0〉 (이)라면
  - 구름이_정면 모양으로 바꾸기
  - 팔을 올려주세요~ 을(를) 말하기
- 아니면
  - 만일 〈올린팔번호▼ 값 = 1〉 (이)라면
    - 구름이_오른팔위로 모양으로 바꾸기
    - 오른팔 위로~ 을(를) 말하기
  - 아니면
    - 만일 〈올린팔번호▼ 값 = 2〉 (이)라면
      - 구름이_왼팔위로▼ 모양으로 바꾸기
      - 왼팔 위로~ 을(를) 말하기
    - 아니면
      - 구름이_양팔위로 모양으로 바꾸기
      - 양팔 위로~ 을(를) 말하기

결과 확인하기

❶ 구름이가 팔을 올려 달라고 말합니다.

❷ 미남이가 오른팔을 올리면 구름이도 오른팔을 올립니다.

❸ 미남이가 왼팔을 올리면 구름이도 왼팔을 올립니다.

❹ 미남이가 양팔을 올리면 구름이도 양팔을 올립니다.

큰 수의 법칙 알아보기

핵심기능 ▶ 데이터 분석　　**난이도** ★★★☆☆

학습목표

큰 수의 법칙이란 표본집단의 크기가 커지면(값이 많아지면) 그 표본의 평균 값은 균일해짐을 의미합니다. 따라서 취합하는 표본의 수가 많을수록 통계적 정확도는 올라가게 됩니다.
대수의 법칙이라고도 하나, 이는 일본어에서 파생된 용어로 직관적으로 와닿지 않고 대수학의 대수와도 헷갈리니 점차 '큰 수의 법칙'이라는 표현을 사용하는 추세입니다.

 작품 미리보기

1에서 5까지의 무작위의 숫자를 10번, 100번, 1000번 뽑아 각각 10번, 100번, 1000번 뽑을 때 각각의 숫자가 1/5의(20%) 확률에 가깝게 나타나는지 확인하여 봅니다.

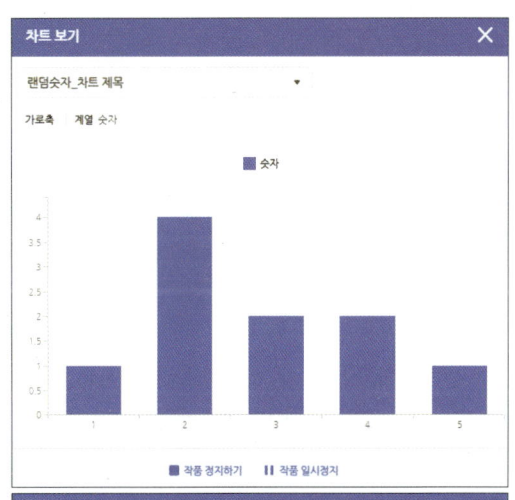

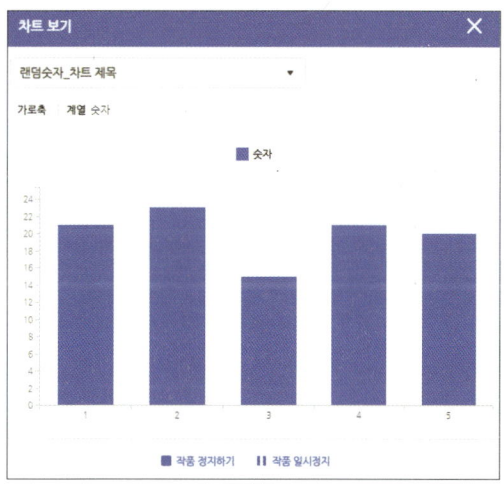

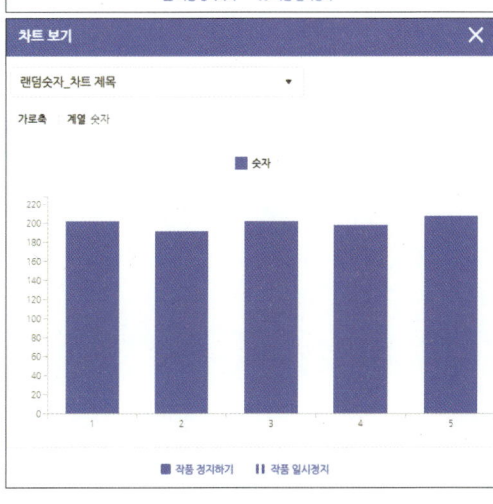

1~5까지 10번, 100번, 100번의 무작위 숫자를 뽑아 나오는 숫자를 그래프로 나타내었습니다. 10번보다 100번이 100번보다 1000번을 뽑았을 때 1/5(20%)의 확률로 숫자가 뽑힐 경우가 많았습니다.

실행 영상 미리보기

- QR 코드 :
- 링크주소 : https://youtu.be/yQiTWLY0fYk

작품 만들기

◇ 테이블 만들기

01 랜덤한 숫자의 갯수가 저장될 테이블을 만들어 봅니다. 블록의 [데이터분석] 탭에서 [테이블 불러오기]를 클릭합니다.

[테이블 추가하기] 버튼을 눌러 테이블을 추가합니다.

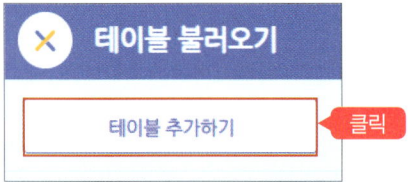

02 [새로 만들기] 탭으로 이동하여 [테이블 새로 만들기]버튼을 눌러 새로운 테이블을 추가합니다.

03 테이블의 이름을 "랜덤숫자"로 변경합니다. 테이블에 값을 입력합니다. A열의 1행은 1행의 이름입니다. 2~6행은 뽑힌 숫자가 저장되는 곳으로 0을 입력합니다. 오른쪽 위의 [저장하기] 버튼을 눌러 값을 저장합니다.

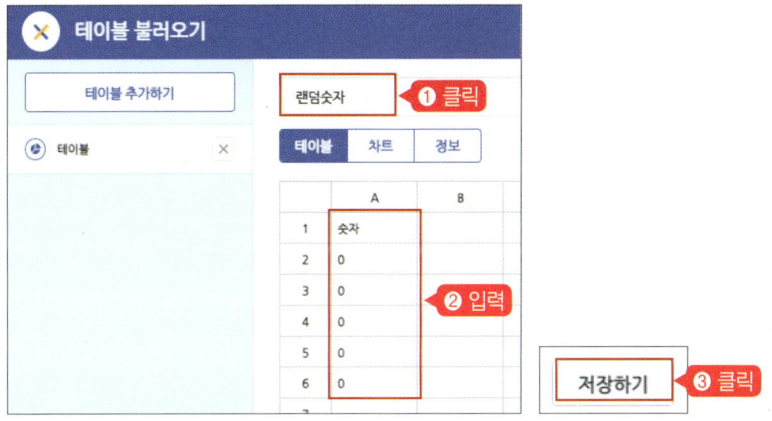

내용이 체워지지 않은 셀은 삭제되었습니다.

◆ 그래프 추가하기

04 [차트] 탭으로 이동하여 [+] 버튼을 누른 후 [막대] 그래프를 추가합니다.

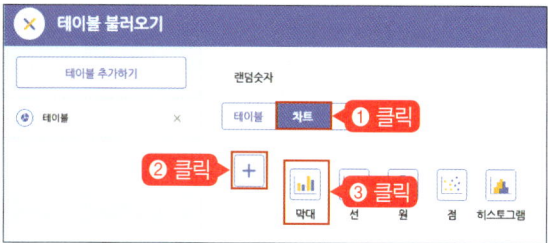

05 가로축은 [순서] 계열은 [숫자]로 변경한 후 [저장하기] 버튼을 눌러 저장합니다.

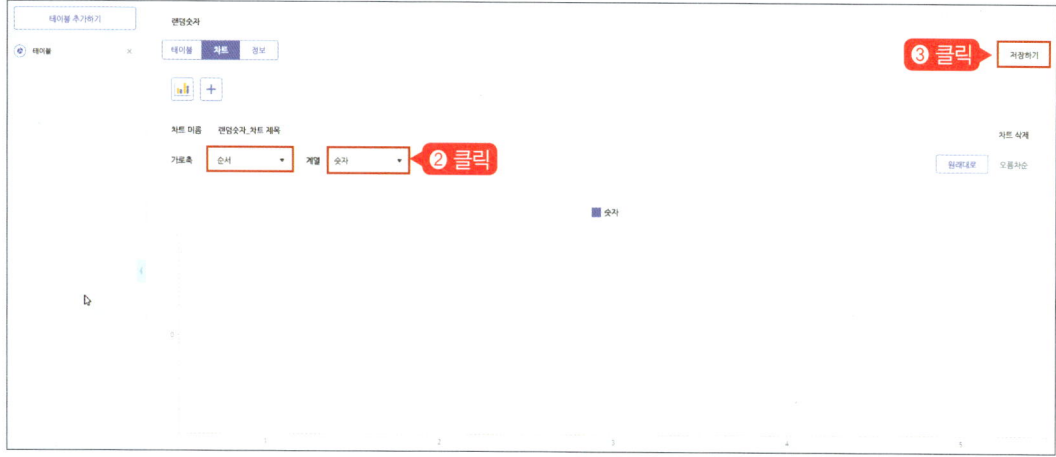

[확인] 버튼을 눌러 저장합니다.

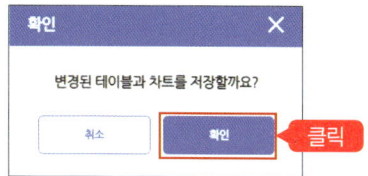

왼쪽 위의 [X] 버튼을 눌러 엔트리의 메인화면으로 이동합니다.

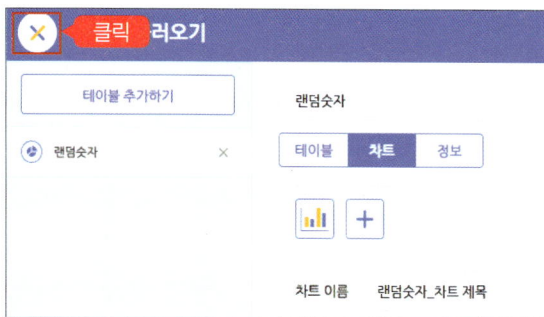

데이터분석 탭에 방금 추가한 테이블이 생성되었습니다.

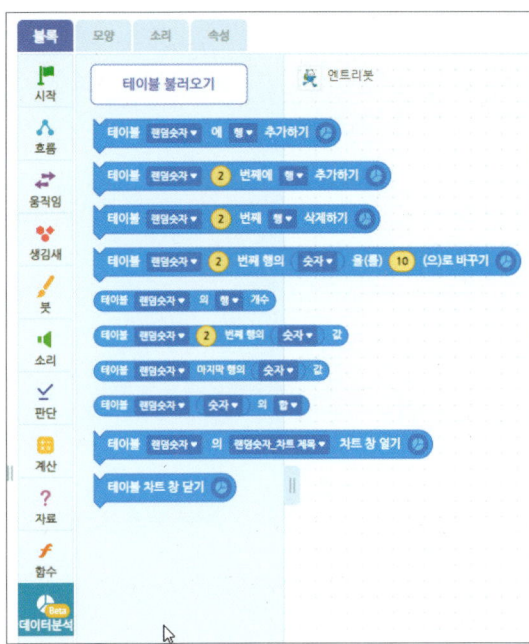

◆ 코딩하기

06 차트에 값을 표시하는 엔트리 프로그램을 만들어봅니다. 다음과 같이 코딩합니다.

2번째 행에는 1, 3번째 행에는 2, 4번째 행에는 3, 5번째 행에는 4, 6번째 행에는 5가 입력되었고 그래프를 그렸습니다. 1번째 행에는 행의 이름인 "숫자"의 문자가 저장되어 있습니

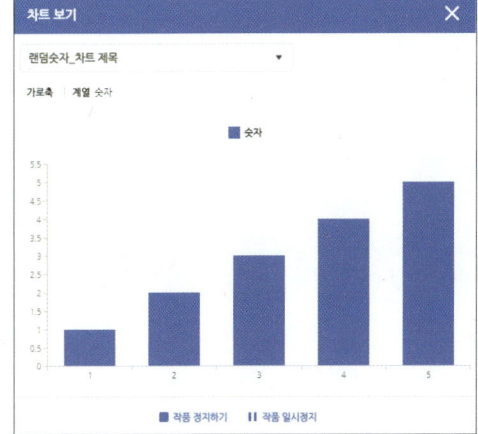

무작위의 숫자를 만드는 방법에 대해 알아봅니다. 무작위의 숫자를 저장할 변수를 하나 생성합니다.

07 [자료] 탭으로 이동하여 [변수 만들기] 버튼을 눌러 변수를 생성합니다.

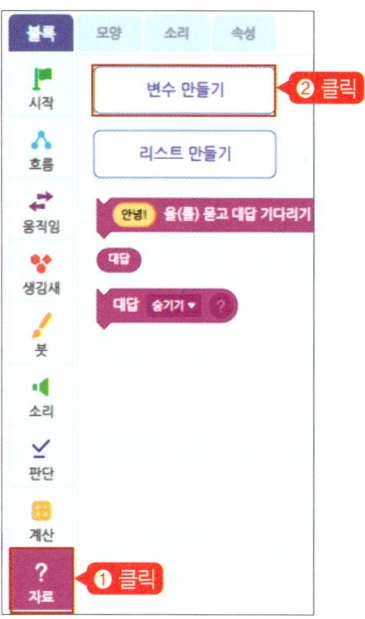

08 자동으로 [속성] 탭으로 이동하였습니다. 변수 이름을 "무작위숫자"로 입력한 후 [확인] 버튼을 눌러 저장합니다.

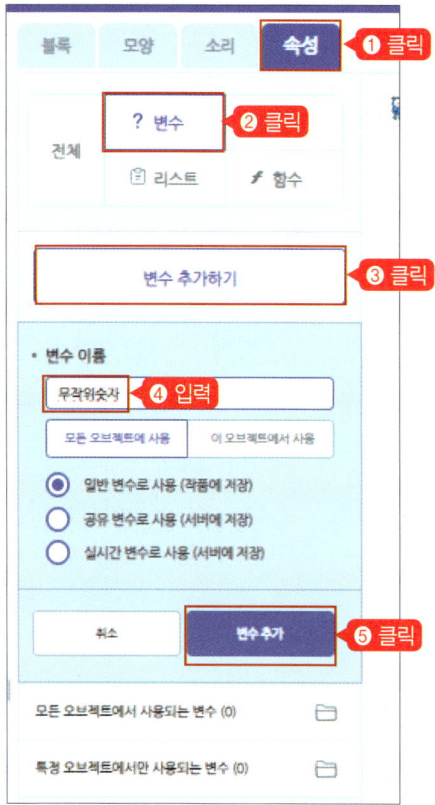

무작위숫자 변수가 생성되었고 기본으로 [◉]가 활성화되어 변수의 값이 실행영역에 표시됩니다.

[◉] 아이콘이 활성화되어 있으면 변수의 값이 실행영역에 표시됩니다.

[◌] 아이콘이 비활성화되어 있으면 변수의 값이 실행영역에 표시되지 않습니다.

블록 탭으로 이동하면 방금만든 "무작위숫자" 변수가 생성되었고 사용할 수 있습니다.

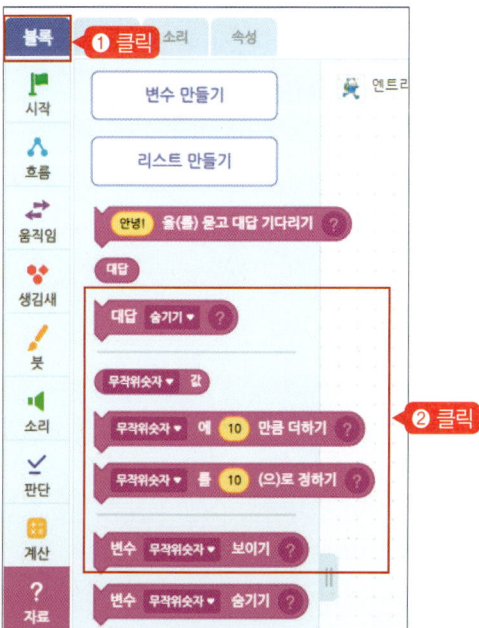

09 엔트리봇이 무작위숫자를 10번 말하는 코드를 만들어봅니다. 다음의 코드를 작성합니다.

엔트리봇이 1~5사이의 무작위숫자를 1초동안 말합니다. 총 10번 반복 후 종료됩니다.

10 무작위 숫자를 생성하였지만 1~5사이의 숫자가 몇 번씩 뽑혔는지 알 수 없었습니다. 변수를 추가하여 1~5의 숫자가 10번반복하는 동안 몇 번 출현하였는지 확인하는 코드를 만들어 봅니다. 자료에서 [변수 만들기]를 클릭하여 변수를 만듭니다.

"숫자1" 이름으로 [확인]을 눌러 변수를 생성합니다.

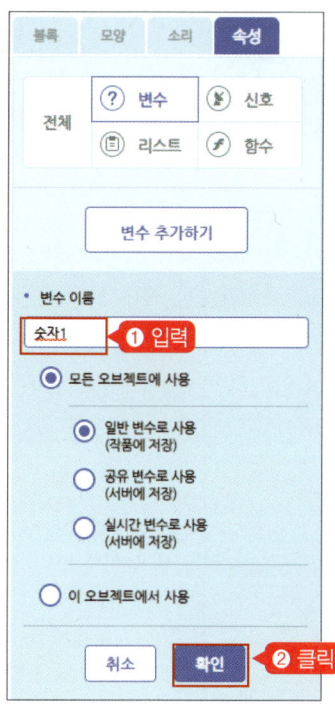

[변수 추가하기] 버튼을 눌러 변수를 추가합니다.

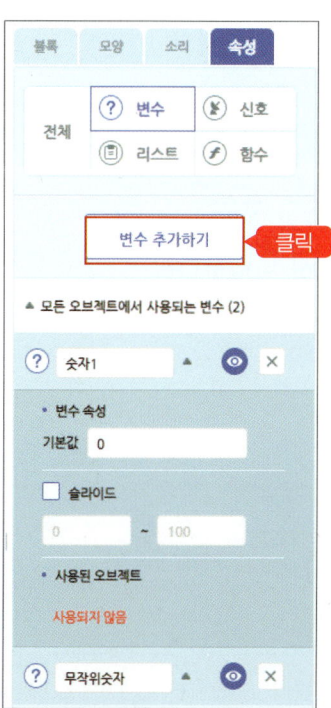

숫자1~ 숫자5까지 총 5개의 변수를 생성하였습니다.

⓫ 1~5까지의 무작위 숫자에서 나온 횟수를 누적하여 더해 각각의 숫자가 몇 번 출현하였는지 확인하는 코드를 만들어봅니다. 블록으로 돌아와 다음과 같이 코딩합니다.

[시작하기] 버튼을 눌러 결과를 확인합니다. 숫자1은 2번, 숫자2는 2번, 숫자3은 0번, 숫자 4는 2번, 숫자 5는 4번 출현하였습니다.

1~5까지의 숫자가 랜덤하게 뽑히므로 실행할 때마다 결과가 달라집니다.

12 숫자로만 확인하다 보니 결과값을 한눈에 보기 어렵습니다. 그래프를 이용하여 결과값을 한눈에 볼 수 있도록 추가하여 봅니다. 다음의 코드를 작성합니다.

[시작하기]를 눌러 결과값을 확인하여봅니다. 1~5까지 숫자를 10번 뽑았을 때 1/5(20%)의 확률로 나오는게 아닌 특정한 값이 더 많이 나왔습니다.

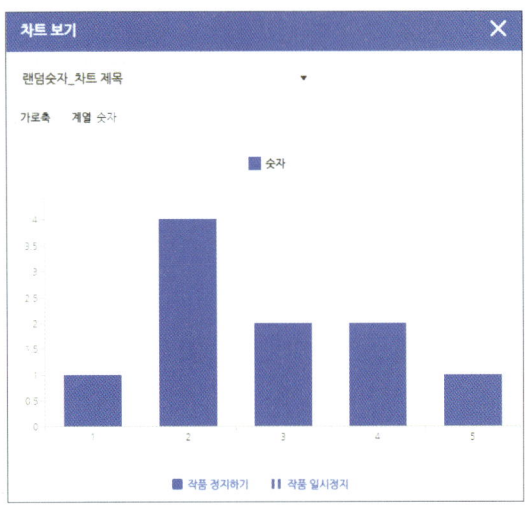

큰 수의 법칙은 무작위로 값을 많이 뽑으면 뽑을수록 동일한 확률로 나와야 합니다. 10번 뿐이 반복하지 않았기 때문에 동일한 확률로 나오지 않고 특별하게 많이 나온값들이 존재합니다.

🔴13 반복횟수를 100번으로 수정하여 결과를 확인하여 봅니다.

확률이 10번 반복한 것 보다는 평균을 향해 가고 있습니다.

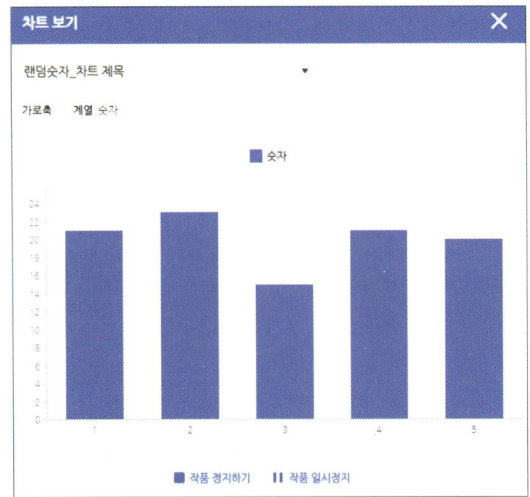

14 반복횟수를 1000번으로 변경하여봅니다.

점점 1/5(20%)의 확률로 되었습니다. 큰수의 법칙이 점점 적용되고 있는 것을 눈으로 확인 할수 있습니다.

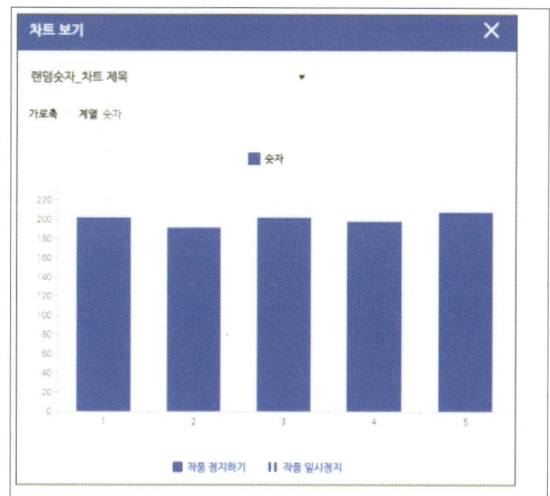

10만 번~1000만 번 가량되면 확률적으로 더욱더 대수의 법칙이 잘 적용됩니다. 다만 엔트리에서의 코드 실행속도상 1만 번 이상 되면 결과를 확인하는 데 시간이 오래 소요되어 1000번 정도에서 실험을 끝냈습니다.

에너지 자립 하우스

핵심기능 비디오 감지 **난이도** ★★★☆☆

학습목표

전 세계적으로 기후변화에 따른 온실가스 감축과 에너지 고갈 위기에 맞서 신·재생 에너지의 개발과 이용의 필요성이 커지고 있습니다. 이와 관련하여 에너지 자립마을은 외부로부터 공급되는 에너지의 수요를 최소화하고 마을 공동체의 에너지 자립도를 높이기 위해 마을 주민들이 자발적으로 에너지를 절약하고 에너지 효율을 높이며 직접 신·재생에너지 생산에 참여하는 마을 공동체를 의미합니다. 비디오 감지 기능의 움직임값으로 우리집에서 필요한 에너지를 직접 생산해서 전자제품을 동작시켜 봅시다.

작품 미리보기

비디오 감지 기능에 따라서 가정의 전자제품이 동작합니다. 프로그램이 시작되면 비디오 감지 기능이 동작되어 움직임값을 이용하여 에너지를 1~4단계로 분류하여 1단계:선풍기, 2단계:전자레인지, 3단계:에어컨을 동작시킵니다.

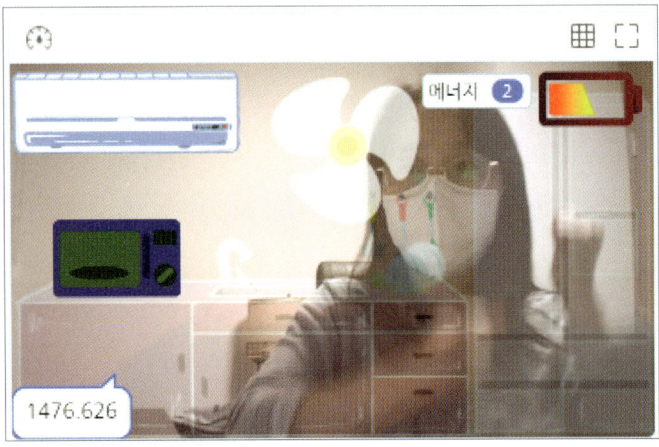

실행 영상 미리보기

- QR 코드 :
- 링크주소 : https://youtu.be/JJlSXfkS47g

198 인공지능 엔트리와 40개의 작품들

작품 만들기

◆ 오브젝트 추가하기

01 [배터리(1)], [전자레인지], [에어컨], [선풍기], [부엌(2)] 오브젝트를 추가합니다.

02 오브젝트의 크기 조절하여 화면을 구성합니다.

◆ 변수 추가하기

03 [속성] > [변수] > [변수 추가하기] > [에너지] 변수를 추가합니다. 움직임값을 1~4단계로 나눠서 저장할 변수를 추가합니다.

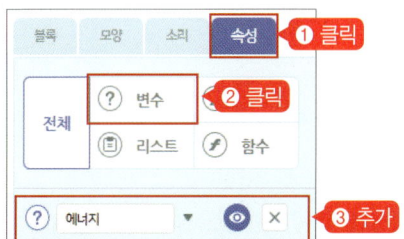

◆ 인공지능 기능 추가하기

04 탭에서 [인공지능 블록 불러오기] > [비디오감지:사람인식]를 선택한 뒤에 [불러오기] 버튼을 클릭합니다.

◆ 코딩하기

05 [부엌(2)] 오브젝트를 코딩합니다. 시작하기 버튼을 클릭했을 때 비디오 감지 기능을 시작합니다. 움직임을 확인할 수 있도록 비디오 투명 효과를 60으로 설정합니다.

반복해서 화면에서의 사람 움직임을 감지하고, 감지된 값의 변화를 화면에서 확인하기 위해서 말하기 블록을 추가합니다. 움직임값을 바로 사용하지 않고 1~4단계로 분리하여 사용하기 위해서 (자신▼ 에서 감지한 움직임▼ 값 / 400 의 몫▼) (400으로 나눈 몫의 값)을 "에너지"변수에 저장합니다.

06 [배터리(1)] 오브젝트를 코딩합니다. [에너지] 변수에 저장된 값에 따라 배터리 모양을 변경해줍니다. 에너지값이 1일 때 모양번호는 2번으로 변경하기 위해 +1 해줍니다.

07 [선풍기] 오브젝트를 코딩합니다. 에너지값이 1단계 이상인 경우, 선풍기 동작 효과를 주기 위해 방향을 회전시킵니다.

08 [전자레인지] 오브젝트를 코딩합니다. 에너지값이 2단계 이상인 경우 전자레인지가 동작하는 효과를 주기 위해 색깔 효과를 줍니다.

```
시작하기 버튼을 클릭했을 때
계속 반복하기
    만일 <에너지▼ 값 ≥ 2> (이)라면
        색깔▼ 효과를 5 만큼 주기
        0.5 초 기다리기
```

09 [에어컨] 오브젝트를 코딩합니다. 에너지값이 3단계 이상인 경우 에어컨 동작 효과를 주기 위해 이미지를 변경시켜줍니다.

```
시작하기 버튼을 클릭했을 때
계속 반복하기
    만일 <에너지▼ 값 ≥ 3> (이)라면
        에어컨_켜짐▼ 모양으로 바꾸기
    아니면
        에어컨_꺼짐▼ 모양으로 바꾸기
```

전체 코드

▶ 완성 파일 : 에너지자립하우스.ent

부엌(2)	시작하기 버튼을 클릭했을 때 비디오 화면 보이기 비디오 투명도 효과를 0 으로 정하기 투명도▼ 효과를 60 (으)로 정하기 계속 반복하기 　자신▼ 에서 감지한 움직임▼ 값 을(를) 말하기▼ 　에너지▼ 를 자신▼ 에서 감지한 움직임▼ 값 / 400 의 몫▼ (으)로 정하기 　2 초 기다리기
배터리(1)	시작하기 버튼을 클릭했을 때 계속 반복하기 　만일 에너지▼ 값 < 5 (이)라면 　　에너지▼ 값 + 1 모양으로 바꾸기 　1 초 기다리기
선풍기	시작하기 버튼을 클릭했을 때 계속 반복하기 　만일 에너지▼ 값 ≥ 1 (이)라면 　　방향을 90° 만큼 회전하기 　0.1 초 기다리기
전자레인지	시작하기 버튼을 클릭했을 때 계속 반복하기 　만일 에너지▼ 값 ≥ 2 (이)라면 　　색깔▼ 효과를 5 만큼 주기 　0.5 초 기다리기
에어컨	시작하기 버튼을 클릭했을 때 계속 반복하기 　만일 에너지▼ 값 ≥ 3 (이)라면 　　에어컨_켜짐▼ 모양으로 바꾸기 　아니면 　　에어컨_꺼짐▼ 모양으로 바꾸기

결과 확인하기

❶ 1단계: 선풍기가 동작합니다.

❷ 2단계: 선풍기, 전자레인지가 동작합니다.

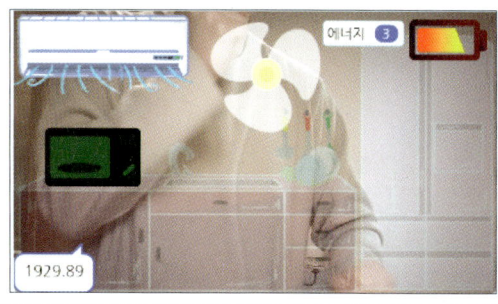

❸ 3단계: 선풍기, 전자레인지, 에어컨이 동작합니다.

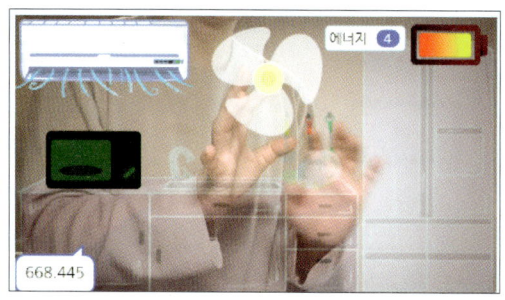

❹ 4단계: 에너지가 모두 충전됩니다.

셀프 편의점 자동 계산기

핵심기능 ▶ 읽어주기 **난이도** ★★★☆☆

학습목표 인공지능 읽어주기 기능을 이용하여 편의점에서 내가 구매한 상품 개수와 구매 가격을 자동으로 계산해 주는 프로그램을 만들어 봅니다.

 작품 미리보기

편의점에서 내가 구매하고 싶은 상품들을 클릭합니다. 구매한 상품 개수와 구매 가격을 자동으로 계산하여 말해줍니다.

 **실행 영상 미리보기**

- QR 코드 :
- 링크주소 : https://youtu.be/IbkSK2yUJxk

Chapter 03_인공지능 & 데이터 분석 응용하기 **205**

작품 만들기

◇ 오브젝트 추가하기

01 [오브젝트 추가하기] 버튼을 클릭하여 [도넛], [떠먹는요거트], [탄산수], [구매 버튼], [묶음_액자배경] 오브젝트를 추가합니다.

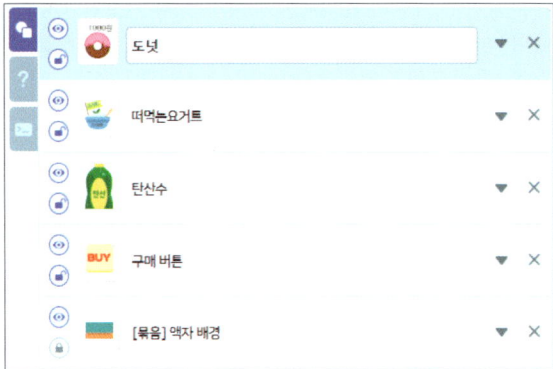

02 오브젝트를 원하는 위치에 놓고 장면을 구성합니다.

◆ 오브젝트 수정하기

03 🍩 [도넛] 오브젝트를 선택한 후 모양 안에 가격 1000원을 입력하고 [저장하기]를 누릅니다.

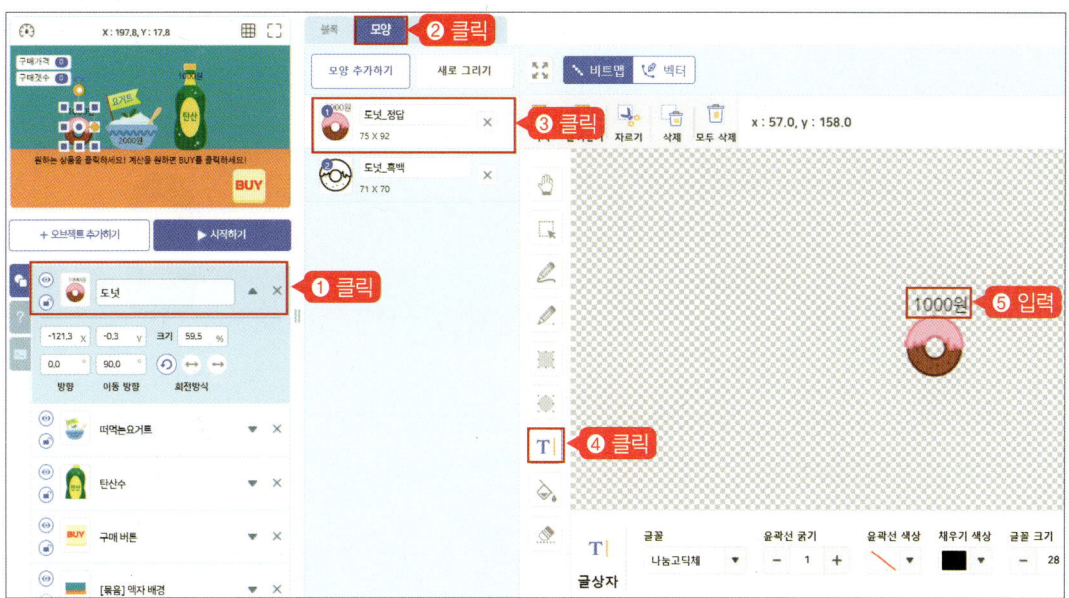

🥣 [떠먹는요거트] 오브젝트를 선택 후 모양 안에 가격 2000원을 입력하고 [저장하기]를 누릅니다.

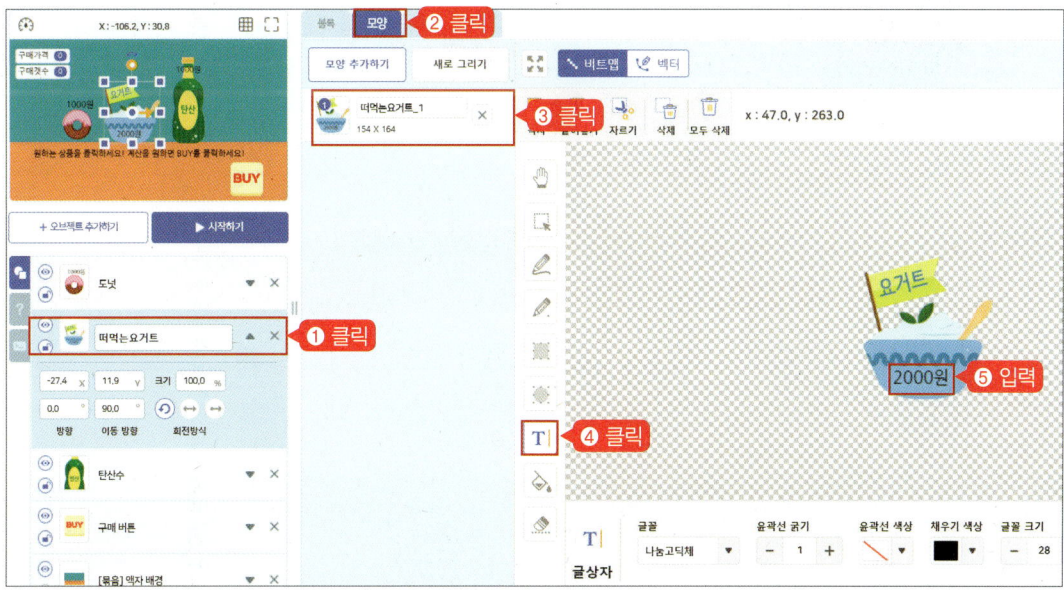

[탄산수] 오브젝트를 선택 후 모양 안에 가격 1000원을 입력하고 [저장하기]를 누릅니다.

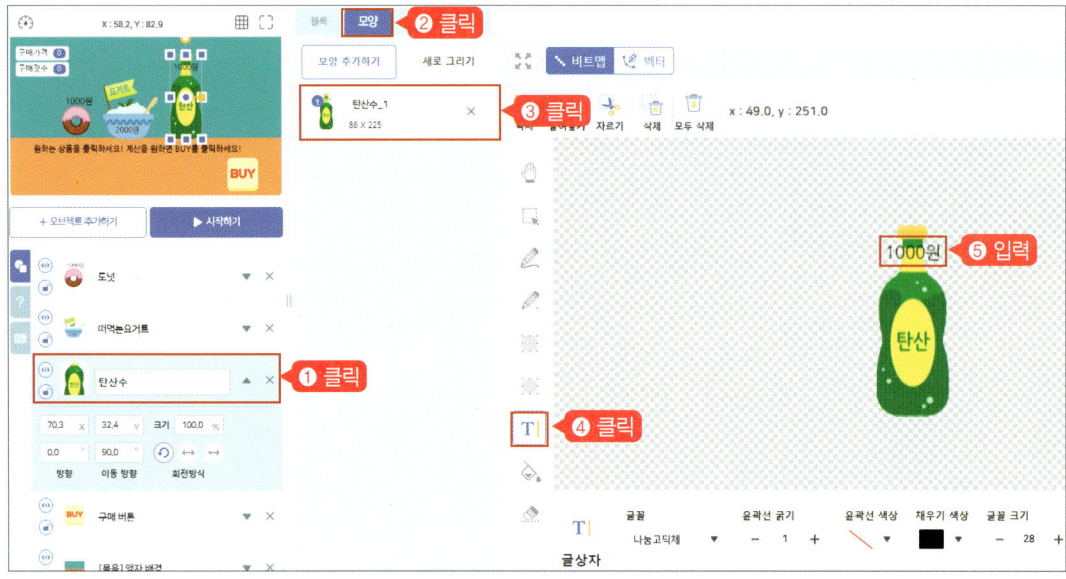

[묶음_액자배경] 오브젝트를 선택 후 셀프편의점 사용 설명을 입력하고 [저장하기]를 누릅니다.

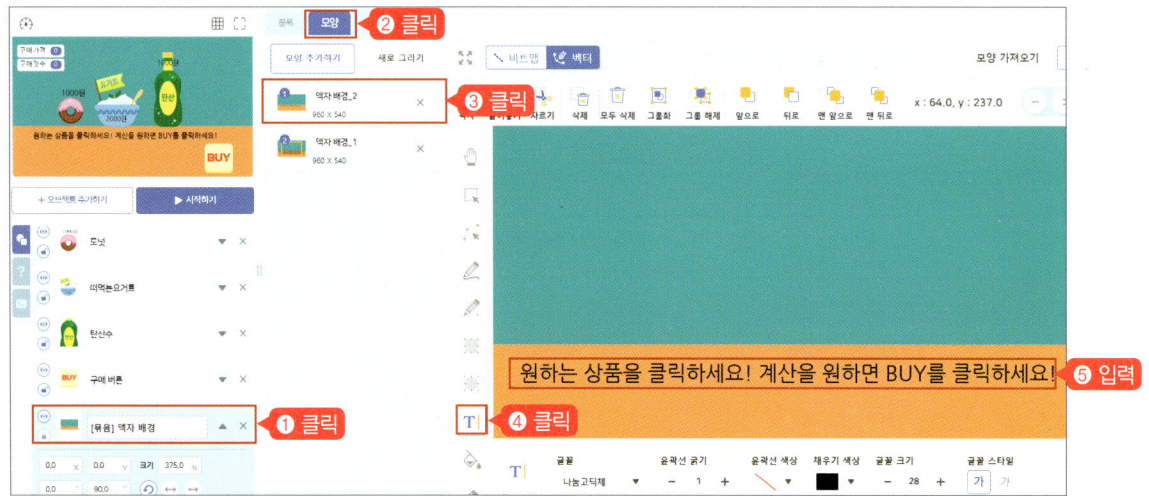

◆ 변수 추가하기

04 [속성] > [변수] > [변수 추가하기] > [구매 개수], [구매 가격] 변수를 추가합니다. [구매 개수]의 기본값은 0, [구매 가격]의 기본값은 0으로 설정합니다.

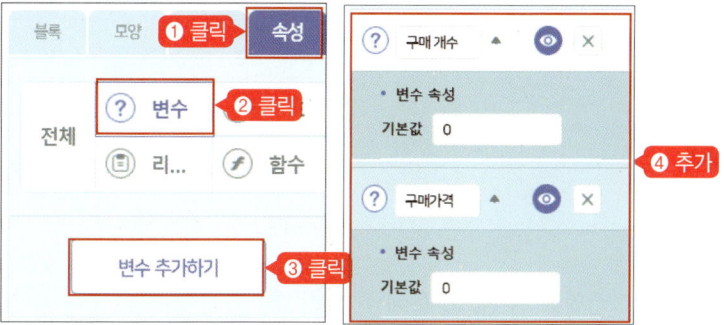

◆ 인공지능 기능 추가하기

05 탭에서 [인공지능 블록 불러오기]를 클릭하여 [읽어주기]를 불러옵니다.

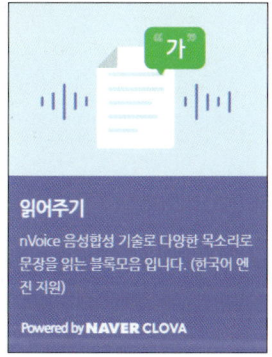

◆ 코딩하기

06 [도넛] 오브젝트를 코딩합니다. 실행 화면이 시작되면 읽어주기 기능을 이용하여 셀프 편의점 이용 안내를 합니다.

> 시작하기 버튼을 클릭했을 때
> 셀프 편의점 입니다. 원하시는 상품을 클릭하시면 자동 계산됩니다. 읽어주고 기다리기

오브젝트를 클릭하면 도넛가격 1000원을 구매 가격에 합산하고, 구매 개수가 1개 증가합니다. 도넛을 구매 했다는 안내 메세지를 말해 줍니다.

> 오브젝트를 클릭했을 때
> 구매 가격▼ 에 1000 만큼 더하기
> 구매 개수▼ 에 1 만큼 더하기
> 도넛을 구매하셨습니다. 읽어주고 기다리기

07 🥣 [떠먹는 요거트] 오브젝트를 코딩합니다. 오브젝트를 클릭하면 떠먹는 요거트 가격 2000원을 구매 가격에 합산하고, 구매 개수가 1개 증가합니다. 요거트를 구매 했다는 안내 메세지를 읽어 줍니다.

```
[오브젝트를 클릭했을 때]
구매 가격▼ 에 2000 만큼 더하기
구매 개수▼ 에 1 만큼 더하기
요거트를 구매하셨습니다. 읽어주고 기다리기
```

08 🥤 [탄산수] 오브젝트를 코딩합니다.
오브젝트를 클릭하면 탄산수 가격 1000원을 구매 가격에 합산하고, 구매 개수가 1개 증가합니다. 탄산수를 구매 했다는 안내 메세지를 읽어 줍니다.

```
[오브젝트를 클릭했을 때]
구매 가격▼ 에 1000 만큼 더하기
구매 개수▼ 에 1 만큼 더하기
탄산수를 구매하셨습니다. 읽어주고 기다리기
```

09 BUY [구매버튼] 오브젝트를 코딩합니다.
오브젝트를 클릭하면 상품 총 구매 개수, 총 구매 가격을 알려주고 셀프 편의점 이용에 대한 감사 인사를 합니다. 구매 개수, 구매 가격을 '0'으로 초기화 합니다.

```
[오브젝트를 클릭했을 때]
총 구매 개수는 과(와) 구매 개수▼ 값 과(와) 개 입니다. 를 합치기 를 합치기 읽어주고 기다리기
총 구매 가격은 과(와) 구매 가격▼ 값 과(와) 원 입니다. 를 합치기 를 합치기 읽어주고 기다리기
셀프 편의점을 이용해 주셔서 감사합니다. 읽어주고 기다리기
구매 개수▼ 를 0 (으)로 정하기
구매 가격▼ 를 0 (으)로 정하기
```

전체 코드

▶ 완성 파일 : 셀프 편의점 자동 계산기.ent

결과 확인하기

❶ 셀프 편의점 이용 안내를 해 줍니다.

❷ 상품 총 구매 개수, 총 구매 가격을 자동 계산하여 알려줍니다.

ShowMe The 장기 예선전 개최지 찾기

핵심기능 군집:숫자, 읽어주기 **난이도** ★★★★☆

인공지능 모델 학습하기의 군집:숫자를 통해서 중학교 위치 정보를 기반으로 군집화하여 위치 모델을 생성합니다. 생성된 모델 기반으로 군집 정보를 가져옵니다.

작품 미리보기

전국의 중학생 대상 ShowMeThe 장기 예선전을 치르기 위해 개최지를 정하려고 합니다. [전국 중학교 위치] 테이블을 업로드하여 입력 데이터인 위도, 경도값을 핵심 속성으로 정해 정한 수(K개) 만큼의 묶음으로 만드는 모델을 생성합니다.

생성된 모델 기준으로 중학교의 이름을 입력하면 생성된 군집 중 몇 번의 지역에 포함되는지 알 수 있습니다. 묻고 대답하기 기능을 이용하여 학교명을 입력하여 군집번호를 가져오고, 차트를 보여주어 모여야 하는 군집의 중심점 정보를 확인할 수 있습니다.

 **실행 영상 미리보기**

• QR 코드 :

• 링크주소 : https://youtu.be/mTdnNoatRdo

작품 만들기

◇ 오브젝트 추가하기

01 [오브젝트 추가하기] 버튼을 클릭하여 [조명이 있는 무대], [기타치는 사람], [소놀 춤추는 사람] 오브젝트를 추가합니다.

02 오브젝트를 원하는 위치에 놓고 장면을 구성합니다.

◇ 변수 추가하기

03 [속성] > [변수] > [변수 추가하기] > [학교명], [검색값], [결과_군집번호] 변수 3개를 추가합니다.

- [학교명]: 중학교 학교 정보를 저장
- [검색값]: 테이블에서 반복해서 조회하기 위한 카운트 변수
- [결과_군집번호]: 검색된 군집번호를 저장할 변수

◇ **인공지능 기능 추가하기**

04 탭에서 [인공지능 블록 불러오기] 〉 [읽어주기]를 선택한 뒤에 [불러오기] 버튼을 클릭합니다.

◇ **데이터 입력하기(테이블 선택하기)**

05 〉 [테이블 불러오기] 〉 [테이블 추가하기] 버튼을 클릭합니다. [전국 중학교 위치] 테이블을 선택 후 [추가하기] 버튼을 클릭합니다.

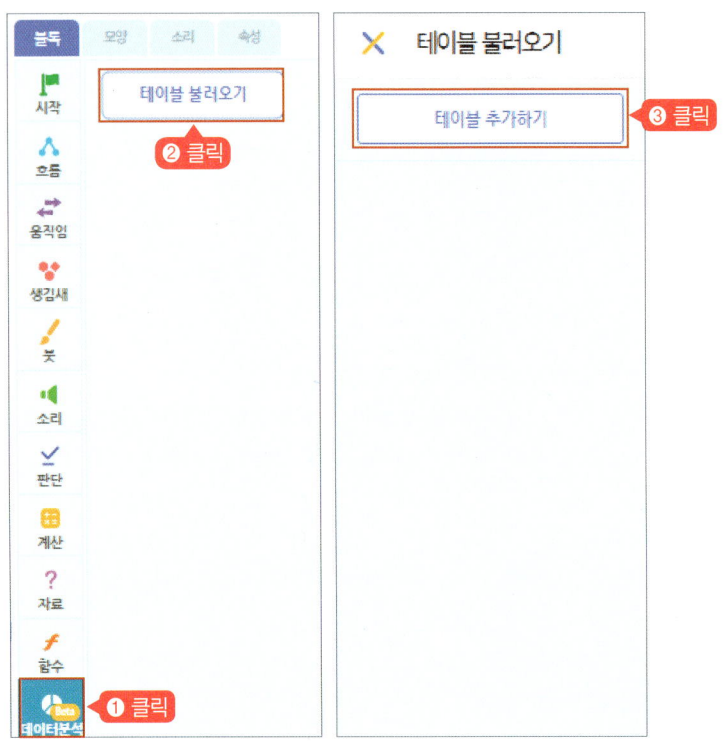

추가된 데이터를 확인 후, [적용하기] 버튼을 클릭합니다.

◆ 인공지능 모델 만들기

06 탭에서 [인공지능 모델 학습하기] > [군집:숫자]를 선택한 후 [학습하기] 버튼을 클릭합니다. 다음의 정보를 입력한 후에 [모델 학습하기]를 클릭하여 모델을 생성합니다.

- 모델 이름: 개최지
- 데이터 입력: 전국중학교위치
- 핵심속성: 경도 위도
- 군집 개수: 3개

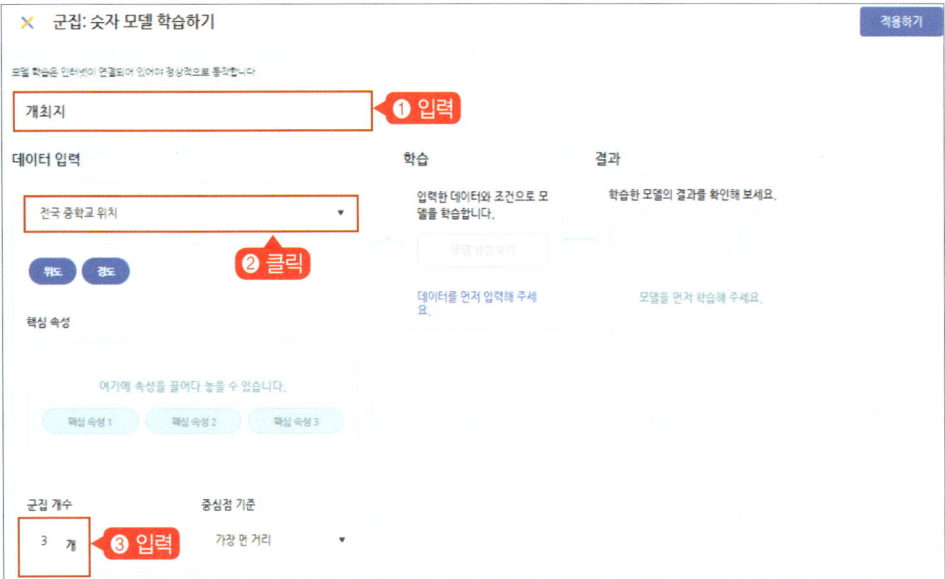

[모델 학습하기]를 클릭하면 모델이 생성되고 군집 개수만큼의 군집 결과를 확인할 수 있습니다. 군집의 색상과 군집 중심점 위치를 확인하고, [적용하기]를 클릭합니다.

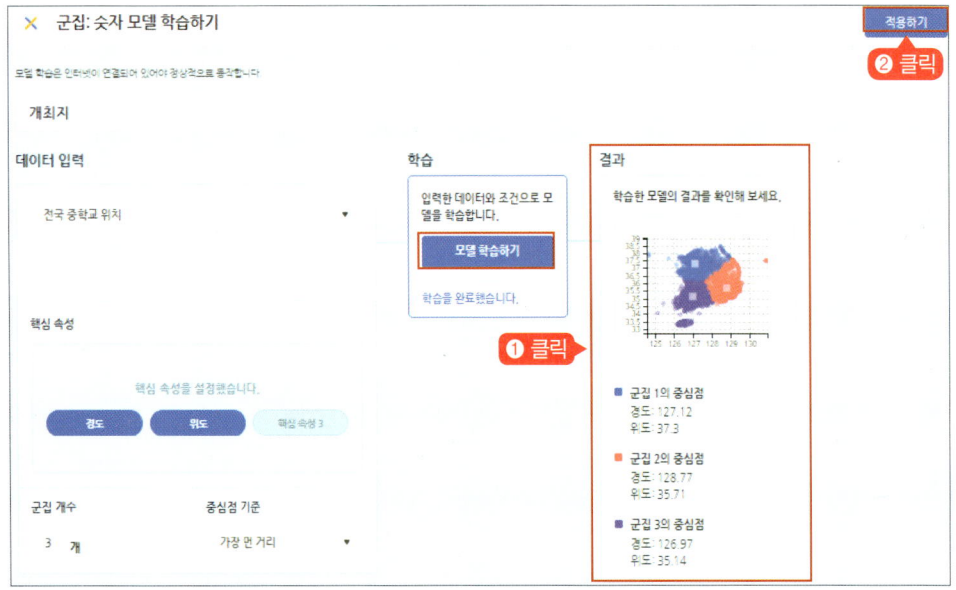

◆ 소리 추가하기

07 [소놀 춤추는 사람] 오브젝트에 소리를 추가합니다.
[소리] 〉 [소리 추가하기] 〉 [스네어1(타)], [킥드럼(쿵)] 소리 2개를 추가합니다.

◆ 코딩하기

08 [소놀 춤추는 사람] 오브젝트를 코딩합니다.
시작하기 버튼을 클릭했을 때 춤추는 효과를 위해 모양을 바꾸고, 배경음악을 재생합니다.

09 [기타치는 사람] 오브젝트를 코딩합니다.
시작하기 버튼을 클릭했을 때, 검색에 사용하는 변수 [검색값]을 2로 초기화 합니다. 묻고 대답 기다리기 블록으로 검색할 학교의 위치를 입력받고, 입력 받은 [대답]값을 [학교명] 변수에 저장합니다. 모델 학습을 시작합니다.

입력된 테이블에서 입력된 학교[학교명]로 위도값, 경도값을 찾습니다.

조건식: `학교명▼ 값 = 테이블 전국 중학교 위치▼ 검색값▼ 값 번째 행의 학교이름▼ 값`

검색된 위도값, 경도값으로 군집모델에서 학교가 위치한 군집번호를 가져오고, 검색 결과를 읽어줍니다. 검색이 완료되고 반복을 중단하며, 모델차트창을 보여줍니다.

`경도 테이블 전국 중학교 위치▼ 검색값▼ 값 번째 행의 경도▼ 값 위도 테이블 전국 중학교 위치▼ 검색값▼ 값 번째 행의 위도▼ 값 의 군집`

학교명으로 검색이 되지 않은 경우 [학교명이 조회되지 않았습니다.] 표시해 줍니다.

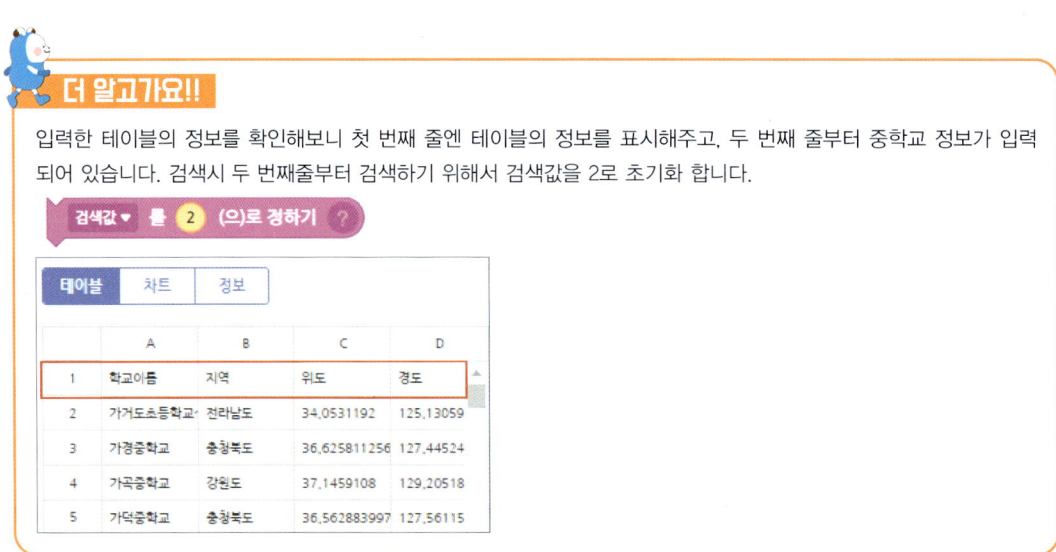

더 알고가요!!

입력한 테이블의 정보를 확인해보니 첫 번째 줄엔 테이블의 정보를 표시해주고, 두 번째 줄부터 중학교 정보가 입력되어 있습니다. 검색시 두 번째줄부터 검색하기 위해서 검색값을 2로 초기화 합니다.

 전체 코드 ▶ 완성 파일 : ShowMeThe장기 예선전 개최지찾기.ent

 결과 확인하기

 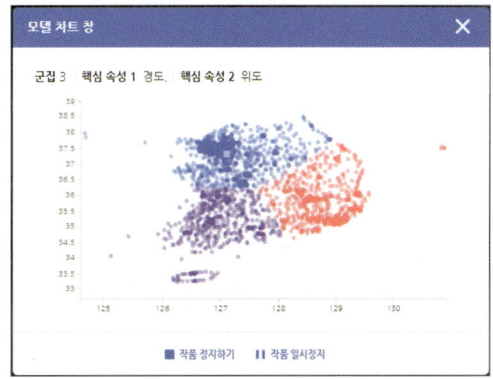

❶ 예선전 위치가 궁금한 학교 정보를 입력합니다.
❷ 조회된 결과를 음성으로 읽어주고, 군집된 결과 차트 화면을 열어줍니다.

생활 안전 국민요령

핵심기능 ▶ 읽어주기　　난이도 ★★★☆☆

학습목표 인공지능 읽어주기 기능을 이용하여 생활 속 안전을 위해 국민이 지켜야 되는 행동요령에 대한 [생활 안전 국민 행동 요령]을 알려주는 프로그램을 만들어 봅니다.

작품 미리보기

소방관을 클릭하면 화상에 대한 응급처치 요령을 리스트로 보여주고 읽어줍니다.

의사를 클릭하면 식중독에 대한 식중독 대처 방법을 리스트로 보여주고 읽어줍니다.

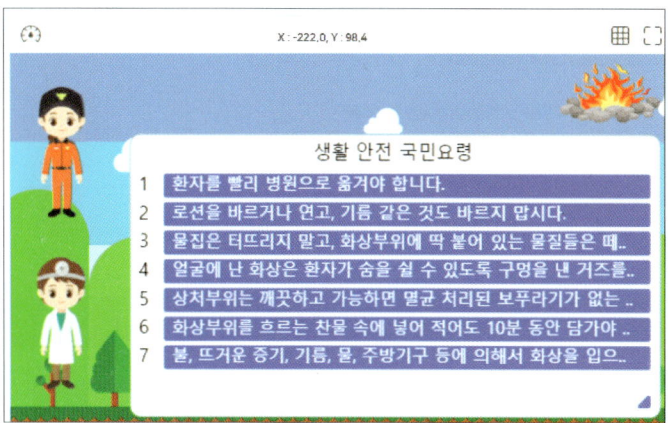

 **실행 영상 미리보기**

- QR 코드 :

- 링크주소 : https://youtu.be/38ArNycEUho

작품 만들기

◆ 오브젝트 추가하기

01 [오브젝트 추가하기] 버튼을 클릭하여 [숲속(2)], [모닥불], [소방관(2)], [의사(1)] 오브젝트를 추가합니다.

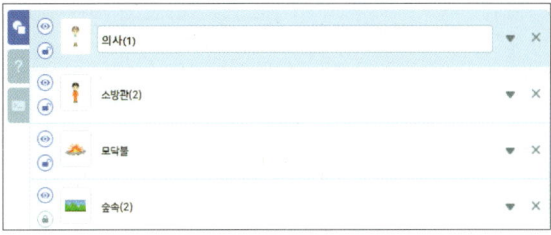

◆ 리스트 추가하기

02 [속성] 〉 [리스트] 〉 [리스트 추가하기] 〉 [생활 안전 국민요령] 리스트를 추가합니다.

03 오브젝트를 원하는 위치에 놓고 장면을 구성합니다.

◇ 변수 추가하기

04 [속성] > [변수] > [변수 추가하기] > [방법수] 변수를 추가합니다. 생활 안전 국민행동요령 방법 수를 저장할 때 사용합니다.

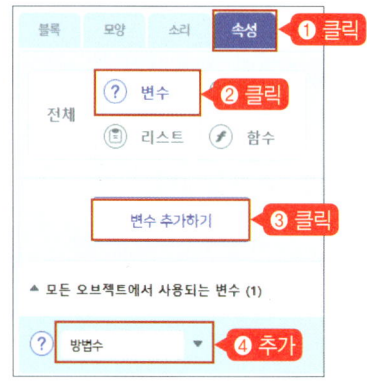

◇ 인공지능 기능 추가하기

05 탭에서 [인공지능 블록 불러오기] > [비디오 감지]를 선택한 뒤에 [불러오기] 버튼을 클릭합니다.

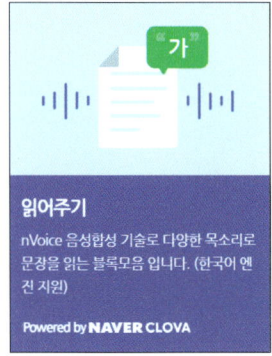

◇ 확장 기능 추가하기

06 > [확장 블록 불러오기] > [생활안전 국민행동요령]를을 불러옵니다.

◇ 코딩하기

07 [소방관] 오브젝트를 코딩합니다.

[소방관] 오브젝트를 클릭했을 때 [생활 안전 국민요령] 리스트를 초기화시킵니다.

화상 응급처치 방법을 [생활 안전 국민요령] 리스트에 텍스트로 보여주고, 읽어줍니다.

08 [의사] 오브젝트를 코딩합니다.

[의사] 오브젝트를 클릭했을 때 [생활 안전 국민요령] 리스트를 초기화시킵니다.

식중독 대처 방법을 [생활 안전 국민요령]리스트에 텍스트로 보여주고, 읽어줍니다.

전체 코드

▶ 완성 파일 : 생활 안전 국민요령_응급처치_식중독.ent

 ### 결과 확인하기

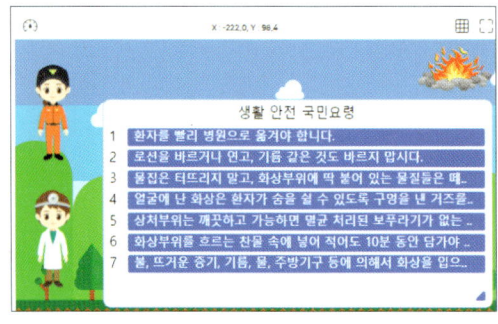

❶ 소방관이 알려주는 화상 처치 요령입니다.

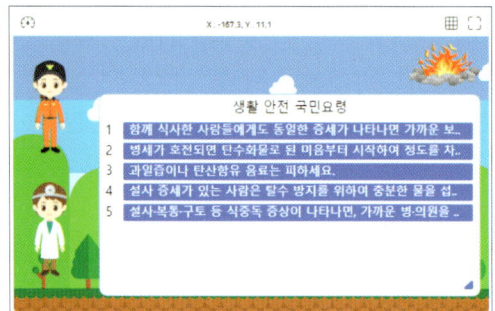

❷ 의사가 알려주는 식중독 대처 요령입니다.

스마트 쓰레기통

핵심기능 ▶ 모델학습:이미지   난이도 ★★★☆☆

학습목표
환경을 위한 분리수거의 필요성은 누구나 잘 알고 있지만 잘 지켜지지 않습니다. 무분별하게 버려지는 쓰레기를 줄이기 위해 AI를 활용하여 올바른 분리수거 문화를 만들어 봅시다.
인공지능 모델학습 이미지 분류 기능을 이용하여 인식된 분리수거 종류에 따라 자동으로 분류되는 작품을 만들어 봅니다.

 ## 작품 미리보기

인공지능 모델학습 기능을 이용하여 재활용 쓰레기의 모델을 학습시킵니다. 종이, 캔, 유리 3개의 클래스를 입력하여 모델을 생성합니다.

스페이스 키를 누르면 데이터 입력 화면이 팝업되며, 재활용 쓰레기 이미지를 입력시키면 분류된 결과값에 따라 화면의 쓰레기가 복제 기능으로 쓰레기통으로 이동합니다.

실행 영상 미리보기

- QR 코드 :

- 링크주소 : https://youtu.be/VKmW043EANA

Chapter 03_인공지능 & 데이터 분석 응용하기 225

작품 만들기

◇ 오브젝트 추가하기

01 [오브젝트 추가하기] 버튼을 클릭하여 [소놀 AI로봇], [종이 상자], [빈 유리병], [캔음료 버튼], [분리수거함유리], [분리수거함캔], [분리수거종이], [들판(4)] 오브젝트를 추가합니다.

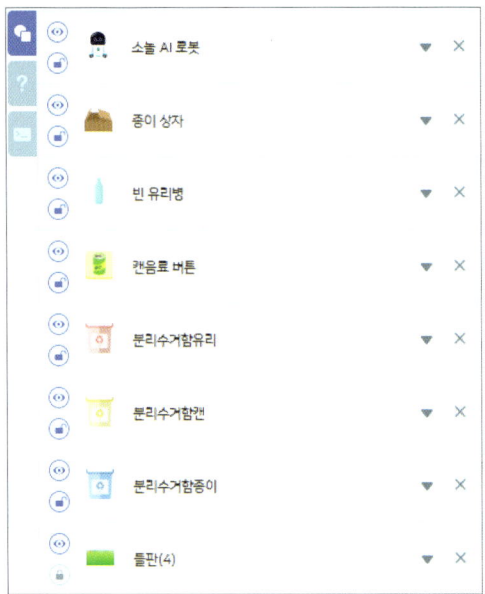

02 오브젝트를 원하는 위치에 놓고 장면을 구성합니다.

◇ 신호 추가하기

03 [속성] > [신호] > [신호 추가하기] > [유리], [캔], [종이] 신호 3개를 추가합니다. 이미지 인식 결과에 따라 분류된 재활용 오브젝트가 각각 이동할 수 있도록 신호를 추가합니다.

◇ 이미지 모델 학습하기

04 탭에서 [인공지능 모델 학습하기] > [새로 만들기] > [분류:이미지]를 선택한 후, [학습하기] 버튼을 클릭합니다.

이미지 모델을 생성합니다.

- 모델 이름: 쓰레기
- 클래스: 종이, 유리, 캔
- 데이터 입력: 클래스에 학습할 데이터를 5개 이상 입력

데이터 입력이 끝났으면 입력한 데이터와 조건으로 [모델 학습하기]를 클릭하여 학습합니다. 학습한 모델의 결과를 확인해 봅니다. [적용하기] 버튼을 클릭하여 모델을 적용시킵니다.

> **TIP**
>
> 재활용쓰레기 사물 이미지

◆ 코딩하기

05 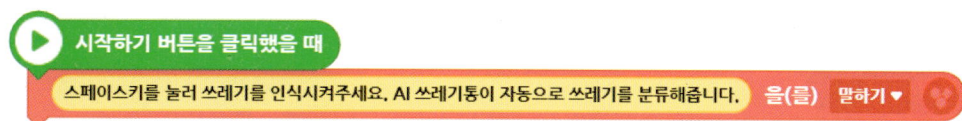 [소놀 AI 로봇] 오브젝트를 코딩합니다.

시작하기 버튼을 클릭했을 때 작품의 사용 방법을 안내합니다.

> 시작하기 버튼을 클릭했을 때
> 스페이스키를 눌러 쓰레기를 인식시켜주세요. AI 쓰레기통이 자동으로 쓰레기를 분류해줍니다. 을(를) 말하기 ▼

스페이스 키를 눌렀을때 이미지 인식이 시작되므로 모양을 숨깁니다.

> 스페이스 ▼ 키를 눌렀을 때
> 모양 숨기기

06  [들판(4)] 오브젝트를 코딩합니다.

스페이스 키를 눌렀을 때 학습한 모델을 분류합니다. 분류된 결과에 따라서 신호를 보냅니다.

분류 결과가 "종이"인 경우 "종이" 신호를 보냅니다.

분류 결과가 "유리"인 경우 "유리" 신호를 보냅니다.

분류 결과가 "캔"인 경우 "캔" 신호를 보냅니다.

> 스페이스 ▼ 키를 눌렀을 때
> 학습한 모델로 분류하기
> 만일 〈분류 결과가 종이 ▼ 인가?〉 (이)라면
> 　종이 ▼ 신호 보내기
> 만일 〈분류 결과가 유리 ▼ 인가?〉 (이)라면
> 　유리 ▼ 신호 보내기
> 만일 〈분류 결과가 캔 ▼ 인가?〉 (이)라면
> 　캔 ▼ 신호 보내기

07  [종이 상자] 오브젝트를 코딩합니다. 종이 신호를 받았을 때 자신을 복제합니다.

> 종이 ▼ 신호를 받았을 때
> 자신 ▼ 의 복제본 만들기

복제본이 처음 생성되었을 때 쓰레기가 버려지는 효과를 주기 위해 2초 동안 [분리수거함 종이] 위치로 이동시킵니다. 복제본은 삭제합니다.

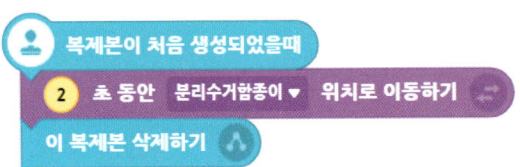

08 [캔음료 버튼] 오브젝트를 코딩합니다. 캔 신호를 받았을 때 자신을 복제합니다.

복제본이 처음 생성되었을 때 쓰레기가 버려지는 효과를 주기 위해 2초 동안 [분리수거함 캔] 위치로 이동시킵니다. 복제본은 삭제합니다.

09 [빈 유리병] 오브젝트를 코딩합니다. 유리 신호를 받았을 때 자신을 복제합니다.

복제본이 처음 생성되었을 때 쓰레기가 버려지는 효과를 주기 위해 2초 동안 [분리수거함 유리] 위치로 이동시킵니다. 복제본은 삭제합니다.

전체 코드

▶ 완성 파일 : 스마트쓰레기통.ent

소놀 AI 로봇
- 시작하기 버튼을 클릭했을 때
- 스페이스키를 눌러 쓰레기를 인식시켜주세요. AI 쓰레기통이 자동으로 쓰레기를 분류해줍니다. 을(를) 말하기
- 스페이스 키를 눌렀을 때
- 모양 숨기기

들판(4)
- 스페이스 키를 눌렀을 때
- 학습한 모델로 분류하기
- 만일 분류 결과가 종이 인가? (이)라면
  - 종이 신호 보내기
- 만일 분류 결과가 유리 인가? (이)라면
  - 유리 신호 보내기
- 만일 분류 결과가 캔 인가? (이)라면
  - 캔 신호 보내기

종이 상자
- 종이 신호를 받았을 때
- 자신 의 복제본 만들기
- 복제본이 처음 생성되었을때
- 2 초 동안 분리수거함종이 위치로 이동하기
- 이 복제본 삭제하기

캔음료 버튼
- 캔 신호를 받았을 때
- 자신 의 복제본 만들기
- 복제본이 처음 생성되었을때
- 2 초 동안 분리수거함캔 위치로 이동하기
- 이 복제본 삭제하기

빈 유리병
- 유리 신호를 받았을 때
- 자신 의 복제본 만들기
- 복제본이 처음 생성되었을때
- 2 초 동안 분리수거함유리 위치로 이동하기
- 모든 복제본 삭제하기

결과 확인하기

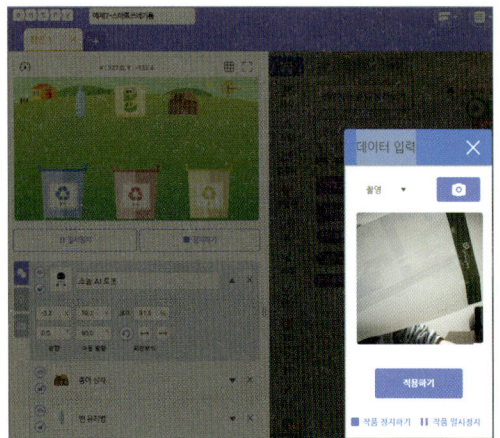

❶ 스페이스 키를 눌러 이미지 인식을 시작합니다.

❷ 인식된 결과에 따라서 화면의 쓰레기가 재활용 쓰레기통으로 이동하는 것을 확인합니다.

AI 음성인식 숫자 맞추기 게임

| 핵심기능 | 오디오 감지, 읽어주기 | 난이도 | ★★★★☆ |

학습목표 인공지능 오디오 감지, 읽어주기를 이용하여 AI로봇이 생각하는 숫자(0 ~ 20 사이)를 음성으로 맞추는 프로그램을 만들어 봅니다.

작품 미리보기

AI로봇이 기억하고 있는 숫자를 맞추라는 설명을 합니다.

스페이스를 누르고 숫자를 말하면 내가 말한 숫자가 AI로봇이 생각하는 숫자보다 클 때는 "큽니다", 작을 때는 "작습니다" 힌트를 제공해 줍니다. 그 힌트를 듣고 AI로봇이 생각하는 숫자를 맞춥니다.

실행 영상 미리보기

- QR 코드 :

- 링크주소 : https://youtu.be/7MG2WPubtcY

작품 만들기

◇ 오브젝트 추가하기

01 [오브젝트 추가하기] 버튼을 클릭하여 [소놀AI로봇], [학교 배경] 오브젝트를 추가합니다.

02 오브젝트를 원하는 위치에 놓고 장면을 구성합니다.

◇ 오브젝트 수정하기

03 [학교 배경] 오브젝트의 칠판에 게임의 규칙을 알려주기 위해 수정합니다.

[모양] > [학교 배경_1]을 선택하고, 텍스트를 추가해 주기 위해 글상자를 클릭한 후 글자 글꼴, 크기, 색상 등을 선택합니다. 칠판 위에 게임 규칙을 써 줍니다.

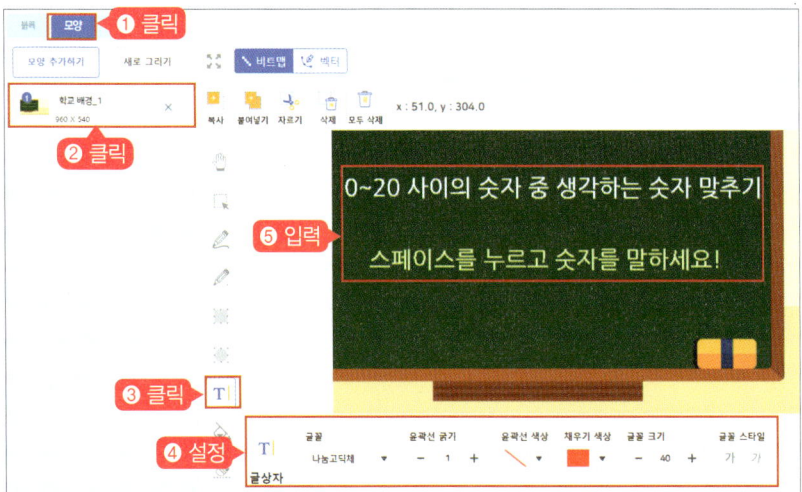

234 인공지능 엔트리와 40개의 작품들

04 🤖 [소놀AI로봇] 오브젝트를 클릭한 후 오브젝트의 모양 이름을 바꿔줍니다.
큰 수 / 작은 수 / 정답 등 말과 모양이 어울리는 모양을 찾아 이름을 변경해 줍니다.
소놀AI로봇_5 -〉 큰수, 소놀AI로봇_6 -〉 정답, 소놀AI로봇_7 -〉 작은수로 수정합니다.

◇ 변수 추가하기

05 [속성] 〉 [변수] 〉 [변수 추가하기] 〉 [맞출 숫자], [말한 횟수] 변수를 추가합니다.
맞출 숫자, 말한 횟수 값을 저장합니다.

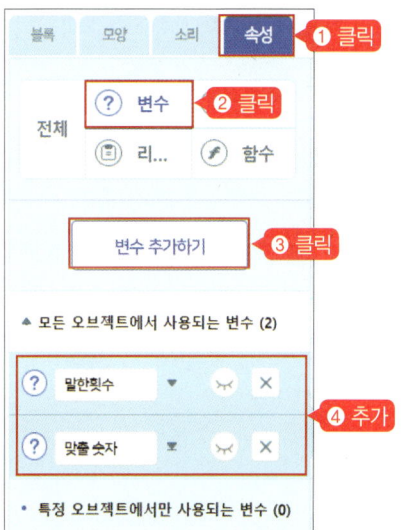

◇ 인공지능 기능 추가하기

06 인공지능 탭에서 [인공지능 블록 불러오기]를 클릭하여 [오디오 감지], [읽어주기]를 불러옵니다.

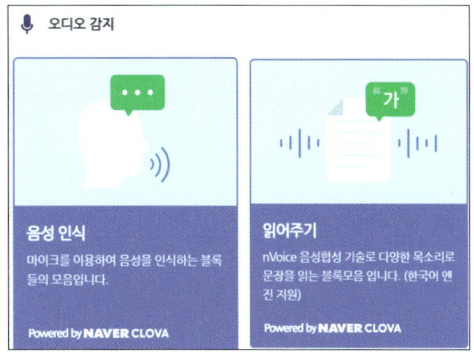

◇ 소리 추가하기

07 [소놀AI로봇] 오브젝트에 소리를 추가합니다.
[소리] > [소리 추가하기] > [박수갈채] 소리를 추가합니다.

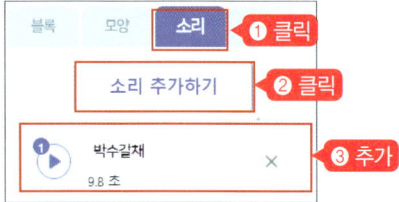

◇ 코딩하기

08 [소놀AI로봇] 오브젝트를 코딩합니다.
실행 화면이 시작되면 AI로봇을 모양을 바꿔가며 좌우로 움직입니다.

AI로봇의 목소리/속도/음높이를 설정해 줍니다. 맞출 숫자는 " 0~20 사이의 무작위 수" 값을 정해 주고, 그 값을 맞추라고 설명해 줍니다.

`0 부터 20 사이의 무작위 수` 는 `계산` 블록에 있습니다.

스페이스 키를 누르고 숫자를 말하여 맞춥니다.
스페이스를 누를 때 마다 숫자를 말한 횟수를 1씩 증가시킵니다.
숫자를 맞추면 정답 모양으로 바꾸고, 박수 소리, 몇 번 만에 맞췄는지 알려주고 모든 코드를 멈춥니다.
내가 말한 숫자가 맞출 숫자보다 작으면 더 큰 수를 말하라고 힌트를 주기 위해, 모양을 큰 수모양으로 바꾸고, 말한 숫자보다 크다는 힌트를 말해 줍니다.
내가 말한 숫자가 맞출 숫자보다 크면 작은 수를 말하라고 힌트를 주기 위해, 모양을 작은 수 모양으로 바꾸고, 말한 숫자보다 작다는 힌트를 말해 줍니다.

 전체 코드 　　　　　　　　　　▶ 완성 파일 : AI음성인식 숫자 맞추기 게임.ent

결과 확인하기

❶ 스페이스를 누르고 숫자를 말합니다.

❷ 작은 수를 말했으면 "말한 수"보다 큽니다. 라고 말해 줍니다.

❸ 큰 수를 말했을 때는 "말한 수"보다 작습니다. 라고 말해 줍니다.	❹ 정답을 맞추면 정답과 몇 회만에 맞췄는지를 말해 줍니다.

더 알고가요!! AI로봇이 생각하고 있는 숫자를 빠르게 맞출 수 있는 방법

AI로봇이 생각하고 있는 숫자를 빠르게 맞출 수 있는 방법에 대해 생각해 봅니다.
(단, 말 한 수가 우연히 답인 것은 제외합니다.)
대상 전체를 둘로 나누는 논리적 방법인 이분법을 이용하여 숫자를 맞추면 됩니다.

AI로봇은 0~20 사이의 무작위 수 중 14를 생각하고 있다고 가정 할 때,
❶ 0~20 사이의 수 중 중간 값인 10을 말하면 10 < 14 이므로 AI로봇은 "10보다 큽니다" 라고 말해 줍니다.

| 0 | 1 | 2 | 3 | 4 | 5 | 6 | 7 | 8 | 9 | 10 | 11 | 12 | 13 | 14 | 15 | 16 | 17 | 18 | 10 | 20 |
| 0 | 1 | 2 | 3 | 4 | 5 | 6 | 7 | 8 | 9 | 10 | 11 | 12 | 13 | 14 | 15 | 16 | 17 | 18 | 10 | 20 |

=> AI로봇이 숫자 반이 줄은 11~20 사이의 수를 생각하고 있다는 것을 알 수 있습니다.

❷ 11~20 사이의 수 중 중간 값은 15.5 이므로 15.5 를 말했다고 가정하면,
15.5 > 14 이므로 AI로봇은 "15.5보다 작습니다"라고 말해 줍니다.

15.5

| 0 | 1 | 2 | 3 | 4 | 5 | 6 | 7 | 8 | 9 | 10 | 11 | 12 | 13 | 14 | 15 | 16 | 17 | 18 | 10 | 20 |
| 0 | 1 | 2 | 3 | 4 | 5 | 6 | 7 | 8 | 9 | 10 | 11 | 12 | 13 | 14 | 15 | 16 | 17 | 18 | 10 | 20 |

=> AI로봇이 숫자 반이 줄은 11~15 사이의 수를 생각하고 있다는 것을 알 수 있습니다.

❸ 11~15 사이의 수 중 중간 값은 13이므로 13을 말했다고 가정하면,
13 < 14 이므로 AI로봇은 "13보다 큽니다"라고 말해 줍니다.

| 0 | 1 | 2 | 3 | 4 | 5 | 6 | 7 | 8 | 9 | 10 | 11 | 12 | 13 | 14 | 15 | 16 | 17 | 18 | 10 | 20 |
| 0 | 1 | 2 | 3 | 4 | 5 | 6 | 7 | 8 | 9 | 10 | 11 | 12 | 13 | 14 | 15 | 16 | 17 | 18 | 10 | 20 |

=> AI로봇이 숫자 반이 줄은 14, 15 중 한 수를 생각하고 있다는 것을 알 수 있습니다.

이분법적 논리적 방법으로 숫자를 말한다면 숫자를 빠르게 맞출 수 있습니다.

레시피를 알려주는 로봇

핵심기능 모델학습:텍스트,오디오감지,읽어주기 **난이도** ★★★★★

학습목표 인공지능 모델학습하기를 통해 학습 데이터로 입력한 텍스트를 클래스로 직접 분류하고 학습시킨 텍스트 모델을 이해합니다. 인공지능 모델학습(텍스트)을 통해 레시피를 알려주는 챗봇을 만들어 봅니다.

작품 미리보기

요리를 배우고 싶어하는 제자가 쉐프님께 요리를 배우고 싶다고 말합니다. 쉐프는 어떤 요리가 배우고 싶은지 묻고, 챗봇이 쉐프님의 레시피를 알려주는 프로그램입니다.

실행 영상 미리보기

• QR 코드 :

• 링크주소 : https://youtu.be/d1EAAn8d_fM

작품 만들기

◆ **오브젝트 추가하기**

01 [오브젝트 추가하기] 버튼을 클릭하여 [라면], [김치찌개], [요리사(1)], [요리사(3)], [묶음_패션쇼 무대] 오브젝트를 추가합니다. 요리사(1)-〉제자, 요리사(3)-〉쉐프로 오브젝트 이름을 변경합니다.

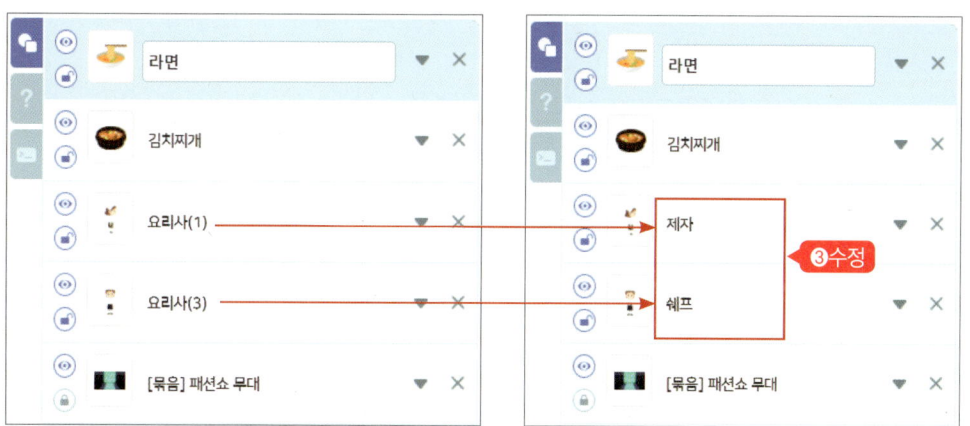

02 오브젝트를 원하는 위치에 놓고 장면을 구성합니다.

◆ **오브젝트 수정하기**

03 [쉐프] 오브젝트의 모양을 수정합니다.
[모양] 〉 [요리사(3)_2] 2번째 오브젝트를 클릭합니다. 쉐프님이 제자를 바라보는 효과를 주기 위해 방향을 반전시켜줍니다.

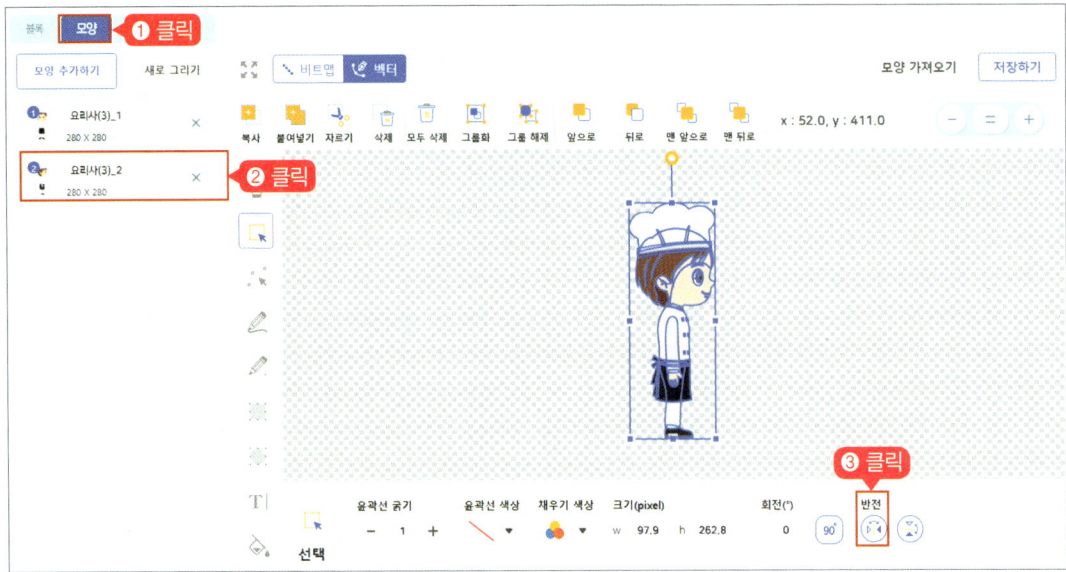

모양 방향이 반전된 것을 확인한 후 [저장하기] 버튼을 누릅니다.

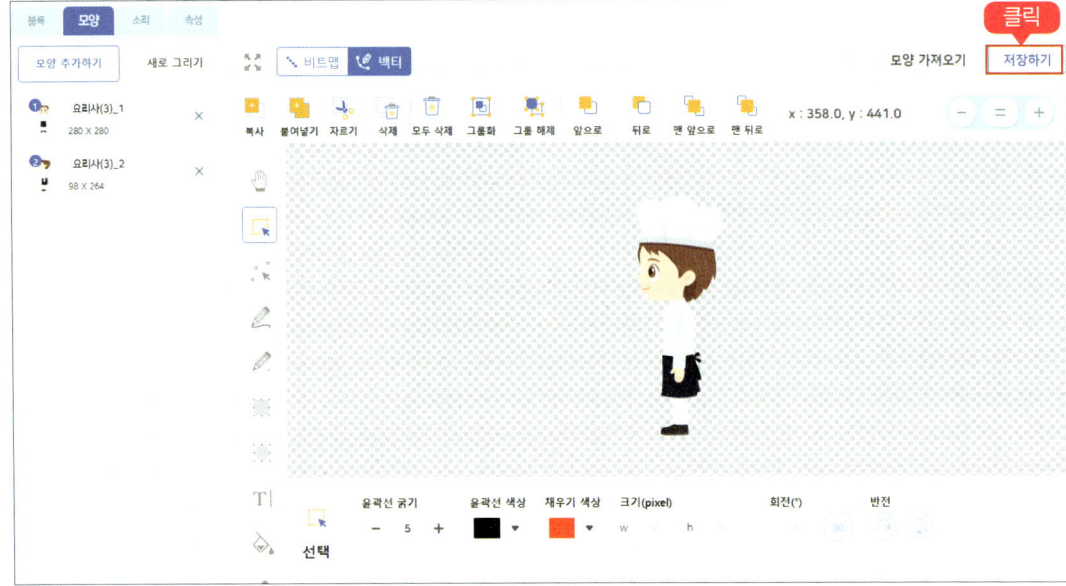

◇ 신호 추가하기

04 [속성] > [신호] > [신호 추가하기] > [라면], [김치찌개] 신호를 추가합니다.

◇ 인공지능 기능 추가하기

05 [인공지능] 탭에서 [인공지능 블록 불러오기]를 클릭하여 [오디오 감지], [읽어주기]를 불러옵니다.

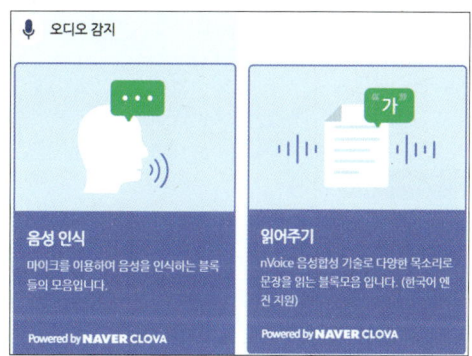

◇ 인공지능 텍스트 모델 학습하기

06 [인공지능] 탭에서 [인공지능 모델 학습하기] > [새로 만들기] > [분류:텍스트]를 선택한 후, [학습하기] 버튼을 클릭합니다.

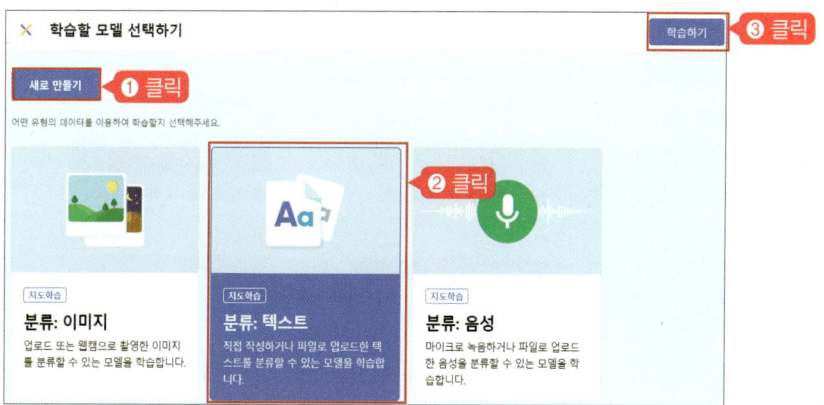

분류:텍스트 모델을 생성합니다.

- 모델명: 레시피
- 클레스명: 라면, 김치찌개
- 데이터 입력: 클래스에 학습할 데이터를 5개 이상 입력합니다.

클래스	학습할 데이터
라면	라면, 라면 끓이는 법, 라면 레시피, 라면 맛있게 끓이는 법, 라면은 어찌 끓여, 맛있는 라면, 라면 요리
김치찌개	김치찌개, 김치요리, 김치찌개 끓이는 법, 맛있는 김치째개, 김치로 하는 요리, 김치찌개 맛있게 끓이는 법, 김치찌개 레시피

데이터 입력이 끝났으면 입력한 데이터와 조건으로 [모델 학습하기]를 클릭하여 학습합니다. 학습한 모델의 결과를 확인해 봅니다. [적용하기] 버튼을 클릭하여 모델을 적용시킵니다.

※ 텍스트의 의미가 아니라 형태가 얼마나 비슷한지를 기준으로 분류하는 모델입니다.

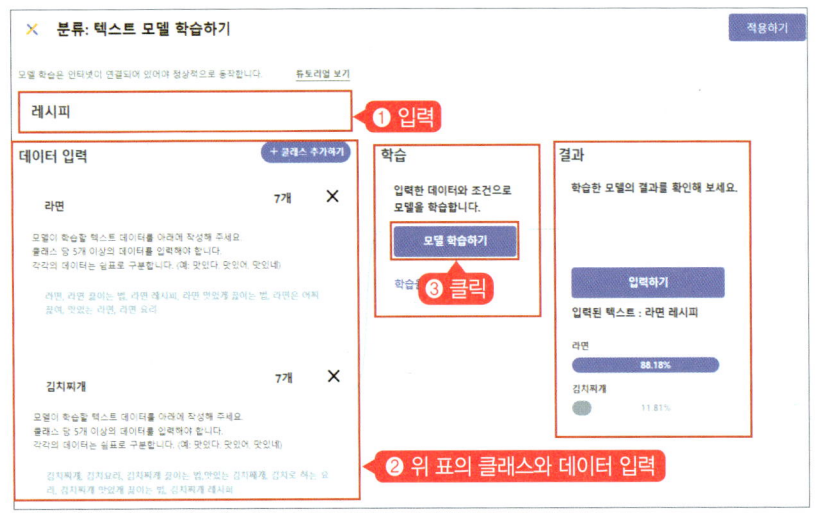

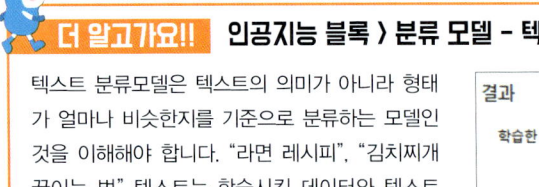 인공지능 블록 〉 분류 모델 - 텍스트

텍스트 분류모델은 텍스트의 의미가 아니라 형태가 얼마나 비슷한지를 기준으로 분류하는 모델인 것을 이해해야 합니다. "라면 레시피", "김치찌개 끓이는 법" 텍스트는 학습시킨 데이터와 텍스트 형태가 비슷하므로 신뢰도가 높게 나옵니다.

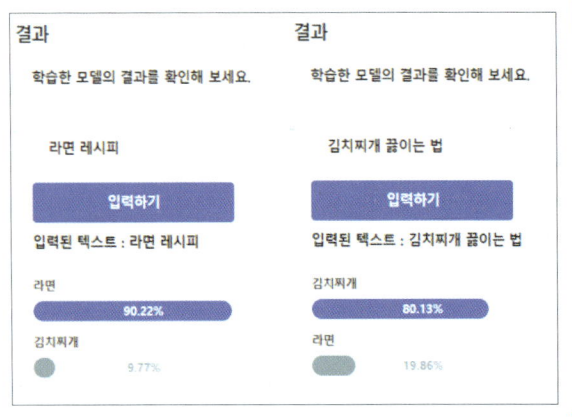

[김치, 김치찌개] 클래스의 데이터와 "짜장면", "된장 레시피"는 의미로 따지면 전혀 다른 음식입니다. 하지만 의미가 아니라 텍스트 형태를 보고 분류하므로 "면", "레시피" 등 형태가 비슷한 텍스트가 반영된 것임을 이해해야 합니다. 모든 클래스의 신뢰도의 총합은 100%입니다.

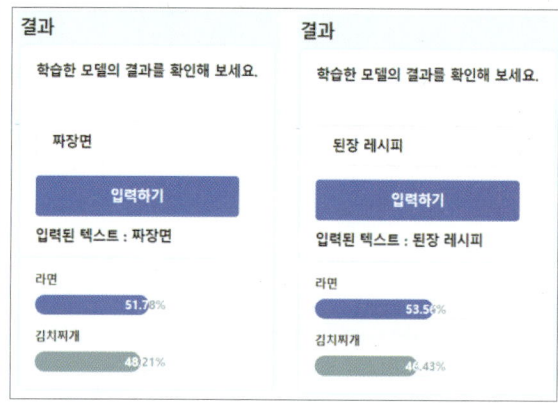

◆ 코딩하기

07 [쉐프] 오브젝트를 코딩합니다.

실행 화면이 시작되면 마이크가 연결되었는지 확인하고, 목소리를 남성 목소리로 설정해 줍니다. 제자와 대화하는 효과를 주기 위해 제자가 말하고 있는 3초 동안은 기다립니다. 사용법을 텍스트로 말하기와 음성으로 설명해 줍니다.

스페이스 키를 누르면 쉐프 모양을 바꿔주고 [음성인식]을 받아 `음성을 문자로 바꾼 값` 을 이용하여 학습시킨 [레시피] 모델로 분류하기를 합니다.

[레시피] 모델로 분류한 결과 신뢰도가 60%보다 작다면 라면, 김치찌개가 아닐 가능성이 높아 라면과 김치찌개 질문을 하라고 안내합니다. (다양한 음식으로 레시피 모델을 학습하면 더 똑똑한 레시피 챗봇이 될 수 있습니다.) 신뢰도가 높고 분류결과가 라면이라면 [라면] 신호보내기, 김치찌개라면 [김치찌개] 신호를 보냅니다.

[라면] 신호를 받으면 라면 레시피를 알려줍니다.

[김치찌개] 신호를 받으면 김치찌개 레시피를 알려줍니다.

08 [제자] 오브젝트를 코딩합니다. 쉐프님을 바라보고 정중하게 부탁하기 위해 모양 바꾸기를 하고, 제자 목소리를 앙증맞은 목소리로 설정하고 3초 동안 말하기 합니다.

스페이스 키를 누를 때마다 모양을 바꿔줍니다.

> [스페이스▼ 키를 눌렀을 때]
> [다음▼ 모양으로 바꾸기]

09  [라면] 오브젝트를 코딩합니다. 실행 화면이 시작되면 모양 숨기기를 합니다.

> [시작하기 버튼을 클릭했을 때]
> [모양 숨기기]

스페이스 키를 누르면 새로운 요리 레시피를 알려줘야 하므로 모양 숨기기 합니다.

> [스페이스▼ 키를 눌렀을 때]
> [모양 숨기기]

[라면] 신호를 받으면 모니터에 라면 이미지가 중앙에 보여줄 수 있도록 모양 보이기, 위치와 크기를 정해 줍니다.

> [라면▼ 신호를 받았을 때]
> [모양 보이기]
> [x: 0 y: 50 위치로 이동하기]
> [크기를 150 (으)로 정하기]

10  [김치찌개] 오브젝트를 코딩합니다. 실행 화면이 시작되면 모양 숨기기를 합니다.

> [시작하기 버튼을 클릭했을 때]
> [모양 숨기기]

스페이스 키를 누르면 새로운 요리 레시피를 알려줘야 하므로 모양 숨기기 합니다.

> [스페이스▼ 키를 눌렀을 때]
> [모양 숨기기]

[김치찌개] 신호를 받으면 모니터에 김치찌개 이미지가 중앙에 보여줄 수 있도록 모양 보이기와 크기를 정해 줍니다.

> [김치찌개▼ 신호를 받았을 때]
> [모양 보이기]
> [x: 0 y: 50 위치로 이동하기]
> [크기를 150 (으)로 정하기]

전체 코드

▶ 완성 파일 : 레시피를 알려주는 챗봇.ent

요리사(3)

```
시작하기 버튼을 클릭했을 때
요리사(3)_1▼ 모양으로 바꾸기
마이크가 연결되었는가? 이(가) 될 때까지 기다리기
남성▼ 목소리를 보통▼ 속도 보통▼ 음높이로 설정하기
3 초 기다리기
요리사(3)_2▼ 모양으로 바꾸기
어떤 요리가 궁금해요? 스페이스를 누르고 말 해 보세요. 읽어주기
어떤 요리가 궁금해요? 스페이스를 누르고 말 해 보세요. 을(를) 2 초 동안 말하기▼
```

```
스페이스▼ 키를 눌렀을 때
요리사(3)_1▼ 모양으로 바꾸기
어떤 요리를 배우고 싶어요? 읽어주고 기다리기
한국어▼ 음성 인식하기
음성인식: 과(와) 음성을 문자로 바꾼 값 을(를) 합친 값 을(를) 2 초 동안 말하기▼
음성을 문자로 바꾼 값 을(를) 학습한 모델로 분류하기
만일 라면▼ 에 대한 신뢰도 > 0.6 또는 김치찌개▼ 에 대한 신뢰도 > 0.6 (이)라면
    만일 분류 결과가 라면▼ 인가? (이)라면
        라면▼ 신호 보내기
    만일 분류 결과가 김치찌개▼ 인가? (이)라면
        김치찌개▼ 신호 보내기
아니면
    오늘은 라면 또는 김치찌개 질문만 하세요. 을(를) 1 초 동안 말하기▼
요리사(3)_2▼ 모양으로 바꾸기
```

```
라면▼ 신호를 받았을 때
라면 맛있게 끓이는 레시피를 알려줄께요. 읽어주고 기다리기
첫째, 물500ml를 넣고 팔팔 끓여주세요. 읽어주고 기다리기
둘째, 라면, 스프를 넣고 3분 정도 끓여 줍니다. 읽어주고 기다리기
셋째, 파, 버섯, 마늘 조금, 계란을 넣고 1분 더 끓여 줍니다. 읽어주고 기다리기
```

```
김치찌개▼ 신호를 받았을 때
김치찌개 맛있게 끓이는 레시피를 알려줄께요. 읽어주고 기다리기
첫째, 맛있는 김치 1포기를 준비한다. 읽어주고 기다리기
둘째, 김치에 들기름을 두르고 달달 볶아 주세요. 읽어주고 기다리기
셋째, 물 500ml 넣고 돼지고기를 넣어 10분 끓여 맛있게 먹으면 됩니다. 읽어주고 기다리기
```

요리사(1)

```
시작하기 버튼을 클릭했을 때
요리사(1)_2▼ 모양으로 바꾸기
앙증맞은▼ 목소리를 보통▼ 속도 보통▼ 음높이로 설정하기
쉐프님의 요리를 배우고 싶습니다. 읽어주기
쉐프님의 요리를 배우고 싶습니다. 을(를) 3 초 동안 말하기▼
```

```
스페이스▼ 키를 눌렀을 때
다음▼ 모양으로 바꾸기
```

 결과 확인하기

❶ 제자가 쉐프님께 요리를 알려달라고 부탁합니다.

❷ 텍스트 모델학습을 라면과 김치찌개 2종류만 했기 때문에 그 외 질문을 하면 나오는 메시지입니다.

❸ 스페이스를 누르고 김치찌개와 형태가 비슷한 텍스트를 요청하면 김치찌개 레시피를 말해 줍니다.

❹ 스페이스를 누르고 라면과 형태가 비슷한 텍스트를 요청하면 라면 레시피를 말해 줍니다.

작품 32
좋은 하루 챗봇

핵심기능 모델학습:텍스트 **난이도** ★★★★☆

학습목표 감정 분류를 하기 위해 만든 텍스트 인공지능 모델을 활용하여 챗봇을 만들어 봅니다.

작품 미리보기

시작하기 버튼을 누르면 챗봇이 말을 시작합니다. 이름을 묻고 대답하고, 오늘의 기분을 묻고 대답합니다. 사용자가 입력한 내용에 따라 내가 만든 텍스트 인공지능 모델에서 분류된 2가지 결과(유쾌한, 불쾌한)에 따라 효과음을 출력해주는 챗봇을 만들어봅니다.

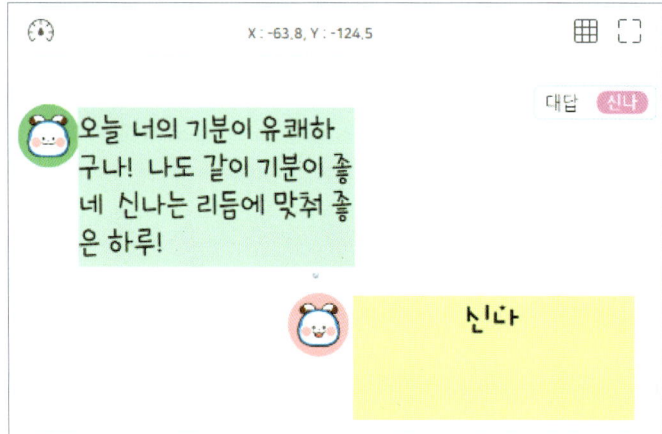

 **실행 영상 미리보기**

- QR 코드 :

- 링크주소 : https://youtu.be/AHrcv4iBAck

작품 시나리오

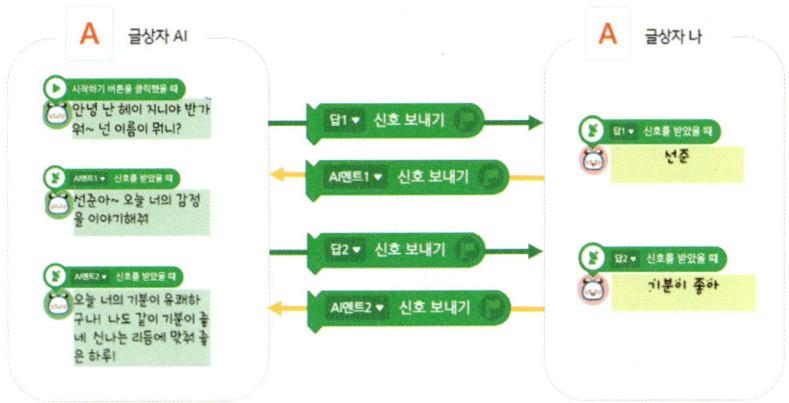

 ## 작품 만들기

◇ **오브젝트 추가하기**

01 [오브젝트 추가하기] 버튼을 클릭하여 [[묶음]얼굴스티커], [[묶음]얼굴스티커] 오브젝트 2개를 추가한 후, 글상자 2개를 추가합니다.

◇ **오브젝트 수정하기**

02 오브젝트의 크기를 조절하여 화면을 구성합니다. 오브젝트의 이름과 모양정보를 수정합니다.

- 글상자1 이름을 [글상자 AI]로 변경
- 글상자 이름을 [글상자 나]로 변경
- [묶음]얼굴 스티커1 이름을 [[묶음]얼굴 스티 AI] 변경
- [묶음]얼굴 스티커 이름을 [[묶음]얼굴 스티커 나]로 변경

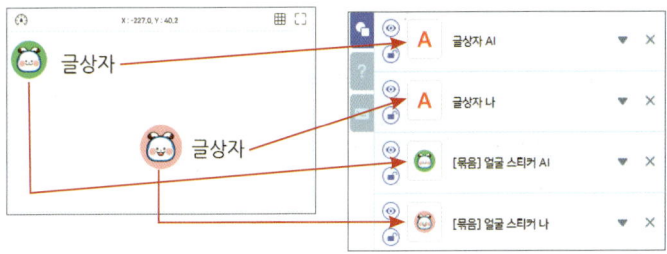

[글상자 AI] 속성을 다음과 같이 변경합니다.

- 글씨체: 산돌 초록우산 어린이체, 여러줄쓰기, 배경색: 연두색, 글자크기 조절

[글상자 나] 속성을 다음과 같이 변경합니다.

- 글씨체: 산돌 별이샤방샤방, 여러줄쓰기, 배경색: 노란색, 글자크기 조절

◇ 변수 추가하기

03 [속성] 〉 [변수] 〉 [변수 추가하기] 〉 [내말씀], [최대글자수], [카운트], [AI말씀]변수 4개를 추가합니다.

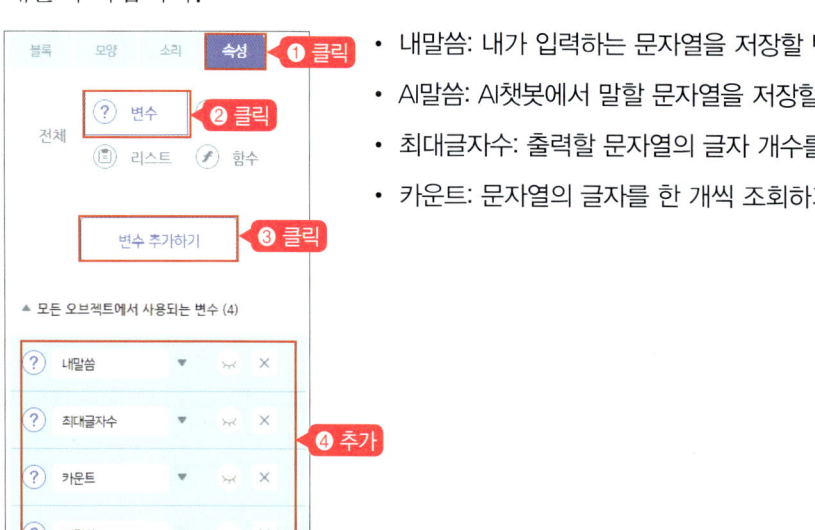

- 내말씀: 내가 입력하는 문자열을 저장할 변수
- AI말씀: AI챗봇에서 말할 문자열을 저장할 변수
- 최대글자수: 출력할 문자열의 글자 개수를 저장할 변수
- 카운트: 문자열의 글자를 한 개씩 조회하기 위한 변수

◇ 신호 추가하기

04 [속성] > [신호] > [신호 추가하기] > [불쾌한], [유쾌한], [AI글쓰기], [나글쓰기], [AI멘트1], [AI멘트2], [답1], [답2] 신호 8개를 추가합니다.

◇ 리스트 추가하기

05 [속성] > [리스트] > [리스트 추가하기] > [AI멘트] 리스트를 추가합니다.

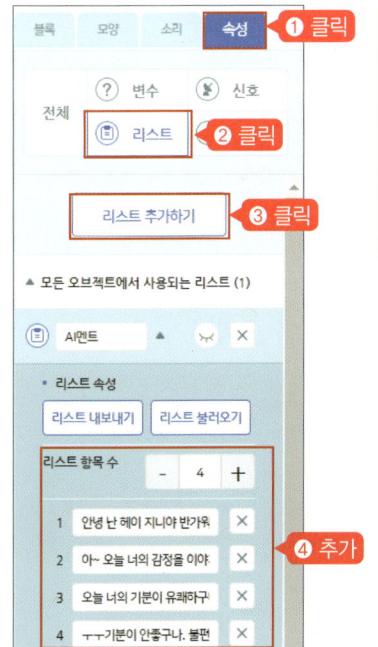

[리스트 입력값]
❶ 안녕 난 헤이 지니야 반가워~ 넌 이름이 뭐니?
❷ 아~ 오늘 너의 감정을 이야기해줘
❸ 오늘 너의 기분이 유쾌하구나! 나도 같이 기분이 좋네 신나는 리듬에 맞춰 좋은 하루!
❹ ㅜㅜ기분이 안좋구나. 불편한 마음 화장실에 씻겨 보내고, 좋은 하루!

◇ 텍스트 모델 학습하기

06 🧠 탭에서 [인공지능 모델 학습하기] 〉 [새로 만들기] 〉 [분류:텍스트]를 선택한 후, [학습하기] 버튼을 클릭합니다.

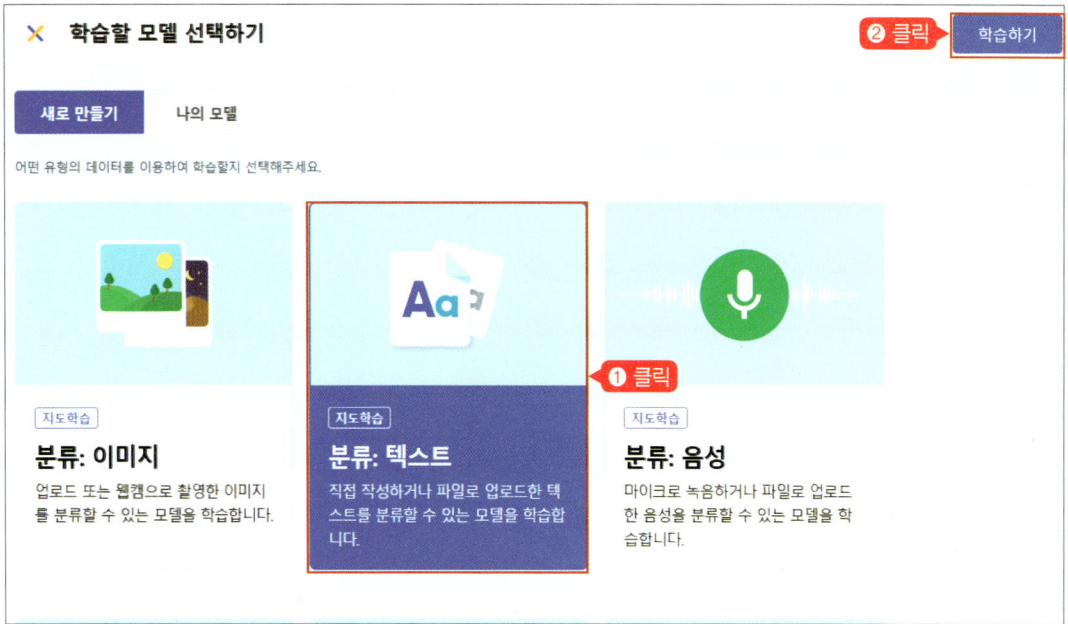

텍스트 모델을 생성합니다.

- 모델이름: 감정단어
- 레이블: 유쾌한, 불쾌한
- 데이터 입력: 클래스에 학습할 데이터를 5개 이상 입력

클래스	텍스트
유쾌한	감동적인, 짜릿한, 설레는, 감사한, 사랑하는, 흐뭇한, 자랑스러운, 고마운, 충만한, 가슴버긴, 기대되는, 기쁜, 기운나는, 홀가분한, 편안한, 즐거운, 반가운, 활기찬, 뿌듯한, 열정적인, 만족스러운, 설레는, 행복한, 신나는, 당당한, 평온한, 평화로운, 친근한, 안심되는, 좋아, 너무좋아
불쾌한	걱정되는, 안타까운, 당황스러운, 의기소침한, 겁나는, 불안한, 난처한, 창피한, 슬픈, 외로운, 허무한, 혼란스러운, 무기력한, 피곤한, 지친, 놀란, 초조한, 우울한, 서운한, 실망스러운, 괴로운, 허탈한, 약 오르는, 비참한, 억울한, 힘들어, 안좋아, 슬퍼

데이터 입력이 끝났으면 입력한 데이터와 조건으로 [모델 학습하기]를 클릭하여 학습합니다. 학습한 모델의 결과를 확인해 봅니다. [적용하기] 버튼을 클릭하여 모델을 적용시킵니다.

※ 텍스트의 의미가 아니라 형태가 얼마나 비슷한지를 기준으로 분류하는 모델입니다.

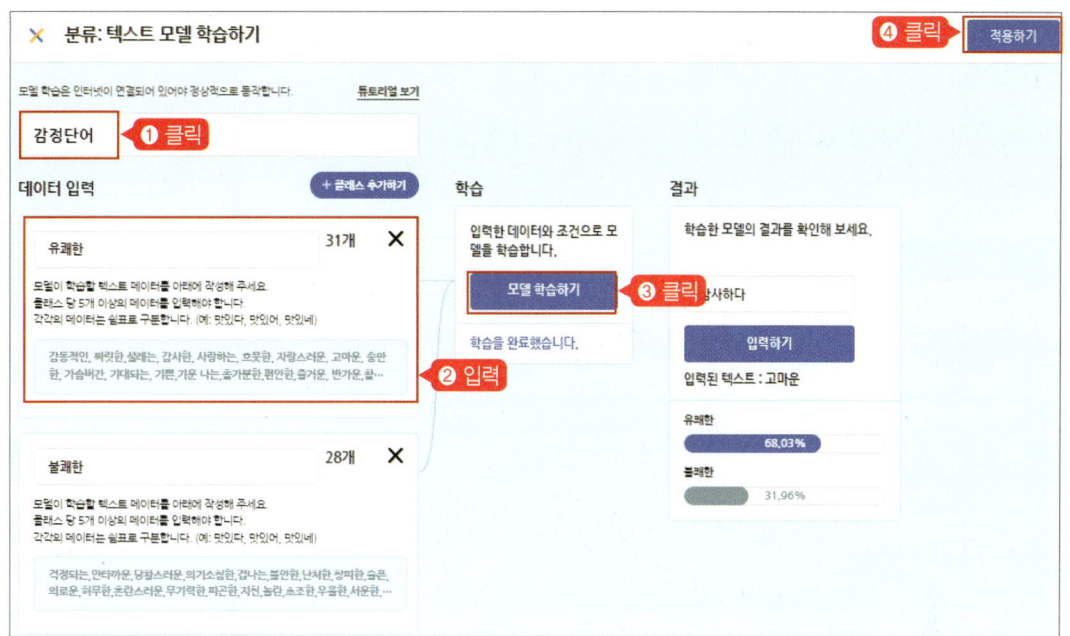

◆ 소리 추가하기

07 [A 글상자 AI] [글상자 AI] 오브젝트에 소리를 추가합니다.
[소리] > [소리 추가하기] > [전자신호음1], [스네어1(타)], [킥드럼(쿵)], [화장실 물 내려가는 소리] 4개의 소리를 추가합니다.

Chapter 03_인공지능 & 데이터 분석 응용하기 255

◆ 코딩하기

08 A 글상자AI [글상자 AI] 오브젝트를 코딩합니다.

[AI글쓰기] 신호를 받았을 때, 글상자에 한 글자씩 출력하며 소리 효과음을 내는 동작을 수행합니다.

```
[AI글쓰기] 신호를 받았을 때
텍스트 모두 지우기 (가)
최대글자수▼ 를 (AI말씀▼ 값 의 글자 수) (으)로 정하기
카운트▼ 를 1 (으)로 정하기
(최대글자수▼ 값 - 카운트▼ 값) < 0 이 될 때까지▼ 반복하기
    AI말씀▼ 값 의 카운트▼ 값 번째 글자 라고 뒤에 이어쓰기 (가)
    소리 전자신호음1▼ 재생하기
    카운트▼ 에 1 만큼 더하기
    0.1 초 기다리기
```

시작하기 버튼을 클릭했을 때, 리스트 [AI멘트]의 첫 번째 항목을 변수 [AI말씀]에 저장합니다. [AI글쓰기] 신호 보내고 기다리기 후에 이름을 입력 받기 위해 묻고 대답하기 합니다. 사용자가 입력한 대답값을 [글상자 나]에 출력해 주기 위해 [답1] 신호를 보냅니다.

```
시작하기 버튼을 클릭했을 때
AI말씀▼ 를 AI멘트▼ 의 1 번째 항목 (으)로 정하기
AI글쓰기▼ 신호 보내고 기다리기
>> 이름 입력 을(를) 묻고 대답 기다리기
답1▼ 신호 보내기
```

[AI멘트1] 신호를 받았을 때 실행되는 코드입니다.

대답에 저장된 이름과 리스트 [AI멘트]의 두 번째 항목을 가져와서 변수 [AI말씀]에 저장합니다. [AI글쓰기] 신호 보내고 기다리기 후 기본 정보를 입력 받기 위해 묻고 대답하기를 합니다. 사용자가 입력한 대답값을 [글상자 나]에 출력해 주기 위해 [답2] 신호를 보냅니다.

```
[AI멘트1] 신호를 받았을 때
AI말씀▼ 를 (대답 과(와) AI멘트▼ 의 2 번째 항목 을 합치기) (으)로 정하기
AI글쓰기▼ 신호 보내고 기다리기
>> 감정 입력 을(를) 묻고 대답 기다리기
답2▼ 신호 보내기
```

[AI멘트2] 신호를 받았을 때 실행되는 코드입니다.

텍스트 모델에 사용자가 답변한 오늘의 기분을 입력합니다. 결과 레이블 값에 따라 글상자에 문자열을 출력합니다.

분류 결과가 유쾌한 경우 리스트의 3번째 항목을 [AI말씀]에 저장하고 [유쾌한] 신호를 호출합니다. 분류 결과가 불쾌한 경우 리스트의 4번째 항목을 [AI말씀]에 저장하고 [불쾌한] 신호를 호출합니다.

[AI글쓰기] 신호 보내고 기다리기 블록으로 글상자에 [AI 말씀] 내용을 출력합니다.

유쾌한 신호를 받았을 때, 효과음을 반복적으로 출력해 줍니다.

불쾌한 신호를 받았을 때, 효과음을 반복적으로 출력해 줍니다.

09 A 글상자 나 [글상자 나] 오브젝트를 코딩합니다.

[나글쓰기] 신호를 받았을 때, 글상자에 한글자씩 출력하며 소리 효과음을 내는 동작을 수행합니다.

이름 입력을 묻고 대답하기 이후에 [답1] 신호가 보내졌을 때 수행됩니다. [답1] 신호를 받았을 때 이름을 저장한 대답 변수를 [내말씀]에 저장하고, [나글쓰기] 신호를 호출하여 글상자에 이름을 출력해 줍니다. [AI멘트1] 신호를 보내 다음 멘트를 출력하도록 합니다.

오늘의 기분을 묻고 대답하기 이후에 [답2] 신호가 보내졌을 때 수행됩니다. [답2] 신호를 받았을 때 오늘의 기분을 저장한 대답 변수를 [내말씀]에 저장하고, [나글쓰기] 신호를 호출하여 글상자에 오늘의 기분을 출력해 줍니다. [AI멘트2] 신호를 보내 다음 멘트를 출력하도록 합니다.

전체 코드

▶ 완성 파일 : 좋은하루챗봇.ent

```
시작하기 버튼을 클릭했을 때
AI말씀▼ 를 AI멘트▼ 의 1 번째 항목 (으)로 정하기
AI글쓰기▼ 신호 보내고 기다리기
>> 이름 입력 을(를) 묻고 대답 기다리기
답1▼ 신호 보내기
```

```
AI글쓰기▼ 신호를 받았을 때
텍스트 모두 지우기
최대글자수▼ 를 AI말씀▼ 값 의 글자 수 (으)로 정하기
카운트▼ 를 1 (으)로 정하기
최대글자수▼ 값 - 카운트▼ 값 < 0 이 될 때까지▼ 반복하기
  AI말씀▼ 값 의 카운트▼ 값 번째 글자 라고 뒤에 이어쓰기
  소리 전자신호음1▼ 재생하기
  카운트▼ 에 1 만큼 더하기
  0.1 초 기다리기
```

```
AI멘트1▼ 신호를 받았을 때
AI말씀▼ 를 대답 과(와) AI멘트▼ 의 2 번째 항목 를 합치기 (으)로 정하기
AI글쓰기▼ 신호 보내고 기다리기
>>감정 입력 을(를) 묻고 대답 기다리기
답2▼ 신호 보내기
```

A 글상자 AI

```
AI멘트2▼ 신호를 받았을 때
소리 크기를 10 % 로 정하기
대답 을(를) 학습한 모델로 분류하기
만일 분류 결과가 유쾌한 인가? (이)라면
  AI말씀▼ 를 AI멘트▼ 의 3 번째 항목 (으)로 정하기
  유쾌한▼ 신호 보내기
아니면
  AI말씀▼ 를 AI멘트▼ 의 4 번째 항목 (으)로 정하기
  불쾌한▼ 신호 보내기
AI글쓰기▼ 신호 보내고 기다리기
```

```
유쾌한▼ 신호를 받았을 때
계속 반복하기
  소리 스네어 1(타)▼ 재생하고 기다리기
  소리 킥드럼(쿵)▼ 재생하고 기다리기
```

```
불쾌한▼ 신호를 받았을 때
계속 반복하기
  소리 화장실 물 내려가는 소리▼ 재생하고 기다리기
```

A 글상자나

결과 확인하기

❶ 첫 번째 멘트가 출력되며 이름을 물어봅니다.

❷ 입력받은 이름을 출력하고, 다음 질문을 합니다.

❸ 두 번째 멘트에 대한 답변으로 오늘의 기분을 입력합니다.

❹ 유쾌한 결과가 나온 경우 답변을 출력해 줍니다.

하늘에서 음식이 내려와

핵심기능 비디오 감지 **난이도** ★★★★★

학습목표 팔동작을 인식하여 하늘에서 내려오는 음식을 놓치지 않고 접시로 받는 게임을 만듭니다.

 작품 미리보기

여름 휴가를 해변으로 갔는데, 아뿔사! 음식을 하나도 준비하지 않았네요.

배가 고픈 가운데 음식이 어디서 안 떨어지나 상상을 하는데, 갑자기 음식이 하늘에서 내려오기 시작합니다. 팔을 하늘로 뻗어 접시가 왼쪽, 중간, 오른쪽으로 이동하도록 하여 음식이 땅에 떨어지기 전에 접시로 받는 게임입니다.

왼쪽 팔을 위로 뻗으면 접시가 왼쪽으로, 오른쪽 팔을 위로 뻗으면 접시가 오른쪽으로, 양팔을 위로 뻗으면 접시가 중간에 놓입니다.

팔을 잘 뻗어서 하늘에서 내려오는 음식을 하나도 빠짐없이 잘 받아 보도록 해요~

 **실행 영상 미리보기**

- QR 코드 :

- 링크주소 : https://youtu.be/k-YsCm1O5dY

게임 시나리오

하늘에서 떨어지는 음식을 접시로 받아내어 점수를 올리는 게임입니다. 음식은 3종류로 상단에 위치하며 좌측부터 딸기, 김치, 김밥으로 합니다. 음식을 받는 접시는 하단에 두며 팔을 올리는 방향으로 이동합니다.

팔을 올릴 때 손목 위치가 Y 좌표 기준 0 이상임을 감지하여 왼쪽 팔을 올렸으면 1, 오른쪽 팔을 올렸으면 2, 양팔을 올렸으며 3, 해당없으면 0으로 하며, 변수 [올린팔번호]에 저장합니다. [올린팔번호]가 1 이상일 때만 접시 이동을 진행하며, 0 이거나 이전의 [올린팔번호]가 같은 경우는 접시 이동이 없습니다.

음식이 떨어지면서 접시에 부딪히면 +1점을 주며, 바닥에 부딪히면 점수가 없습니다.

◆ 플로우차트

작품 만들기

◆ 오브젝트 추가하기

01 배경화면 [해변가] 오브젝트를 추가하고, [김밥], [김치], [딸기], [접시] 오브젝트들도 추가합니다.

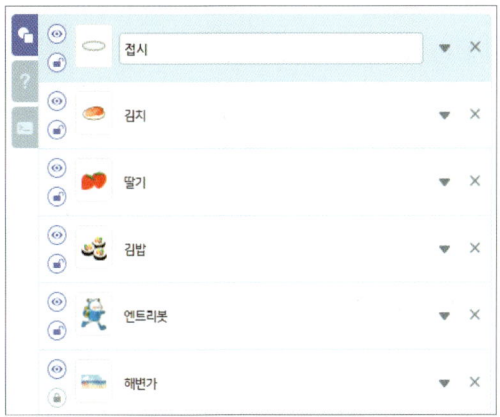

02 오브젝트들로 장면을 구성합니다. 각 위치는 코딩하면서 적용하면 되기 때문에 여기서는 적당하게 배치하면 됩니다.

03 오브젝트 [해변가]를 선택 후, [소리] 탭에서 [연출] > [또이], [악기] > [피아노 06_미], [피아노 13_높은미] 소리를 추가합니다.

◇ 신호 추가하기

04 [속성] 탭에서 [비디오정상], [게임시작], [접시이동], [받았다] 신호를 추가합니다.

[비디오정상]은 비디오 연결이 정상이 되었을 때 보내는 신호이며, 게임 시작 사운드를 들여준 뒤에 보내는 신호가 [게임시작] 입니다. 신호 [접시이동]은 팔의 위치가 변경되면 부르는 신호이며, 신호 [받았다]는 접시에 음식이 닿았을 때 음식 받은 사운드를 틀기 위한 신호입니다.

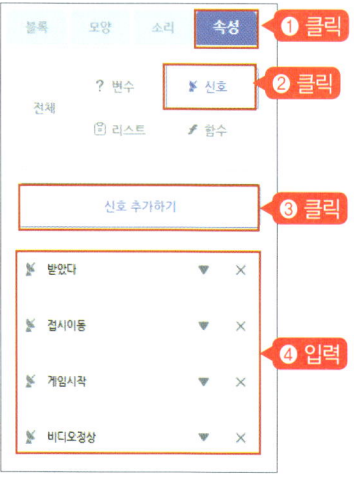

◇ 변수 추가하기

05 [속성] 탭에서 [변수] > [변수 추가하기]로 [점수], [올린팔번호], [이전팔번호] 변수를 추가합니다. 여기서 [올린팔번호], [이전팔번호] 변수는 숨기기(　)를 적용합니다.

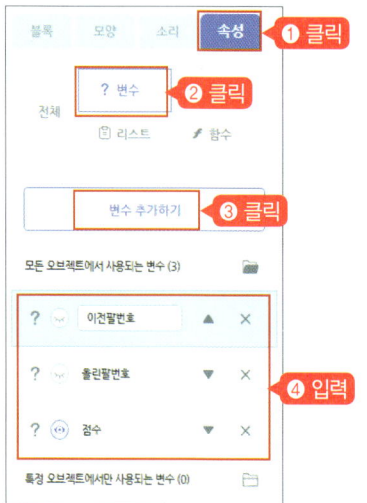

◇ 인공지능 비디오 감지 사람 인식 기능 추가하기

06 인공지능 탭에서 [인공지능 블록 불러오기]를 클릭하여 [비디오 감지] > [사람 인식]을 선택한 뒤에 [불러오기] 버튼을 클릭합니다.

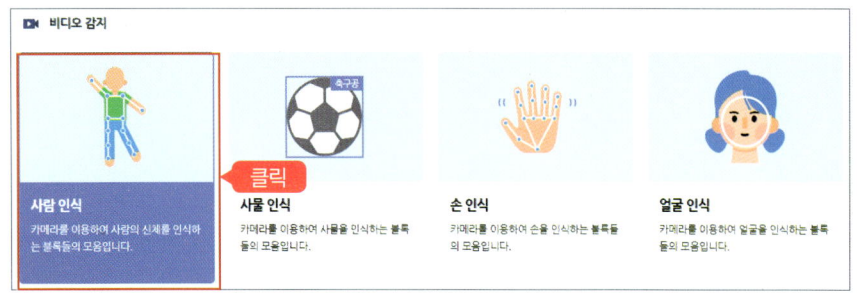

◆ 코딩하기

07 함수 코딩입니다.

[속성] 탭에서 [함수] > [함수 추가하기]로 [복제본만들기], [음식내려와] 함수를 추가합니다. [복제본만들기] 함수는 [김밥], [김치], [딸기] 오브젝트들을 복제본으로 만드는 함수로, 인수는 복제본을 만드는 오브젝트의 크기와 좌표를 가집니다.

[문자/숫자값 1]은 복제본 오브젝트의 크기, [문자/숫자값 2]는 복제본 오브젝트의 X 좌표, [문자/숫자값 3]은 복제본 오브젝트의 Y 좌표값을 가지고 있습니다.

복제본이 복제되는 시간은 0.5초에서 1초 사이에 랜덤으로 복제를 합니다. 복제본이 만들어지면 1~6초 사이의 랜덤값을 받아서 랜덤값을 초(Seconds)로 계산해서 해당 시간만큼 대기시간을 가집니다.

[음식내려와] 함수는 음식 오브젝트 복제본으로 만들어진 음식들을 하늘에서 바닥까지 내려오도록 만드는 함수입니다. 하늘에 떠 있던 복제본은 모양이 보이지 않습니다. 복제본 오브젝트 모양을 보이게 만들고 바닥이나 접시에 닿을때까지 반복문으로 코딩합니다.

음식이 접시에 닿았을 때 [점수]에 1점을 더하고 [받았다] 신호를 호출하여 [또이] 사운드를 재생합니다. 음식이 바닥이나 접시에 닿았으니 만들어진 복제본 오브젝트는 삭제합니다.

08 [엔트리봇] 오브젝트 코딩입니다. 오브젝트 목록에서 [엔트리봇] 오브젝트를 선택합니다.

[엔트리봇] 오브젝트는 게임의 시작점입니다. 비디오 연결을 확인하고 사람 인식을 시작한 뒤에 [비디오정상] 신호를 보냅니다.

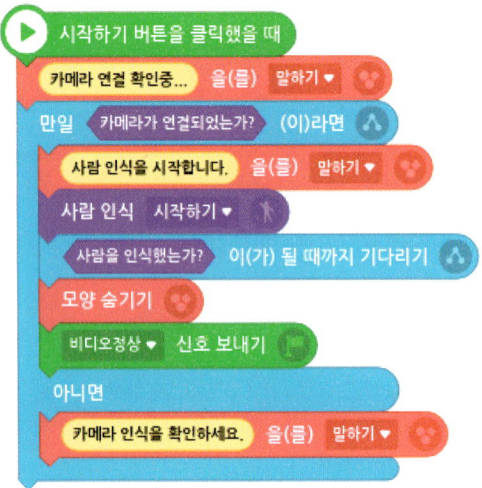

09 배경인 [해변가] 오브젝트 코딩입니다. 오브젝트 목록에서 [해변가] 오브젝트를 선택합니다.

[비디오정상] 신호를 받으면 "뚜, 뚜, 뚜, 뚜~"라는 시작음을 재생하고 [게임시작] 신호를 보냅니다.

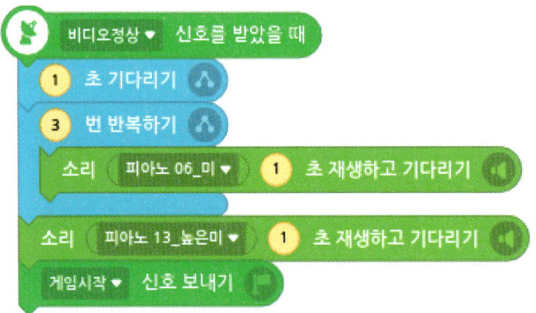

[게임시작] 신호를 받으면 비디오에 감지된 사람의 팔상태를 판단하고 팔상태가 이전과 다르다면 [접시이동] 신호를 보냅니다.

[받았다] 신호를 받으면 [또이] 사운드를 재생합니다. 오브젝트 목록에서 [접시] 오브젝트를 선택합니다.

10 [접시] 오브젝트 코딩입니다. 오브젝트 목록에서 [접시] 오브젝트를 선택합니다.

[시작하기 버튼을 클릭했을 때] 이벤트가 발생하면 [접시] 오브젝트 크기와 위치를 조정하고 모양을 숨깁니다.

[게임시작] 신호를 받으면 숨긴 접시 모양을 보이게 합니다.

[접시이동] 신호를 받으면 [올린팔번호]에 따라 접시를 이동합니다.

⑪ [김치], [딸기], [김밥] 오브젝트 코딩입니다. 다음의 코딩은 오브젝트 목록에서 각각의 음식 오브젝트를 선택해서 공통적으로 코딩을 해 주어야 합니다.

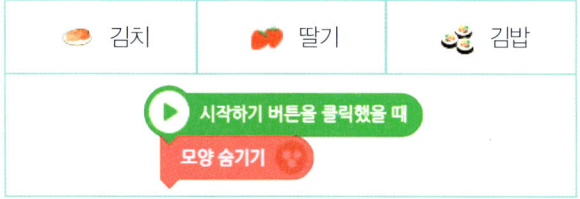

[게임시작] 신호를 받으면 [복제본만들기] 함수를 호출합니다.

[김치] 오브젝트는 "100", "0", "100", [딸기] 오브젝트는 "50", "-150", "100", [김밥] 오브젝트는 "60", "150", "100"의 인수로 호출합니다. 여기서 첫 번째 인수는 오브젝트의 크기(%), 두 번째와 세 번째 인수는 오브젝트가 장면에 표시되는 첫 X 좌표, Y 좌표입니다.

[복제본이 처음 생성되었을 때] 이벤트가 발생하면 [음식내려와] 함수를 호출합니다.

전체 코드

▶ 완성 파일 : 하늘에서 음식이 내려와.ent

[함수] 복제본만들기 10 10 10	함수 정의하기 복제본만들기 문자/숫자값 1 문자/숫자값 2 문자/숫자값 3 크기를 문자/숫자값 1 (으)로 정하기 x: 문자/숫자값 2 y: 문자/숫자값 3 위치로 이동하기 계속 반복하기 　5 부터 20 사이의 무작위 수 / 10 초 기다리기 　자신▼ 의 복제본 만들기 　1 부터 6 사이의 무작위 수 초 기다리기
[함수] 음식내려와	함수 정의하기 음식내려와 모양 보이기 아래쪽 벽▼ 에 닿았는가? 또는▼ 접시▼ 에 닿았는가? 이 될 때까지▼ 반복하기 　y좌표를 -1 만큼 바꾸기 만일 접시▼ 에 닿았는가? (이)라면 　점수▼ 에 1 만큼 더하기 　받았다▼ 신호 보내기 이 복제본 삭제하기
김밥	시작하기 버튼을 클릭했을 때 모양 숨기기 게임시작▼ 신호를 받았을 때 복제본만들기 60 150 100 복제본이 처음 생성되었을때 음식내려와
김치	시작하기 버튼을 클릭했을 때 모양 숨기기 게임시작▼ 신호를 받았을 때 복제본만들기 100 0 100 복제본이 처음 생성되었을때 음식내려와

| 딸기 | 시작하기 버튼을 클릭했을 때
모양 숨기기

게임시작▼ 신호를 받았을 때
복제본만들기 50 -150 100

복제본이 처음 생성되었을때
음식내려와 |

| 접시 | 시작하기 버튼을 클릭했을 때
크기를 100 (으)로 정하기
x: 0 y: -100 위치로 이동하기
모양 숨기기

게임시작▼ 신호를 받았을 때
모양 보이기

접시이동▼ 신호를 받았을 때
만일 올린팔번호▼ 값 = 1 (이)라면
  x: -150 위치로 이동하기
아니면
  만일 올린팔번호▼ 값 = 2 (이)라면
    x: 150 위치로 이동하기
  아니면
    x: 0 위치로 이동하기 |

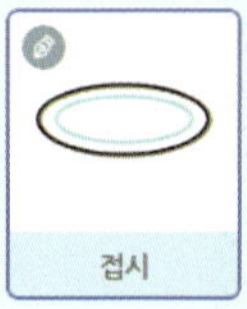

결과 확인하기

❶ 게임 시작화면으로 카메라 인식을 준비하고 게임시작할 때 사운드를 들려 줍니다.

❷ 접시에 음식을 받으면 점수가 1점 올라갑니다.

Chapter 03_인공지능 & 데이터 분석 응용하기

CHAPTER 04

{ 사고력향상 퀴즈 }

다국어 학습기(동물편)

핵심기능 번역, 읽어주기 **난이도** ★★☆☆☆

 작품 미리보기

시작하기 버튼을 누른 후 번역할 언어를 선택합니다. 영어, 독일어, 프랑스어가 지원됩니다. 스페이스 키를 누르면 화면의 그림카드가 표시되며 선택된 언어로 텍스트가 표시되고, 번역된 단어를 출력해줍니다. 계속해서 스페이스 키를 누르면 그림카드가 제시되어 번역된 단어를 들으며 학습할 수 있습니다.

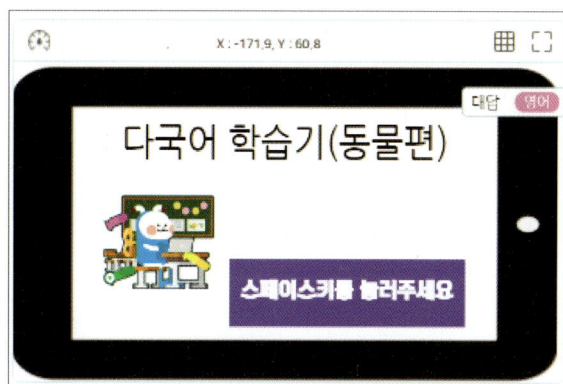

 **실행 영상 미리보기**

- QR 코드 :

- 링크주소 : https://youtu.be/xQbS2hHFkYg

작품 만들기

◇ 오브젝트 추가하기

01 [테블릿], [공부하는 엔트리봇] 오브젝트를 추가한 후, [글상자] 오브젝트 2를 추가합니다.

◇ 오브젝트 수정하기

02 오브젝트의 크기와 글상자의 내용을 수정하여 화면을 구성합니다.

[테블릿] 오브젝트의 크기를 화면에 맞춰 확대합니다.

[공부하는 엔트리봇]의 크기와 위치를 조절합니다.

[글상자]를 제목으로 사용하기 위해 "제목글상자"로 이름을 변경하고, 속성을 폰트: 나눔고딕체, 정렬: 중간정렬, 내용: 다국어 학습기(동물편)로 설정합니다.

[글상자]를 단어 표시 장치로 사용하기 위해 "단어장글상자"로 이름을 변경하고, 속성을 폰트:산돌맵씨, 정렬:중간정렬, 내용: 스페이스 키를 눌러주세요. 여러줄쓰기, 글자색, 바탕색을 변경합니다.

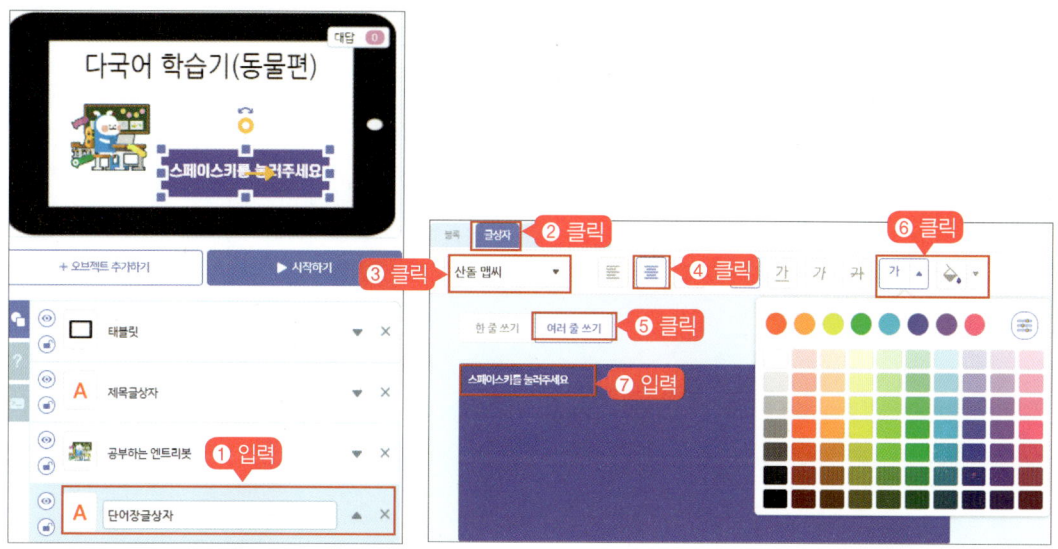

03 [공부하는 엔트리봇] 오브젝트의 모양탭을 클릭하여 [모양추가하기] 클릭합니다.

모양 추가하기 화면에서 [동물]을 선택한 후에 원하는 동물을 11개를 선택합니다. 동물 종류별로 한개의 오브젝트만 선택하여 [추가하기]버튼을 클릭합니다.

Chapter 04_사고력향상 퀴즈 275

선택된 동물들의 모양 이름을 수정합니다. 등록된 모든 동물들의 이름을 수정합니다. 코딩에서 모양 이름을 이용하여 단어를 해석하기 때문에 인식될 수 있는 이름으로 변경합니다.

예) 개구리_1 => 개구리 , 개미_1 => 개미

◇ 변수 추가하기

04 [속성] > [변수] > [변수 추가하기] > [결과] 변수를 추가합니다. 번역된 결과를 저장할 변수를 추가합니다. 화면에 보이지 않기 위해서 👁 표시합니다.

◆ 인공지능 기능 추가하기

05 탭에서 [인공지능 블록 불러오기]를 클릭하여 [번역], [읽어주기]를 불러옵니다.

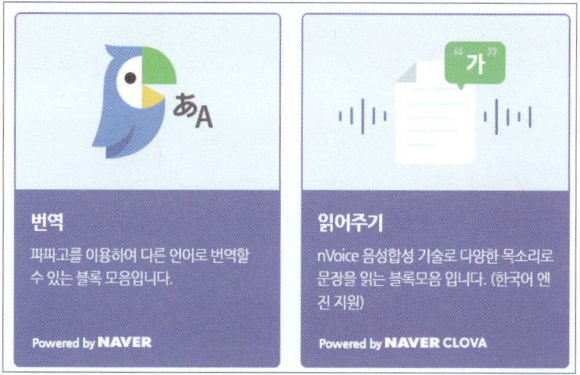

◆ 코딩하기

06 [공부하는 엔트리봇] 오브젝트를 코딩합니다. 시작하기 버튼을 클릭했을 때 ~을 묻고 대답하기 블록을 이용하여 번역할 언어를 선택합니다.

스페이스 키를 눌렀을 때 번역할 단어의 이미지 카드를 변경하기 위해 모양을 2~12 사이의 무작위 수로 설정합니다.

07 [단어장글상자] 오브젝트를 코딩합니다.
스페이스 키를 눌렀을 때 사용자가 입력한 번역할 언어에 따라 번역하기 블록을 실행합니다. [결과] 변수에 번역 결과를 넣은 후에 읽어주고, 글상자에 결과를 출력해 줍니다.

전체 코드

▶ 완성 파일 : 사고력향상퀴즈_다국어번역기_동물.ent

A 단어장글상자

 ## 결과 확인하기

❶ 번역할 언어를 입력합니다.

❷ 번역할 언어를 입력합니다.

❸ 스페이스 키를 누르면 그림 카드가 표시되며 단어장에 결과가 표시되고, 단어를 읽어줍니다.

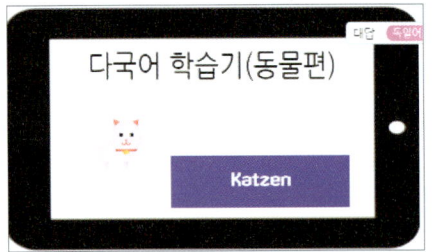

❹ 스페이스 키를 누르면 그림 카드가 표시되며 단어장에 결과가 표시되고, 단어를 읽어줍니다.

다국어 번역기 동물편을 완성했습니다. 엔트리 오브젝트 중 음식들을 선택하여 음식을 번역해 주는 작품을 만들어 보세요.

미션 정답

 [공부하는 엔트리봇]의 모양탭에서 음식 모양 추가합니다. 코드는 동일합니다.

파리 잡기 게임

핵심기능 ▶ 비디오 감지   난이도 ▶ ★★★★☆

 작품 미리보기

비디오 인식 기능을 사용하여 인식된 사람의 좌표를 이용하여 화면에 등장하는 파리 오브젝트를 터치하는 게임을 만들어 봅니다. 파리 오브젝트는 복제되어 랜덤하게 화면에 나타나고, 인식된 사람의 손목을 기준으로 글러브가 이동합니다. 손을 이용하여 파리에 글러브가 닿으면 파리 잡기에 성공이며 다섯 마리를 잡으면 게임이 종료 됩니다.

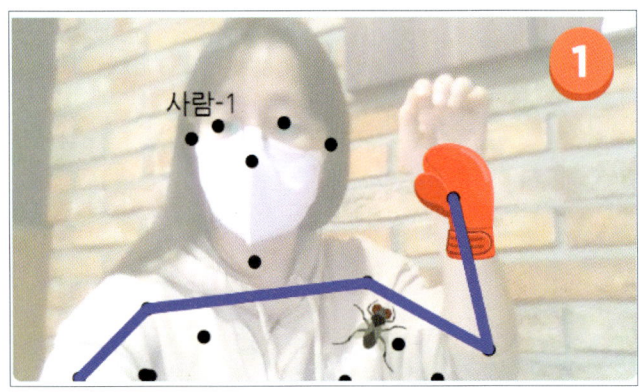

실행 영상 미리보기

• QR 코드 :

• 링크주소 : https://youtu.be/Y8p7kapD6oQ

작품 만들기

◆ 오브젝트 추가하기

01 [파리], [글러브], [숫자버튼] 오브젝트를 추가합니다.

02 오브젝트의 크기 조절하여 화면을 구성합니다.

◆ 변수 추가하기

03 [속성] > [변수] > [변수 추가하기] > [점수] 변수를 추가합니다.

◇ 인공지능 기능 추가하기

04 탭에서 [인공지능 블록 불러오기]를 클릭하여 [비디오감지:사람인식]를 불러옵니다.

◇ 소리 추가하기

05 [파리] 오브젝트에 소리를 추가합니다.
[소리] > [소리 추가하기] > [벌 날아다니는 소리], [가장큰탐탐] 소리를 추가합니다.
파리가 날아다닐 때와 파리를 잡았을 때의 소리 효과를 위한 소리를 추가합니다.

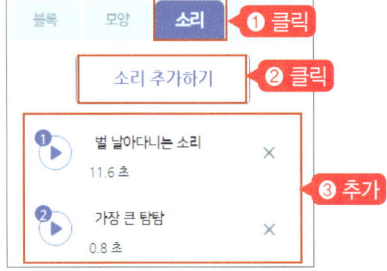

◇ 코딩하기

06 [파리] 오브젝트를 코딩합니다.
시작하기 버튼을 클릭했을 때, 원본은 보이지 않기 위해 모양을 숨깁니다. 랜덤한 주기로 복제본을 반복해서 생성합니다.

복제본이 생성되었을 때 [파리] 오브젝트가 보이기 시작하고, 소리 효과를 재생합니다.
화면의 랜덤한 위치에 나타나기 위해서 x, y 좌표값을 지정합니다.

`x: -210 부터 210 사이의 무작위 수 y: 0 부터 120 사이의 무작위 수 위치로 이동하기`

파리가 여러 방향으로 움직이기 위해 오브젝트의 방향을 랜덤하게 정합니다.

`방향을 10 부터 270 사이의 무작위 수 (으)로 정하기`

```
복제본이 처음 생성되었을때
 x: -210 부터 210 사이의 무작위 수 y: 0 부터 120 사이의 무작위 수 위치로 이동하기
 방향을 10 부터 270 사이의 무작위 수 (으)로 정하기
 소리 벌 날아다니는 소리▼ 재생하기
 모양 보이기
```

파리는 화면에서 벽에 닿을 때까지 이동하며, 이동 중에 [글러브] 오브젝트와 닿는 경우 점수를 1점 감소시키며, 소리 효과를 줍니다. 잡힌 파리는 화면에서 사라지고, 소리 효과를 중지시킵니다. 잡히지 않은 파리를 처리하기 위해 반복문이 종료된 후에 모양 숨기기와 모든 소리를 멈추기를 추가합니다.

```
복제본이 처음 생성되었을때
 x: -210 부터 210 사이의 무작위 수 y: 0 부터 120 사이의 무작위 수 위치로 이동하기
 방향을 10 부터 270 사이의 무작위 수 (으)로 정하기
 소리 벌 날아다니는 소리▼ 재생하기
 모양 보이기
 벽▼ 에 닿았는가? 이 될 때까지▼ 반복하기
   이동 방향으로 3 만큼 움직이기
   만일 글러브▼ 에 닿았는가? (이)라면
     소리 가장 큰 탐탐▼ 0.5 초 재생하고 기다리기
     점수▼ 에 -1 만큼 더하기
     모양 숨기기
     모든 소리 멈추기
모양 숨기기
모든 소리 멈추기
```

07 [글러브] 오브젝트를 코딩합니다.

비디오 연결을 확인한 후에 연결이 성공인 경우 비디오 감지 기능을 동작시킵니다.

사람 인식 시작하기 후에 반복적으로 인식된 사람을 화면에 표시하고, 글러브의 X, Y 위치를 실시간으로 표시되는 인식된 사람의 오른쪽 손목 X, Y 좌표로 설정합니다.

```
시작하기 버튼을 클릭했을 때
만일 <비디오가 연결되었는가?> (이)라면
    비디오 화면 보이기▼
    사람▼ 인식 시작하기▼
    계속 반복하기
        인식된 사람▼ 보이기▼
        x: 1▼ 번째 사람의 오른쪽 손목▼ 의 x▼ 좌표 y: 1▼ 번째 사람의 오른쪽 손목▼ 의 y▼ 좌표 위치로 이동하기
아니면
    비디오를 연결하고 시작하세요 을(를) 말하기▼
```

08 [숫자 버튼] 오브젝트를 코딩합니다.

시작하기 버튼을 클릭했을 때 점수 변수를 5점으로 초기화 합니다. 다섯 마리의 파리를 잡아서 점수가 0점이 될 때까지 반복해서 숫자 버튼의 모양을 변경시켜줍니다.

파리를 다섯 마리 잡은 경우 숫자 버튼을 숨기고, 모든 코드를 멈추기 하여 게임을 종료 시킵니다.

```
시작하기 버튼을 클릭했을 때
점수▼ 를 5 (으)로 정하기
<점수▼ 값 < 1> 이 될 때까지▼ 반복하기
    점수▼ 값 모양으로 바꾸기
모양 숨기기
모든▼ 코드 멈추기▼
```

전체 코드　　　▶ 완성 파일 : 사고력향상퀴즈_파리잡기게임.ent

Chapter 04_사고력향상 퀴즈

🪰 파리의 이동 속도가 너무 빨라서 파리 잡기가 너무 어렵습니다.
[파리] 오브젝트의 ❶, ❷ 코드를 수정하여 파리의 이동 속도를 천천히하고, 파리가 나타나는 시간 간격도 천천히 만들어 보세요.

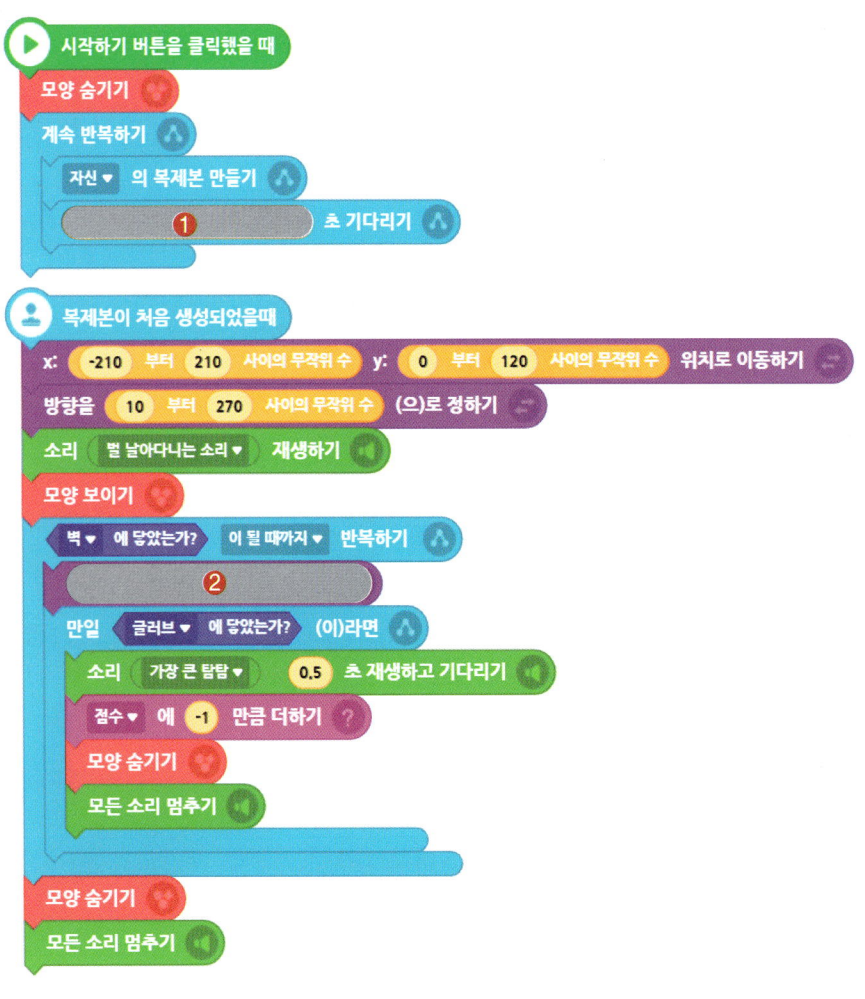

미션 정답

```
▶ 시작하기 버튼을 클릭했을 때
모양 숨기기
계속 반복하기
    자신▼ 의 복제본 만들기
    1 부터 7 사이의 무작위 수 초 기다리기

👤 복제본이 처음 생성되었을때
    x: -210 부터 210 사이의 무작위 수  y: 0 부터 120 사이의 무작위 수 위치로 이동하기
    방향을 10 부터 270 사이의 무작위 수 (으)로 정하기
    소리 벌 날아다니는 소리▼ 재생하기
    모양 보이기
    벽▼ 에 닿았는가? 이 될 때까지▼ 반복하기
        이동 방향으로 5 만큼 움직이기
        만일 글러브▼ 에 닿았는가? (이)라면
            소리 가장 큰 탈탈▼ 0.5 초 재생하고 기다리기
            점수▼ 에 -1 만큼 더하기
            모양 숨기기
            모든 소리 멈추기
    모양 숨기기
    모든 소리 멈추기
```

Chapter 04_사고력향상 퀴즈

지폐인식 거스름 돈 계산봇

핵심기능 모델학습:이미지, 읽어주기　　**난이도** ★★★★☆

 작품 미리보기

인공지능 모델학습 [분류:이미지] 지도학습을 통해 지폐 이미지를 모델 학습시킵니다. 물건을 선택한 후 지폐를 보여주면 학습된 모델에서 지폐를 인식하여 자동으로 거스름돈을 계산해 주는 프로그램입니다.

알고리즘 순서도를 참고하여 코드를 완성해 보세요.

 **실행 영상 미리보기**

- QR 코드 :

- 링크주소 : https://youtu.be/5TKGZfhMeYs

작품 만들기

◇ 오브젝트 추가하기

01 [미래도시], [편의점 자판기2], [사이다], [물], [꼬마로봇] 오브젝트를 추가합니다.

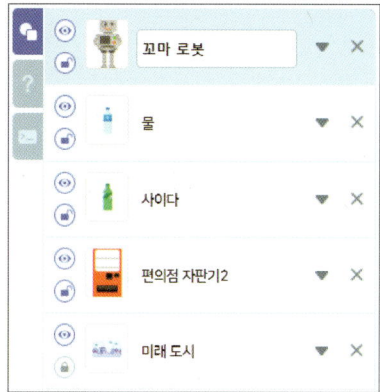

02 오브젝트를 원하는 위치에 놓고 장면을 구성합니다.

◇ 변수 추가하기

03 [속성] > [변수] > [변수 추가하기] > [상품 가격], [계산 결과] 변수를 추가합니다.

선택한 상품 가격과 계산 결과를 저장합니다.

Chapter 04_사고력향상 퀴즈

◆ 신호 추가하기

04 [속성] 〉 [신호] 〉 [신호 추가하기] 〉 [거스름돈] 신호를 추가합니다.

◆ 인공지능 기능 추가하기

05 탭에서 [인공지능 블록 불러오기]를 클릭하여 [읽어주기]를 불러옵니다.

◆ 인공지능 이미지 모델 학습하기

06 탭에서 [인공지능 모델 학습하기] 〉 [새로 만들기] 〉 [분류:이미지]를 선택한 후, [학습하기] 버튼을 클릭합니다.

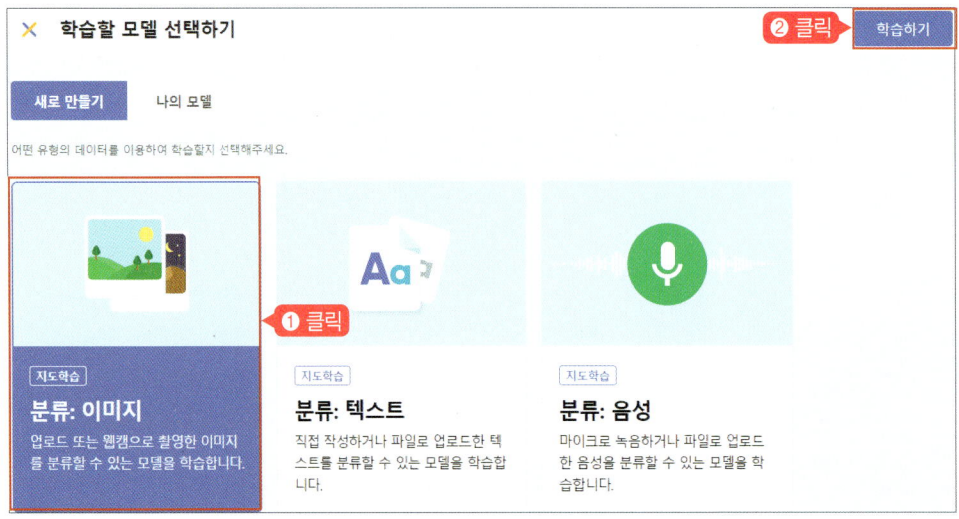

분류: 이미지 모델을 생성합니다.

- 모델명: 지폐인식
- 클래스명: 1000, 5000, 10000, 50000
- 데이터 입력: 클래스에 학습할 데이터를 5개 이상 입력합니다. 이미지 파일이 있을 때는 [업로드] 〉 [파일올리기]하여 올려도 되고, 직접 [촬영]해도 됩니다.

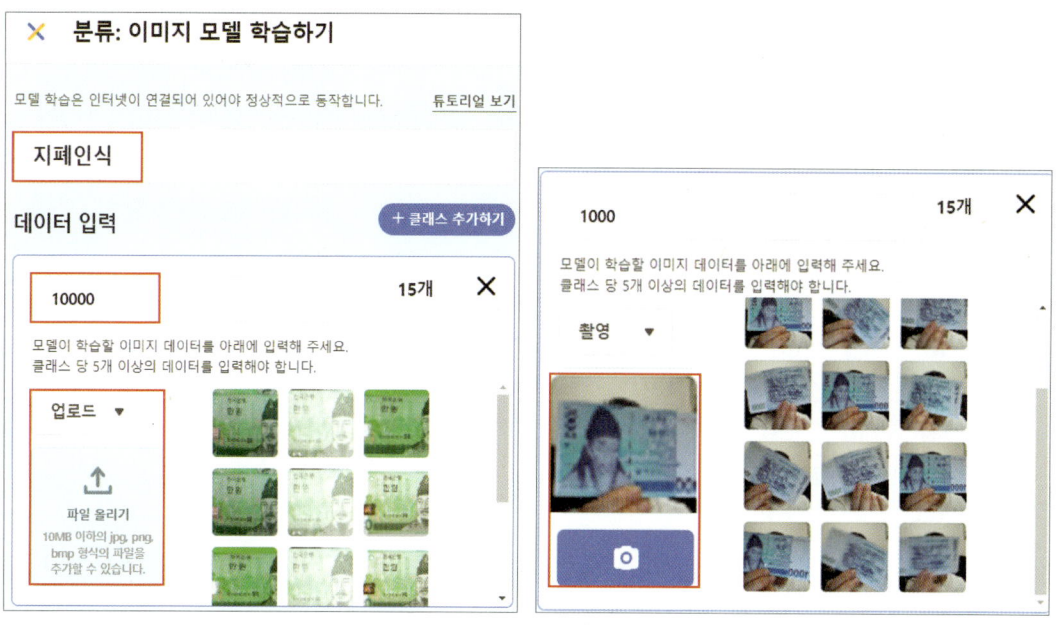

데이터 입력이 끝났으면 입력한 데이터와 조건으로 모델을 학습합니다.

학습한 모델의 결과를 확인하고 [적용하기] 버튼을 누릅니다.

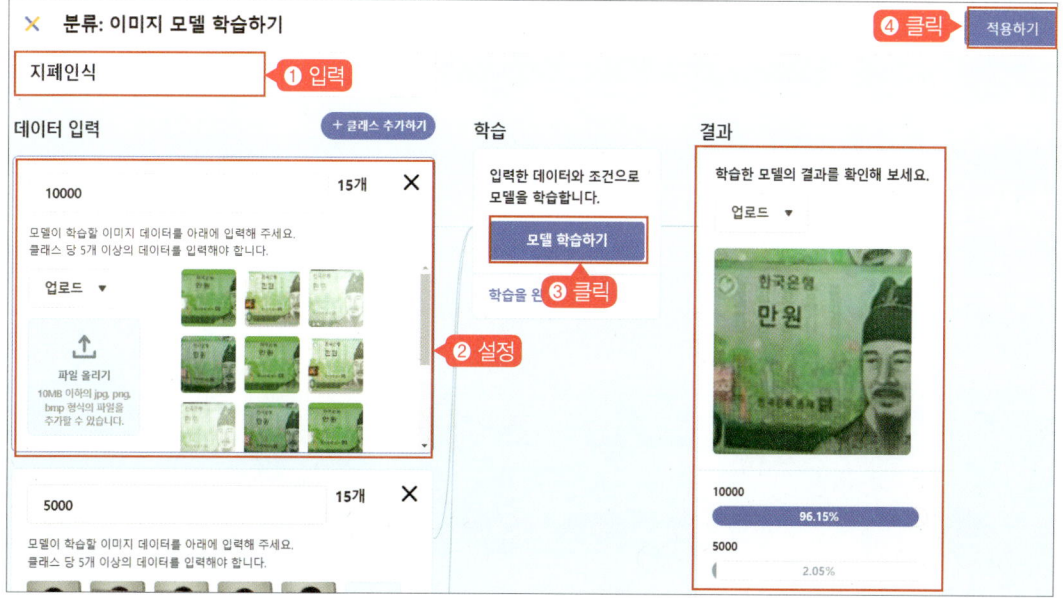

◇ 코딩하기

07 [물] 오브젝트를 코딩합니다.

물 오브젝트를 클릭하면 물의 가격이 정해집니다. 물의 가격은 1000원이므로 상품 가격 변수에 1000을 저장하고, 물의 가격을 말해 줍니다. 지폐를 인식하라는 안내를 해 주고 지폐를 학습한 모델로 분류합니다. 분류결과 로 지폐금액을 알게 되면 결과를 말해주고 [거스름돈]을 계산하라는 신호를 보내줍니다.

```
오브젝트를 클릭했을 때
 상품 가격▼ 를 1000 (으)로 정하기
 상품 가격▼ 값 을(를) 말하기▼
 물의 가격은 과(와) 상품 가격▼ 값 과(와) 원 입니다. 를 합치기 를 합치기 읽어주고 기다리기
 지폐를 인식해 주세요 읽어주고 기다리기
 학습한 모델로 분류하기
 지폐인식 결과 과(와) 분류 결과 과(와) 원 입니다. 를 합치기 를 합치기 읽어주고 기다리기
 말하기 지우기
 거스름돈▼ 신호 보내기
```

미션! 사교력 향상 퀴즈

🤖 [꼬마로봇] 오브젝트에 코딩하여 미션을 해결하세요.

◇ 미션 조건

상품을 선택한 후 지폐를 보여주면 자동으로 거스름돈을 계산해 보는 알고리즘 순서도입니다. 순서도를 이해 한 후 코드를 완성해 보세요.

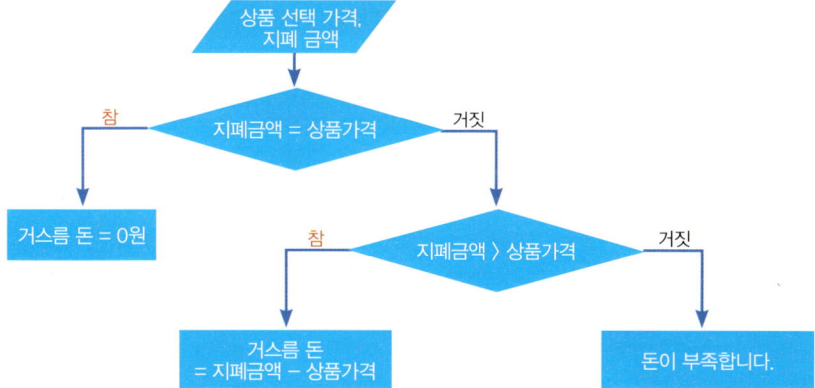

- 상품 선택 가격은 [상품 가격] 변수에 저장되어 있습니다.
- 지폐 금액은 화폐인식 인공지능 모델학습 [분류:이미지]로 학습한 모델로 지폐 금액을 `분류 결과` 로 알 수 있습니다.
- [계산 결과] 변수를 만들어 "지폐금액 − 상품가격"의 차를 저장하여 사용합니다.

다음처럼 선을 그어 코드를 완성하세요.

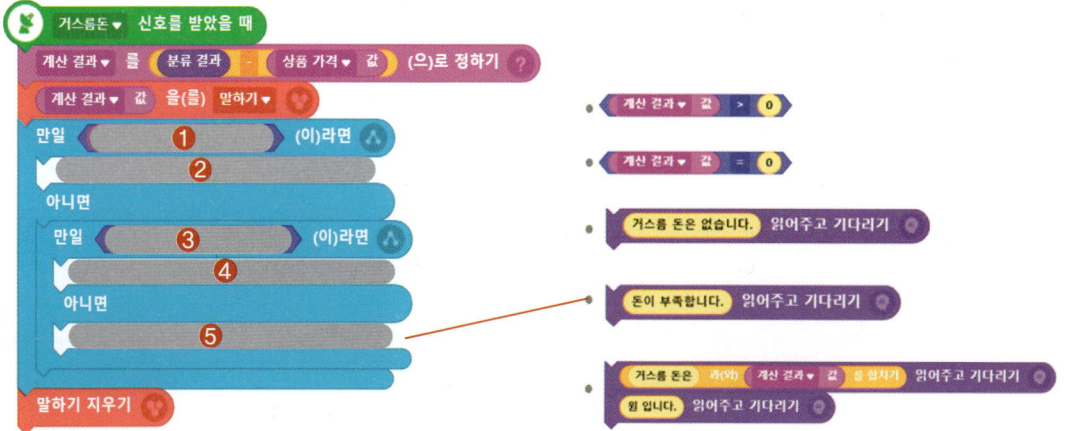

미션 정답

그어진 선으로 답을 확인하고, 전체 코드를 확인합니다.

전체 코드를 확인합니다.

음성으로 제어하는 자동차

핵심기능 모델학습: 텍스트　　**난이도** ★★★★☆

작품 미리보기

음성으로 제어하는 인공지능 자동차를 만들어 봅니다. 사용자가 말하는 자연어를 인식하고 처리하기 위해서는 사용자의 다양한 의사 표현을 처리할 수 있도록 텍스트 인공지능 모델을 생성합니다. 앞으로 이동하기 위해 "전진, 앞으로 또는 앞쪽으로" 등 표현 가능한 다양한 텍스트를 입력하여 모델을 학습시킵니다. "전진", "후진", "좌회전", "우회전" 4개의 클래스를 생성하여 음성으로 자유롭게 제어합니다.

[스페이스] 키를 누르면 음성인식 기능이 동작하여 음성으로 자동차를 제어할 수 있습니다.

실행 영상 미리보기

- QR 코드 :

- 링크주소 : https://youtu.be/WGFbfUW6XzA

작품 만들기

◇ 오브젝트 추가하기

01 [센서달린자동차], [미로], [미래 도로] 오브젝트를 추가합니다.

02 오브젝트를 원하는 위치에 놓고 장면을 구성합니다.

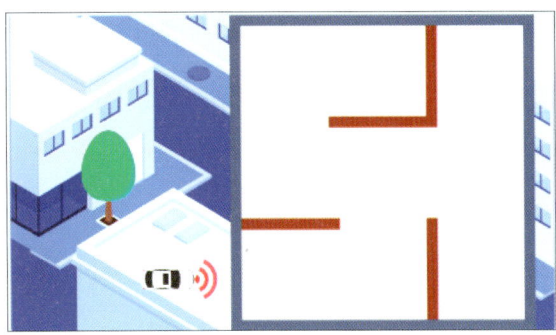

◇ 인공지능 텍스트 모델 학습하기

03 탭에서 [인공지능 모델 학습하기] > [새로 만들기] > [분류:텍스트]를 선택한 후, [학습하기] 버튼을 클릭합니다.

클래스	텍스트
좌회전	왼쪽으로 돌아, 왼쪽봐, 왼쪽, 좌회전, 좌측으로 이동, 좌측보기, 왼쪽보기, 왼쪽 회전
우회전	오른쪽, 오른쪽으로 돌아, 오른쪽 봐, 오른쪽 바라보기, 오른쪽 회전
직진	앞으로, 앞으로 이동, 앞쪽으로, 앞, 직진, 쭈욱, 전진
후진	뒷쪽, 뒤로가, 후진, 빠꾸, 뒤로, 역방향

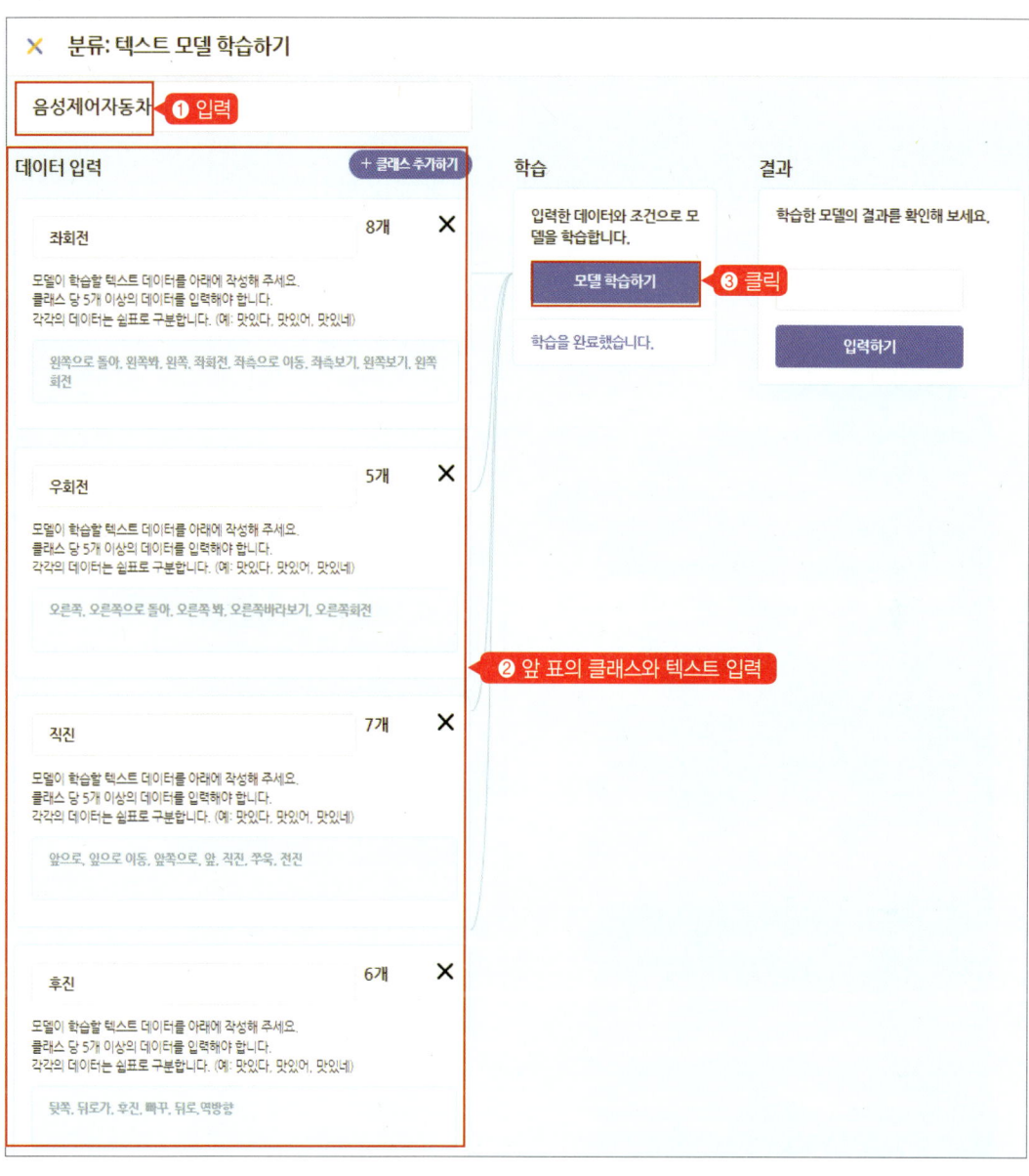

Chapter 04_사고력향상 퀴즈

미션! 사교력 향상 퀴즈

자동차가 이동할 때 이동방향으로 오브젝트의 머리 방향을 회전시킵니다.
오브젝트의 방향에 대해 이해하고 이동을 위한 다음 블록을 완성하세요
빈칸 ❶ ❷ ❸에 들어갈 코드를 찾아서 다음을 완성하세요.

미션 정답

❶ ──────● ❶
❷ ──────● ❷
❸ ──────● ❸

더 알고가요!!

오브젝트의 속성 정보에 대해 알아봅니다.

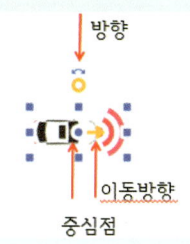

이동방향과 방향의 차이 알아보기
방향: 오브젝트가 바라보는 방향 (노란색 동그라미 방향점)
이동방향: 오브젝트가 이동하는 방향(노란색 화살표)

오브젝트의 방향을 테스트해 봅니다.

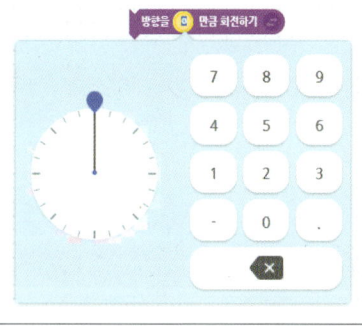
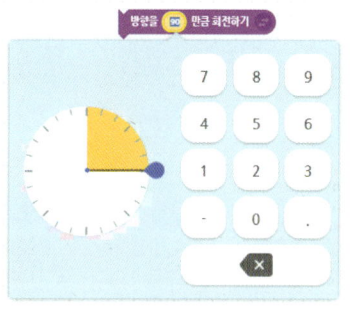

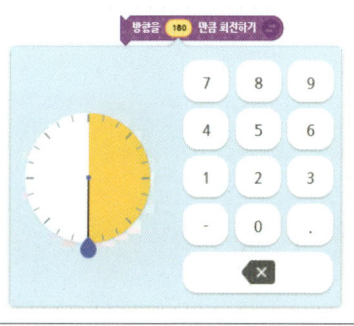

코로나 현황 분석하기

핵심기능 ▶ 데이터 분석   난이도 ▶ ★★★☆☆

 학습목표 우리나라의 코로나 현황을 분석하여 봅니다. 신규확진자의 평균, 최대, 최소값을 보여줍니다.

 작품 미리보기

코로나19의 신규확진자의 평균 숫자를 보여줍니다.

코로나19의 신규확진자의 최대 숫자를 보여줍니다.

 **실행 영상 미리보기**

- QR 코드 :

- 링크주소 : https://youtu.be/RAxablVSEnA

 작품 만들기

◆ 데이터 입력하기(테이블 선택하기)

01 [데이터분석] 탭에서 [테이블 불러오기]를 클릭하여 테이블을 추가합니다. [테이블 추가하기] 버튼을 클릭하여 테이블을 추가합니다.

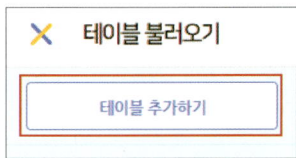

[국내 코로나19 일일 현황]을 선택 후 [추가하기] 버튼을 눌러 테이블을 추가합니다.

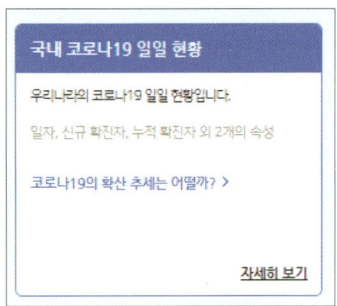

[국내 코로나19 일일 현황] 테이블이 추가되었습니다. 오른쪽 위의 [적용하기] 버튼을 눌러 테이블을 적용합니다.

Chapter 04_사고력향상 퀴즈 **301**

미션! 사교력 향상 퀴즈

🤖 [엔트리봇]오브젝트를 코딩합니다. 코로나19의 현황을 말해주는 엔트리봇을 만들어 봅니다. 다음의 ❶, ❷, ❸에 들어갈 내용을 코딩하세요.

❶에 출력되는 내용입니다.

> 힌트 [계산] 에서 다음의 블록을 이용하여 소수점 값을 버릴 수 있습니다.

신규 확진자의 평균 숫자를 출력합니다.

❷에 출력되는 내용입니다. 신규 확진자의 최대 숫자를 출력합니다.

❸에 출력되는 내용입니다. 신규 확진자의 최소 숫자를 출력합니다.

미션 정답

작품 39

나의 소비 습관 테스트

핵심기능 모델학습:텍스트, 오디오 감지, 읽어주기 **난이도** ★★★★★

 작품 미리보기

스페이스 키를 누르고 음성으로 나의 소비 습관을 말하면 [소비습관 4가지 유형]으로 학습된 모델에서 소비 습관을 분류해 옵니다.

예를 들어 "계획소비해요", "생각없이 그냥 샀어요", "자랑하고 싶어 샀어요", "친구 따라 샀어요" 등 말하면 소비 습관을 분류하고 결과를 말해줍니다.

 **실행 영상 미리보기**

- QR 코드 :

- 링크주소 : https://youtu.be/EZlxMd8pPcc

작품 만들기

◆ 오브젝트 추가하기

01 [나의공책1], [책_3], [물총1] 오브젝트를 추가한 후 [글상자] 오브젝트 2개를 추가합니다.

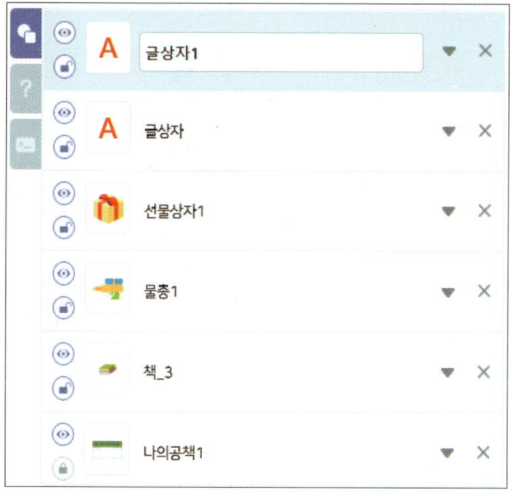

◆ 오브젝트 수정하기

02 [글상자] 오브젝트를 클릭 후 글상자 이름을 '소비습관테스트'로 변경합니다. 한 줄 쓰기, 배경 색을 없음, 글자 진하게, 글자색을 내가 원하는 색으로 바꿔줍니다.

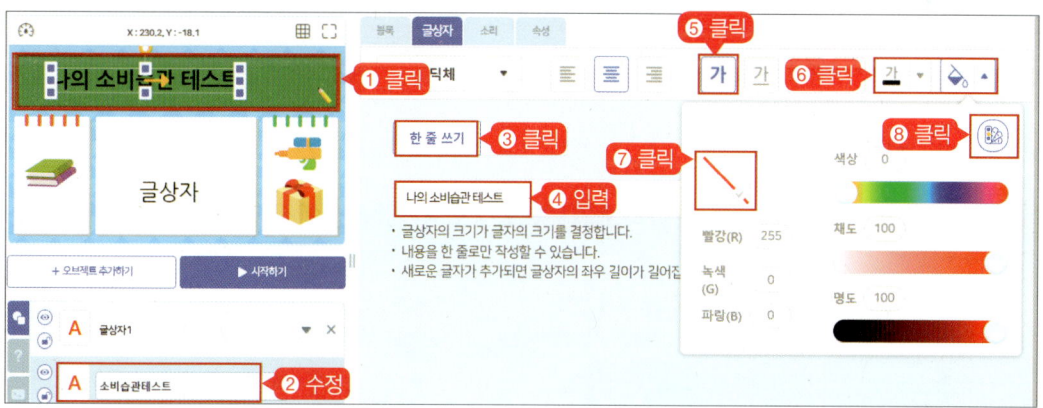

03 [글상자1] 오브젝트를 클릭 후 글상자1 이름을 '테스트 결과'로 변경합니다. 여러 줄 쓰기, 왼쪽 정렬, 글자크기 작게 설정 한 후 실행화면에서 테스트 결과과 보이는 영역을 크게 늘려줍니다.

04 오브젝트를 원하는 위치에 놓고 장면을 구성합니다.

◇ **인공지능 기능 추가하기**

05 탭에서 [인공지능 블록 불러오기] > 오디오 감지[음성인식], [읽어주기]를 불러옵니다.

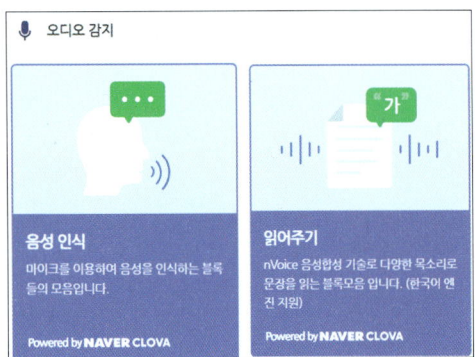

◆ 인공지능 텍스트 모델 학습하기

06 탭에서 [인공지능 모델 학습하기] 〉 [새로 만들기] 〉 [분류:텍스트]를 선택한 후, [학습하기] 버튼을 클릭합니다.

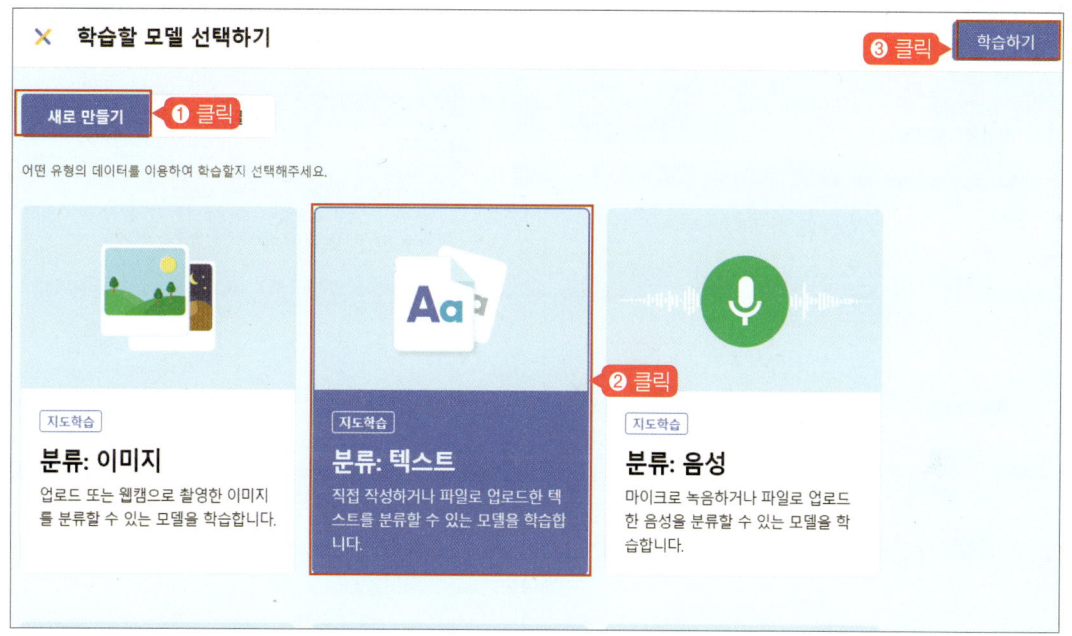

분류:텍스트 모델을 생성합니다.

- 모델명: 소비습관테스트
- 클래스명: 합리적 소비자, 충동 소비자, 모방 소비자, 과시 소비자
- 데이터 입력: 클래스에 학습할 데이터를 5개 이상 입력합니다.

클래스	학습할 데이터
합리적 소비자	계획있게, 계획 소비, 품질 비교, 가격 비교, 성능 비교, 성능고려, 필요한 것부터, 가격과 품질 고려, 최소 비용으로 최대 만족, 가성비
충동 소비자	충동적, 충동 구매, 충동 소비, 생각 없이, 순간적, 바로 사요, 갑자기 사요, 그냥 사요, 그냥 샀어요, 지름신
모방 소비자	모방, 모방 소비, 남을 따라해요, 따라 사요, 친구 따라 사요, 아이돌 따라, 아이돌 처럼, 유행해서, 유행 따라, 똑같은거 따라 사요
과시 소비자	과시하다, 과시 하기 위해, 능력과시, 보여 주기 위해, 자랑하다, 자랑 하기 위해, 호화로운, 플렉스, 명품 브랜드 소비, 있어 보이려고

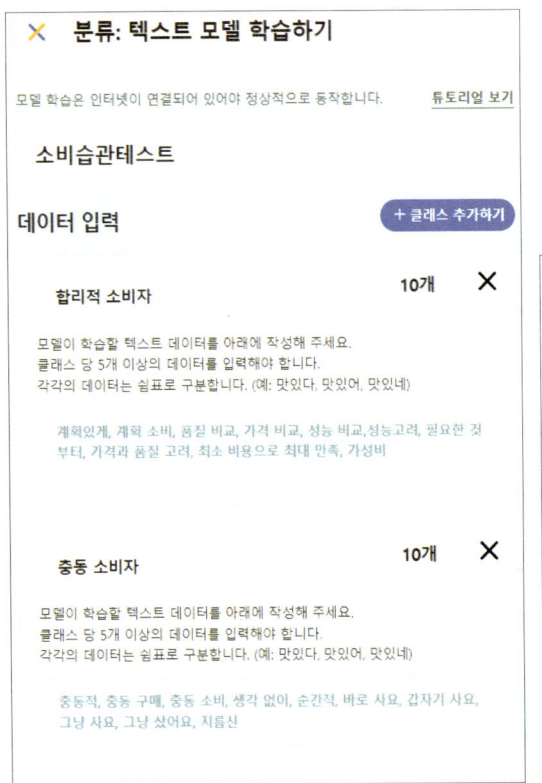
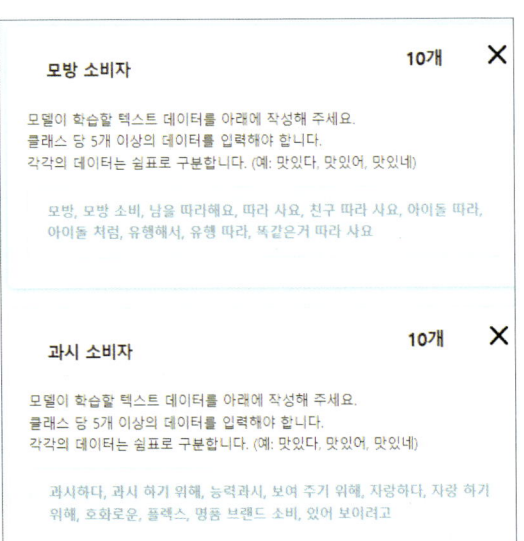

데이터 입력이 끝났으면 입력한 데이터와 조건으로 모델을 학습합니다.

학습한 모델의 결과를 확인하고 [적용하기] 버튼을 누릅니다.

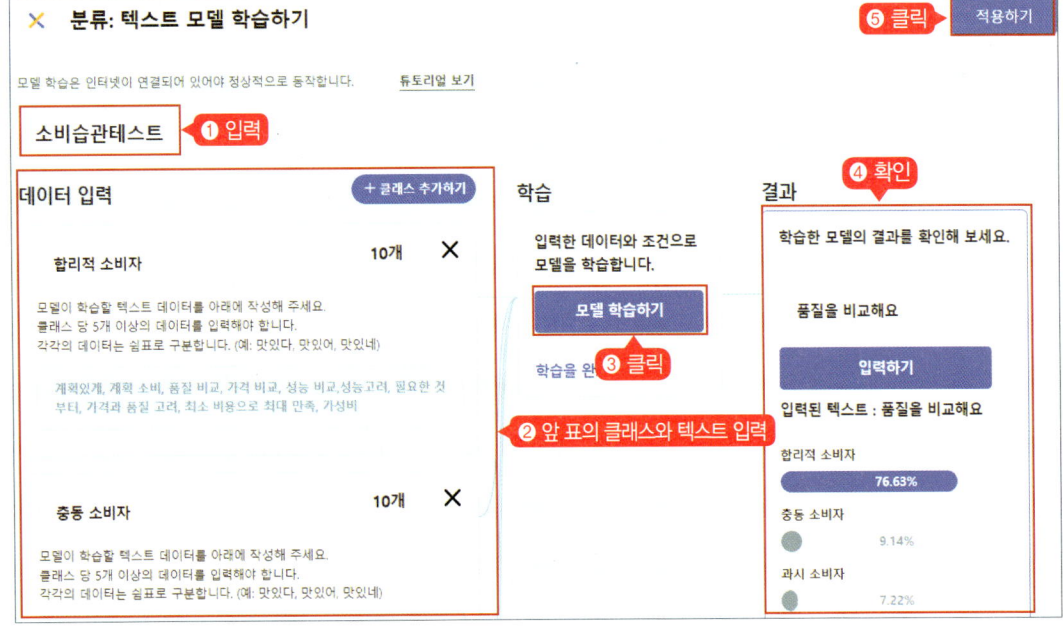

※ 텍스트의 의미가 아니라 형태가 얼마나 비슷한지를 기준으로 분류하는 모델입니다.

더 알고가요!! 엔트리 인공지능 텍스트 모델학습의 특성을 알고 가요!

텍스트 모델은 텍스트의 의미가 아니라 형태가 얼마나 비슷한지를 기준으로 분류하는 모델입니다. 내가 학습 시킨 텍스트의 양과 형태에 따라 우리가 생각하지 않은 분류를 하는 것을 이해해야 합니다.

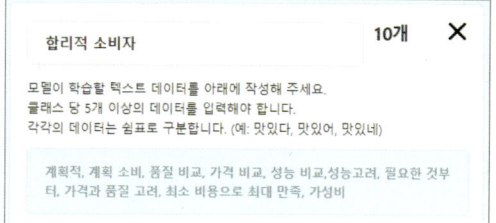 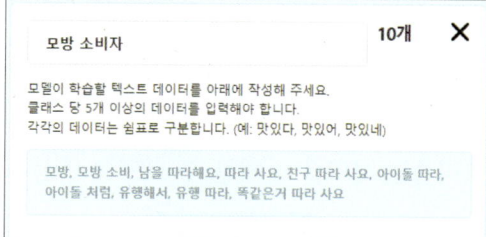

예 "계획적으로 사요"는 우리 인간의 생각으로는 당연히 합리적인 소비자입니다. 하지만 우리가 모델학습 시킨 결과는 모방 소비자인 이유에 대해 생각해 봅니다.

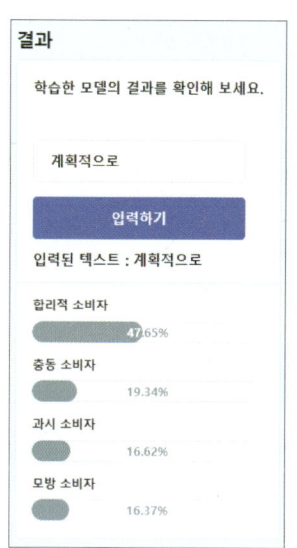 

학습시킨 데이터를 살펴보면 [합리적 소비자 : 계획적, 계획 소비], [모방 소비자: 따라 사요, 친구 따라 사요, 똑같은거 따라 사요]
엔트리 텍스트 모델의 결과는 텍스트의 의미가 아니라 형태가 얼마나 비슷한지를 기준으로 분류하기 때문입니다. 계획적이란 단어보다 사요 라는 단어의 형태가 많았기 때문에 모방소비자로 분류해 낸 것입니다.
인공지능에서 정확한 데이터, 데이터의 양의 중요성을 알게 됩니다.

CHAPTER 04

◆ 코딩하기

07 A 테스트 결과 [테스트 결과] 글상자 오브젝트를 코딩합니다.

실행 화면이 시작되면 마이크가 연결되었는지 확인하고, 목소리를 친절한 목소리로 설정해 줍니다. 소비습관 테스트 사용법을 음성으로 설명해 줍니다.

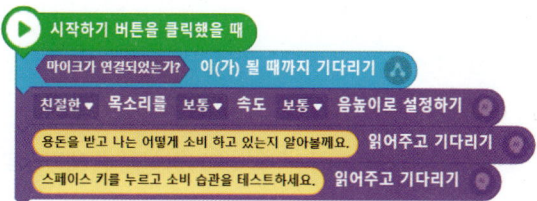

Chapter 04_사고력향상 퀴즈

미션! 사고력 향상 퀴즈

A 테스트 결과 [테스트 결과] 글상자 오브젝트에 코딩하여 미션을 해결하세요.

◇ 미션 조건

알고리즘 순서도를 이해한 후 코드를 완성하세요.

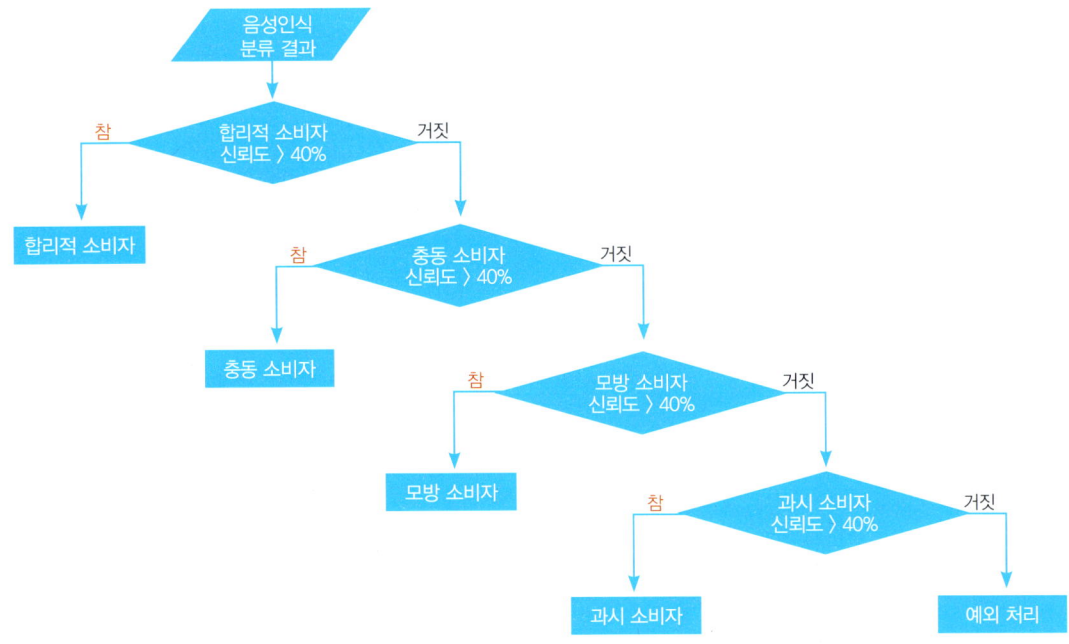

- 스페이스 키를 누르면 음성 인식한 값으로 소비습관 테스트 학습한 모델로 분류합니다.
- 분류 조건은 분류결과 신뢰도가 40% 이상인 결과 값을 사용하여 분류합니다.
- 합리적 소비자 일 때는 글자색을 파란색으로 바꾸고, 박수갈채 소리가 납니다. 당신은 "합리적 소비자" 입니다. 칭찬합니다!!!! 앞으로도 [똑똑한 소비, 현명한 소비]를 하세요!! 글상자 뒤에 이어쓰기 하세요.
- 충동 소비자 일 때는 글자색을 빨간색으로 바꾸고 당신은 "충동 소비자" 입니다. 꼭 필요할 때 돈이 없을 수 있어요. [계획적인 소비]를 하세요. 글상자 뒤에 이어쓰기 하세요.
- 모방 소비자 일 때는 글자색을 연두색으로 바꾸고 당신은 "모방 소비자" 입니다. 나에게 꼭 필요한 것을 사는 [현명한 소비자]가 되세요. 글상자 뒤에 이어쓰기 하세요.
- 과시 소비자 일 때는 글자색을 하늘색으로 바꾸고 당신은 "과시 소비자" 입니다. 당신은 존재만으로 빛나는 사람입니다. [나에게 꼭 필요한 소비]를 하세요.

흩어진 블록을 이용하여 코드를 완성하세요.

< 충동 소비자▼ 에 대한 신뢰도 > 0.4

< 합리적 소비자▼ 에 대한 신뢰도 > 0.4

당신은 "합리적 소비자" 입니다. 칭찬합니다!!!! 앞으로도 [똑똑한 소비, 현명한 소비]를 하세요!!

당신은 "충동 소비자" 입니다. 꼭 필요할 때 돈이 없을 수 있어요. [계획적인 소비]를 하세요.

음성을 문자로 바꾼 값

글씨색을 ■ 로 변경 가

글씨색을 ■ 로 변경 가

스페이스▼ 키를 눌렀을 때
텍스트 모두 지우기 가
나는 어떤 소비를 하는지 말해 보세요. 읽어주고 기다리기
한국어▼ 음성 인식하기
음성을 문자로 바꾼 값 과(와) ? 을(를) 합친 값 (이)라고 글쓰기 가
❶ 을(를) 학습한 모델로 분류하기
만일 ❷ (이)라면
　글씨색을 ■ (으)로 바꾸기 가
　❸ 을(를) 뒤에 추가하기 가
　소리 박수갈채▼ 1 초 재생하고 기다리기
아니면
　만일 ❹ (이)라면
　　글씨색을 □ (으)로 바꾸기 가
　　❺ 을(를) 뒤에 추가하기 가
　아니면
　　만일 < 모방 소비자▼ 에 대한 신뢰도 > 0.4 (이)라면
　　　글씨색을 ❻ (으)로 바꾸기 가
　　　당신은 "모방 소비자" 입니다. 나에게 꼭 필요한 것을 사는 [현명한 소비자]가 되세요. 을(를) 뒤에 추가하기 가
　　아니면
　　　만일 < 과시 소비자▼ 에 대한 신뢰도 > 0.4 (이)라면
　　　　글씨색을 ❼ (으)로 바꾸기 가
　　　　당신은 "과시 소비자" 입니다. 당신은 존재만으로 빛나는 사람입니다. [나에게 꼭 필요한 소비]를 하세요. 을(를) 뒤에 추가하기 가
　　　아니면
　　　　모델 학습에 사용되지 않은 단어입니다. 다른 습관을 말해보세요. 을(를) 뒤에 추가하기 가

미션 정답

```
[스페이스] 키를 눌렀을 때
텍스트 모두 지우기 (가)
(나는 어떤 소비를 하는지 말해 보세요.) 읽어주고 기다리기
한국어 음성 인식하기
(음성을 문자로 바꾼 값) 과(와) (?) 을(를) 합친 값 (이)라고 글쓰기 (가)
(음성을 문자로 바꾼 값) 을(를) 학습한 모델로 분류하기
만일 <합리적 소비자 에 대한 신뢰도 > 0.4> (이)라면
    글씨색을 ■(으)로 바꾸기 (가)
    (당신은 "합리적 소비자" 입니다. 칭찬합니다!!!! 앞으로도 [똑똑한 소비, 현명한 소비]를 하세요!!) 을(를) 뒤에 추가하기 (가)
    소리 박수갈채 1 초 재생하고 기다리기
아니면
    만일 <충동 소비자 에 대한 신뢰도 > 0.4> (이)라면
        글씨색을 ■(으)로 바꾸기 (가)
        (당신은 "충동 소비자" 입니다. 꼭 필요할 때 돈이 없을 수 있어요. [계획적인 소비]를 하세요.) 을(를) 뒤에 추가하기 (가)
    아니면
        만일 <모방 소비자 에 대한 신뢰도 > 0.4> (이)라면
            글씨색을 ■(으)로 바꾸기 (가)
            (당신은 "모방 소비자" 입니다. 나에게 꼭 필요한 것을 사는 [현명한 소비자]가 되세요.) 을(를) 뒤에 추가하기 (가)
        아니면
            만일 <과시 소비자 에 대한 신뢰도 > 0.4> (이)라면
                글씨색을 ■(으)로 바꾸기 (가)
                (당신은 "과시 소비자" 입니다. 당신은 존재만으로 빛나는 사람입니다. [나에게 꼭 필요한 소비]를 하세요.) 을(를) 뒤에 추가하기 (가)
            아니면
                (모델 학습에 사용되지 않은 단어입니다. 다른 습관을 말해보세요.) 을(를) 뒤에 추가하기 (가)
```

작품 40
아픈 곳을 말해 봐~병원 챗봇

| 핵심기능 | 모델학습:텍스트, 오디오 감지 | 난이도 | ★★★☆☆ |

학습목표 인공지능 모델학습 [분류:텍스트] 지도학습을 통해 병원(진료과)을 모델 학습시킵니다. 학습시킨 모델을 적용하여 아픈 증상을 텍스트로 입력하면 가야 할 병원을 알려주는 챗봇을 구현하는 작품을 만들 수 있습니다.

작품 미리보기

갑자기 몸이 아픕니다. 인공지능 엔트리 챗봇에게 아픈 증상을 말하면 어떤 병원을 가야 하는지 알려줍니다.

실행 영상 미리보기

- QR 코드 :

- 링크주소 : https://youtu.be/uuqQrY4Fr4Q

Chapter 04_사고력향상 퀴즈 **313**

 **작품 만들기**

◇ **오브젝트 추가하기**

01 [오브젝트 추가하기] 버튼을 클릭하여 [배경] 〉 [길거리(1)], [건물] 〉 [병원(1)], [엔트리봇] 〉 [[묶음] 얼굴 스티커] 오브젝트를 추가합니다.

02 [오브젝트 추가하기] 버튼을 클릭한 뒤에 나오는 [오브젝트 추가하기] 화면에서 [글상자] 버튼 클릭합니다. 글상자 내용 입력칸에 "내 얼굴을 눌러서 시작해~"를 입력하고 [추가하기] 버튼을 클릭합니다.

03 오브젝트를 원하는 위치에 놓고 장면을 구성합니다.

◇ 신호 추가하기

04 시작할 때 사용하는 [시작신호], 재시작 메시지를 보이고 숨기기 위한 [메시지숨기기신호], [메시지보이기신호]를 주기 위해, [속성] > [신호] > [신호 추가하기] 버튼을 클릭하여 3가지 신호를 추가합니다.

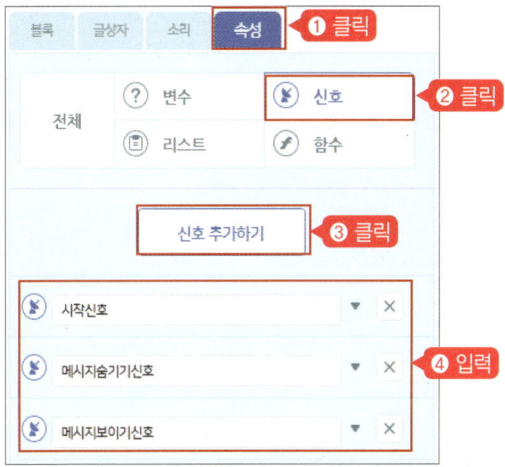

◇ 인공지능 모델 학습하기

05 챗봇은 "텍스트"로 훈련을 합니다. 　　　 탭에서 [인공지능 모델 학습하기]를 클릭하여 [분류: 텍스트]를 클릭하고 [학습하기] 버튼을 클릭합니다.

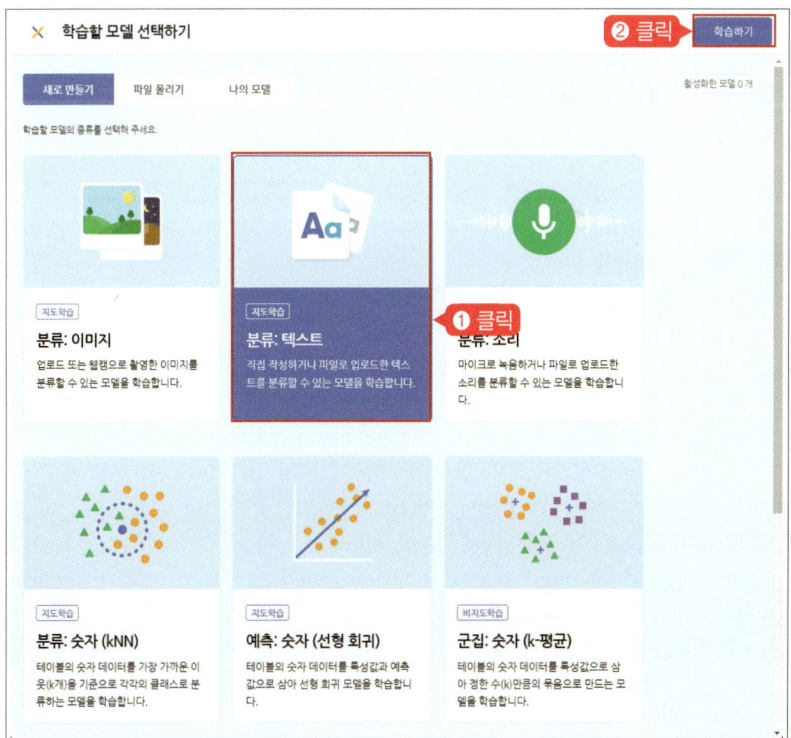

06 [분류: 텍스트 모델 학습하기] 화면에서 [새로운 모델]에는 임의로 정한 모델명, [데이터 입력]의 클래스에는 분류 대상(예시에서는 진료과)을 등록하고 분류에 따른 텍스트 데이터(예시에서는 진료과별 아픈 증상)를 입력합니다. 3개 이상의 클래스가 필요한 경우에는 ➕클래스 추가하기 버튼을 클릭하여 클래스를 추가합니다.

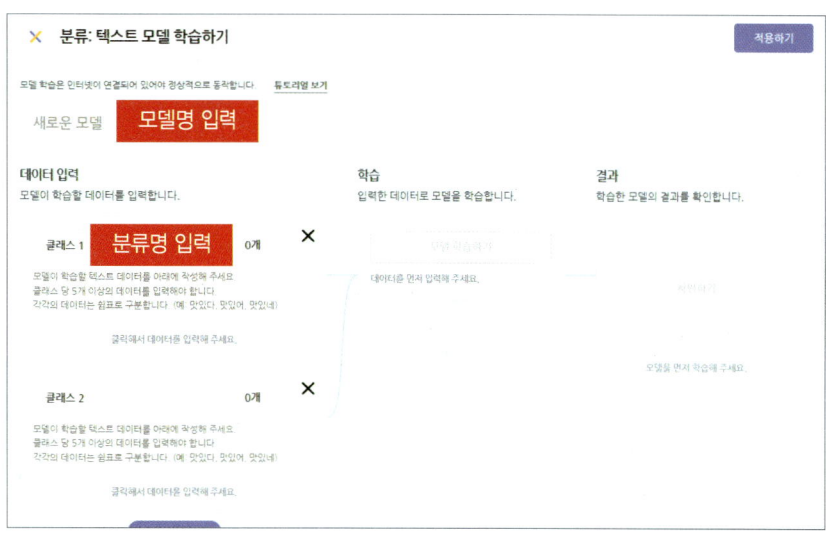

아픈 증상에 따른 병원 진료과는 내과, 안과, 응급실, 이비인후과, 치과, 피부과와 같이 6개로 한정하여 병원 진료과 모델을 만들 것이며, 각 진료과에 대한 증상은 아래 표와 같은 텍스트로 훈련합니다. 텍스트가 더 많으면 더 정확한 결과가 나오기는 하지만 비슷한 텍스트가 여러 진료과에 중복적으로 나온다고 하면 정확도가 떨어지므로 학습과 결과 테스트를 통해 정제된 텍스트를 사용할 수 있도록 해야 합니다.

클래스	증상 텍스트
내과	배 아파, 배가 아파, 배 아프다, 배가 아프다, 복통, 구토, 설사, 소화불량, 피곤, 체함, 체기, 더부룩, 어지럽다, 어지러워, 어지러운, 현기증, 식은땀, 가슴 답답, 가슴이 답답해, 가슴 두근두근, 가슴이 두근두근, 열, 고열, 이마 뜨거워, 이마가 뜨거워, 속이 불편해, 속이 안 좋아
안과	눈 간지러워, 눈이 간지러워, 눈 간질, 눈이 간질, 충혈, 눈 핏줄, 눈물, 눈 건조, 눈이 건조, 눈 뻑뻑, 눈이 뻑뻑, 안압, 시력, 눈 따가워, 눈이 따가워, 눈 따갑다, 눈이 따갑다, 눈곱, 흐리게 보여, 흐리게 보인다, 글씨 안 보여, 글씨가 안 보여, 글씨 보이지 않아, 글씨가 보이지 않아, 잘 안 보여, 안보임, 시야 답답, 시야가 답답하다, 시야가 답답함, 시야가 답답해
응급실	사고, 쓰러짐, 고열, 열이 높음, 열이 많이 남, 고통, 많이 아프다, 너무 아프다, 교통사고, 넘어지다, 넘어짐, 부서지다, 부서짐, 떨어지다, 떨어짐, 낙상, 의식불명, 호흡곤란, 기절, 가슴이 아프다, 가슴이 아픔, 가슴 통증, 골절
이비인후과	코막힘, 콧물, 코, 코감기, 코피, 코가 아파, 코가 아프다, 고열, 숨쉬기, 숨쉬기 힘들어, 귀, 귀가 안 들려, 귀가 아파, 혀, 혓바늘, 목, 목이 따가워, 목이 부어, 목이 부음, 인후통, 재채기
치과	이, 이 아파, 이가 아파, 이 아프다, 이가 아프다, 썩은 이, 이 썩다, 이가 썩다, 이 썩음, 이가 썩음, 이 흔들림, 이가 흔들림, 이 흔들리다, 이가 흔들리다, 이 흔들려, 이가 흔들려, 충치, 치석, 이 시큰, 이가 시큰시큰, 치통, 씹기, 씹기 어려워, 씹기 어려움, 이 시려, 이가 시려, 시린 이, 스케일링, 임플란트
피부과	알러지, 두드러기, 간지러워, 간지러움, 벗겨짐, 벗겨지다, 화상, 흉터, 따가워, 따가움, 발진, 여드름, 살갗, 피부, 점, 반점, 주근깨, 주름, 피부병, 습진

표를 참조하여 모델명과 클래스, 그리고 데이터를 입력하고, 데이터 입력이 완료되었으면 [모델 학습하기] 버튼을 클릭합니다.

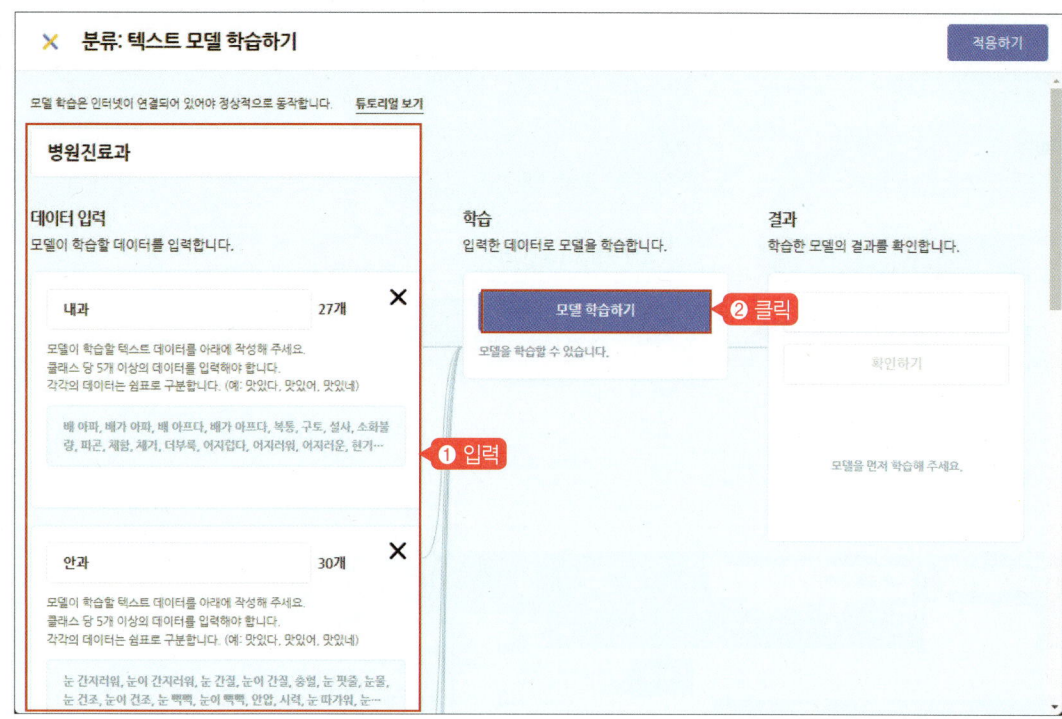

[학습이 완료되었습니다.] 메시지가 나오면 [결과] 입력칸에 질문할 내용을 입력한 뒤에 [입력하기] 버튼을 클릭하여 원하는 결과의 확률이 제일 높게 나오는지 확인합니다. 만약 엉뚱한 결과가 나온다면 입력한 데이터를 조정한 뒤에 모델을 재학습 시켜야 합니다.

예시로는 "눈이 잘 안 보여" → "안과", "아침부터 속이 더부룩해" → "내과" 등과 같이 문장을 만들어서 입력해서 결과를 확인해 봅니다.

학습과 테스트가 만족스럽다면 [적용하기] 버튼을 클릭합니다.

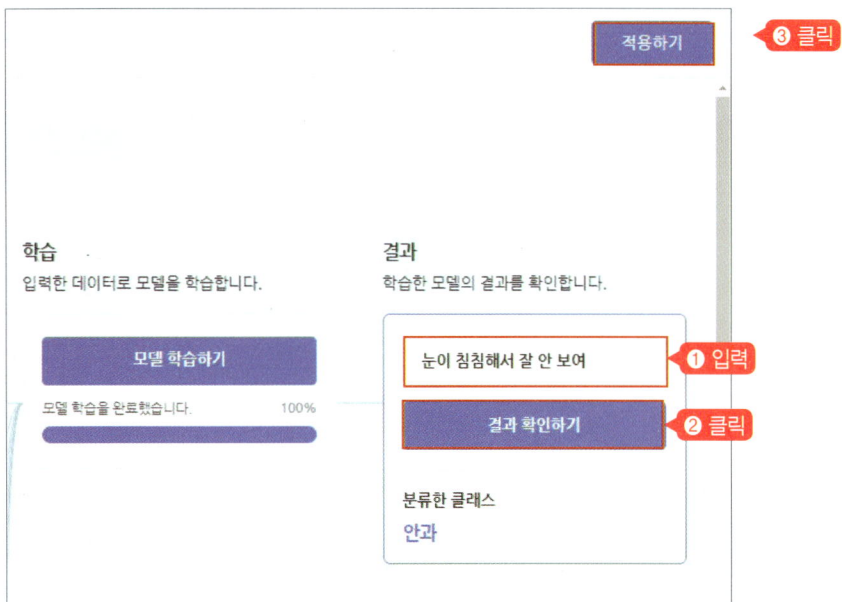

※ 인공지능 모델 학습을 종료한 뒤에는 저장 작업을 진행해야 학습한 모델도 같이 저장이 됩니다.

◇ 코딩하기

07 🐾 [엔트리봇] 오브젝트를 코딩합니다. 기본 엔트리봇은 장면에서 사용하지 않으므로 숨기기를 합니다.

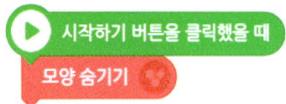

08 글상자 A [내 얼굴을 눌러서 시작해~] 오브젝트를 코딩합니다. [내 얼굴을 눌러서 시작해~] 글상자를 신호에 따라 보이기와 숨기기를 합니다.

09 [[묶음] 얼굴 스티커] 오브젝트를 코딩합니다. 시작 신호를 받았을 때 증상 입력 받기와 모델 기반으로 분류 작업후 결과를 보여주는 [시작신호 신호를 받았을 때] 코딩과 오브젝트를 클릭했을 때 재시작하는 [오브젝트를 클릭했을 때] 코딩을 입력합니다.

전체 코드

▶ 완성 파일 : 아픈 곳을 말해봐 - 병원 챗봇.ent

[묶음] 걷기 옆모습

- 시작하기 버튼을 클릭했을 때
- 모양 숨기기

글상자

- 메시지보이기신호 ▼ 신호를 받았을 때
- 모양 보이기

- 메시지숨기기신호 ▼ 신호를 받았을 때
- 모양 숨기기

[묶음] 얼굴 스티커

- 시작하기 버튼을 클릭했을 때
- 시작신호 ▼ 신호 보내기

- 오브젝트를 클릭했을 때
- 시작신호 ▼ 신호 보내기

- 시작신호 ▼ 신호를 받았을 때
- 대답 숨기기 ▼
- 메시지숨기기신호 ▼ 신호 보내기
- 증상을 말해 줘! 을(를) 묻고 대답 기다리기
- 대답 을(를) 학습한 모델로 분류하기
- 분류 결과 과(와) 로 가 봐~ 를 합치기 을(를) 말하기
- 메시지보이기신호 ▼ 신호 보내기

결과 확인하기

❶ "열이 난다"는 아픈 증상을 입력합니다.

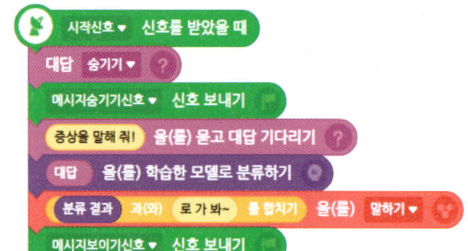

❷ 열이 나면 "응급실"로 가라는 메시지를 나타냅니다.

❸ 다른 증상으로 "설사한다"고 입력합니다.

❹ 설사를 하면 "내과로 가 봐~"라고 합니다.

"아픈 곳을 말해 봐" 미션 작품

 미션 작품 미리보기

갑자기 몸이 아픕니다. 인공지능 엔트리 챗봇에게 아픈 증상을 말하면 어떤 병원을 가야 하는지 알려줍니다.

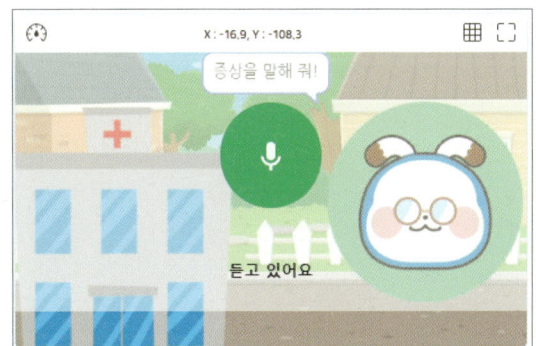 

 미션 준비하기

◇ **"아픈 곳을 말해 봐"의 장면 만들기**

01 "아픈 곳을 말해 봐"에서 코딩을 제외한 [오브젝트 추가하기], [신호 추가하기], [인공지능 모델 학습하기]의 내용을 따라서 장면을 완성합니다.

단, 장면 구성에 있어서 음성인식 이미지가 중앙에 나타나므로 [[묶음] 얼굴 스티커]를 중앙에서 오른쪽으로 이동시킵니다.

◆ 인공지능 기능 추가하기

02 탭에서 [인공지능 모델 학습하기]를 클릭하여 [오디오 감지] > [음성 인식]을 선택하고 [불러오기]를 클릭합니다.

◆ 코딩하기

03 [엔트리봇] 오브젝트를 숨기기 코딩을 합니다.

04 글상자 A [내 얼굴을 눌러서 시작해~] 오브젝트를 코딩합니다. 글상자가 메시지 보이기 신호에 따라 보이기와 숨기기를 합니다.

05 [[묶음] 얼굴 스티커] 오브젝트를 코딩합니다.
[시작하기 버튼을 클릭했을 때] 신호에서 마이크 연결이 되었다면 [시작신호 신호 보내기]를, 아니라면 [마이크를 연결해 주세요!를 4초 동안 말하기] 코딩을 입력합니다.

[오브젝트를 클릭했을 때], [시작신호 신호 보내기]를 합니다.

미션 해결하기

[[묶음] 얼굴 스티커] 오브젝트에 코딩하여 미션을 해결하세요.

◇ 미션 조건

아픈 증상을 마이크를 통해 인공지능 음성 인식으로 분류하고, 증상을 말하기 전에 [안경쓴 얼굴 스티커]를, 음성 인식후 [슬픈 얼굴 스티커]로 모양을 바꾸도록 코드를 연결하세요.

미션 정답

그어진 선으로 답을 확인하고, 전체 코드를 확인합니다.

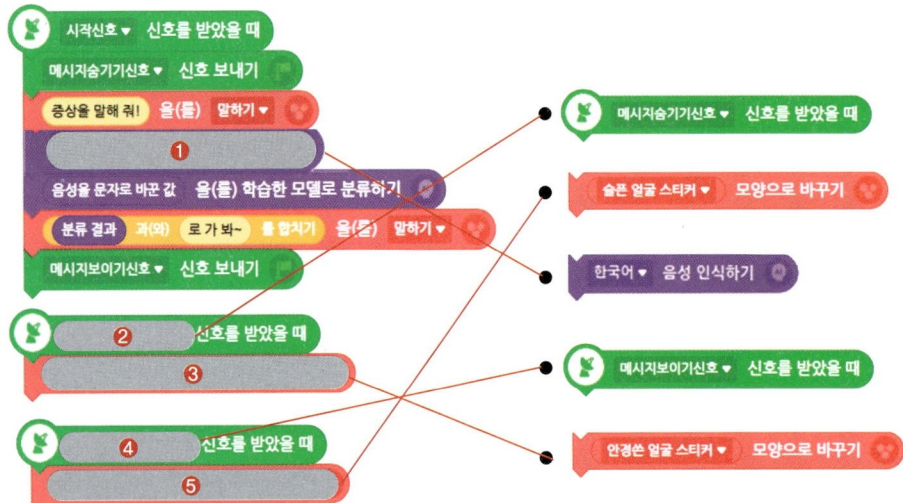

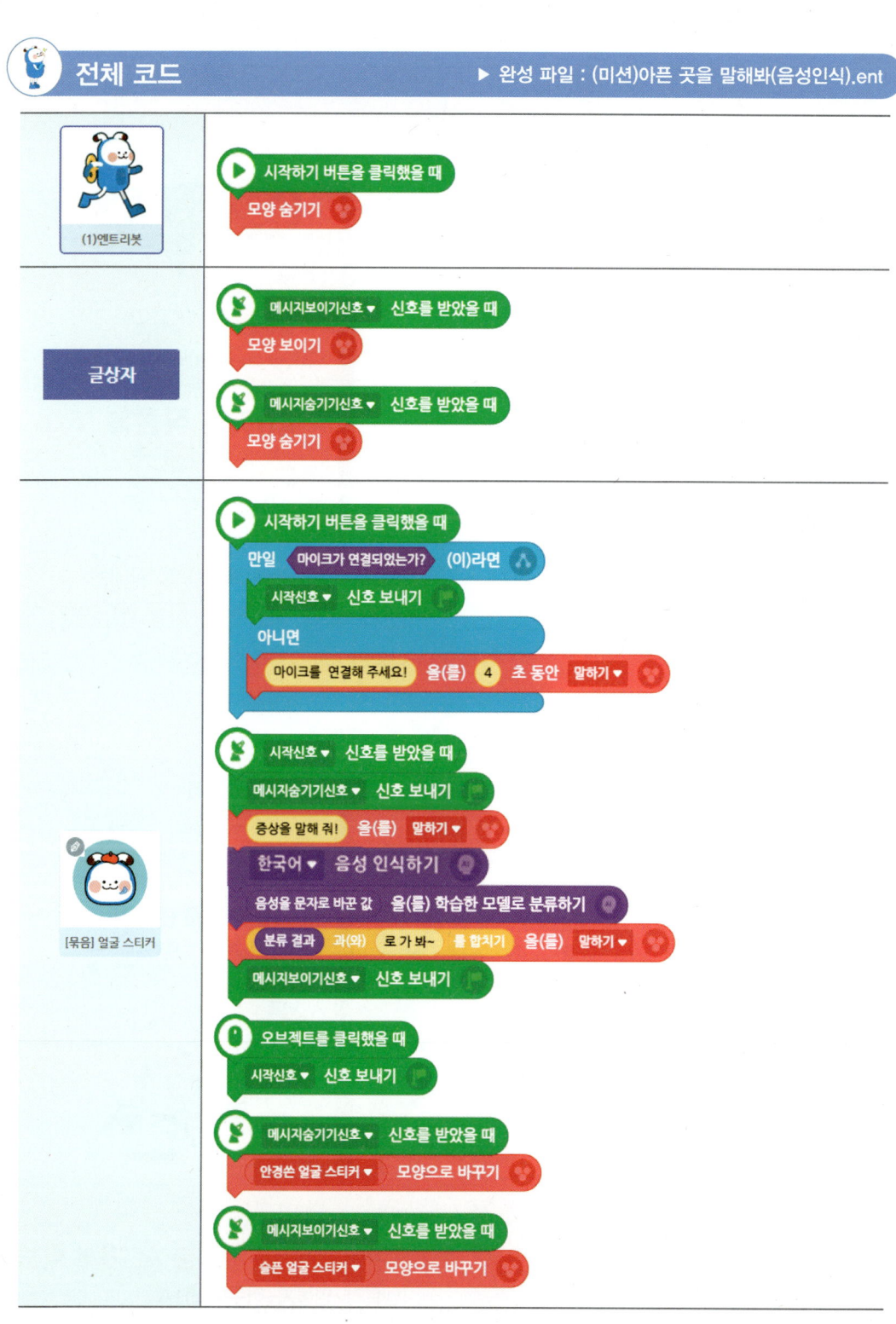

함께 보면 도움되는 추천 도서

만들면서 배우는
40개의 엔트리 게임 + 인공지능 게임 [2판]
전진아, 김수연 공저 | 17,700원

초등부터 중등까지 한 권으로 끝내는
엔트리와 40개의 작품들[2판]
전진아, 김수연 공저 | 16,600원

마이크로비트 IoT 사물인터넷 정복
27까지 작품 만들기
이연곤 저 | 18,800원

만들면서 배우는
지속가능한 인공지능 AI 18개 작품 만들기
{엔트리+엠블록+아두이노}+AI
박준원, 권은정, 권지선 공저 | 16,600원

만들면서 배우는
인공지능 엔트리
40개의 작품들 **2판** 최신개정판

초판 1쇄 발행 | 2022년 08월 20일
2판 1쇄 발행 | 2024년 08월 25일

지은이 | 김수연, 전진아, 김종렬, 장문철 공저
펴낸이 | 김병성
펴낸곳 | 앤써북

출판사 등록번호 | 제 382-2012-0007 호
주소 | 경기도 파주시 탄현면 방촌로 548
전화 | 070-8877-4177
FAX | 031-942-9852
도서문의 | 앤써북 http://answerbook.co.kr

ISBN | 979-11-93059-34-0 13000

- 이 책의 일부 혹은 전체 내용을 무단 복사, 복제, 전재하는 것은 저작권법에 저촉됩니다.
- 본문 중에서 일부 인용된 모든 프로그램은 각 개발사(개발자)와 공급사에 의해 그 권리를 보호합니다.
- 앤써북은 독자 여러분의 의견에 항상 귀기울이고 있습니다.

[안내]
- 이 책은 다양한 전자 부품을 활용하여 예제를 실습할 수 있습니다. 단, 전자 부품을 잘못 사용할 경우 파손 외 2차적인 피해가 발생할 수 있으니, 실습 시 반드시 책에서 표시된 내용을 준수하여 사용해야 함을 고지합니다.
- 이 책에 내용을 기반으로 실습 및 운용 결과에 대해 저자, 소프트웨어 개발자 및 제공자, 앤써북 출판사, 서비스 제공자는 일체의 책임지지 않음을 안내드립니다.
- 이 책에 소개된 회사명, 제품명은 각 회사의 등록 상표 또는 상표이며 본문 중 TM, ⓒ, ® 마크 등을 생략하였습니다.
- 이 책은 소프트웨어, 플랫폼, 서비스 등은 집필 당시 신 버전으로 설명하였습니다. 단, 독자의 학습 시점에 따라 책의 내용과 일부 다를 수 있습니다.

[저작권 안내]
엔트리는 네이버 커넥트재단에서 만든 비영리 소프트웨어 교육 플랫폼입니다.
본 책의 표지와 본문의 로고, 엔트리봇 캐릭터, 오브젝트, 블록 등은 엔트리 서비스에서 제공하는 로고와 엔트리봇 캐릭터 및 오브젝트와 블록 이미지를 사용하여 제작하였습니다.

Copyright ⓒ NAVER Connect Foundation. Some Rights Reserved.

모델학습, 오디오감지, 비디오감지, 음성인식, 데이터분석, 사고력학습

2판
최신개정판

만들면서 배우는
인공지능 엔트리와
40개의 작품들